志勤文库 推进中国式现代化研究系列

湘鄂渝黔接壤地区
旅游脱贫效益评价及
防返贫机制研究

A Study on Benefit Evaluation of Tourism–Driven Poverty
Alleviation and Poverty Return Prevention Mechanisms in the
Contiguous Areas of Hunan, Hubei, Chongqing, and Guizhou

张维梅 周子英 李敬 著

东北财经大学出版社 大连
Dongbei University of Finance & Economics Press

图书在版编目（CIP）数据

湘鄂渝黔接壤地区旅游脱贫效益评价及防返贫机制研究 / 张维梅，周子英，李敬著. —大连：东北财经大学出版社，2025.3. —（志勤文库·推进中国式现代化研究系列）. —ISBN 978-7-5654-5486-8

Ⅰ. F592.7

中国国家版本馆CIP数据核字第2025FD9618号

东北财经大学出版社出版发行

　大连市黑石礁尖山街217号　邮政编码　116025

　网　　址：http://www.dufep.cn

　读者信箱：dufep@dufe.edu.cn

大连永盛印业有限公司印刷

幅面尺寸：170mm×240mm　字数：250千字　印张：14　插页：1

2025年3月第1版　　　　　2025年3月第1次印刷

责任编辑：蔡　丽　石建华　　责任校对：刘贤恩

封面设计：原　皓　　　　　　版式设计：原　皓

定价：78.00元

本书受国家社会科学基金项目"湘鄂渝黔接壤贫困区旅游扶贫效益评价及提升机制研究"（19BJY214）资助

前言

随着我国经济社会的快速发展，扶贫工作取得了举世瞩目的成就。特别是党的十八大以来，我国通过一系列精准扶贫措施，如产业扶贫、教育扶贫、旅游扶贫、健康扶贫等，成功实现了现行标准下农村贫困人口全部脱贫的宏伟目标。然而，脱贫不是终点，而是乡村振兴的起点。习近平总书记曾引用古语强调指出："胜非其难也，持之者其难也。"如何巩固拓展脱贫攻坚成果，防止脱贫人口返贫，成为当前和今后一个时期的重要任务。本书正是在此背景下，深入探讨湘鄂渝黔接壤地区的旅游脱贫效益评价及防返贫机制，旨在为巩固脱贫成果、阻断返贫路径提供坚实的理论基石和实践指南。

湘鄂渝黔接壤地区位于中国中西部，包括湖南、湖北、重庆、贵州4省（直辖市）交界的50个国家级贫困县（含部分市、区、旗、行委，在本书中统称为县）。该地区自然条件恶劣，之前经济发展滞后，贫困人口分布广泛，是脱贫攻坚的重点和难点区域。为了打破这一困境，湘鄂渝黔接壤地区依托区域内丰富的旅游资源，选择以旅游扶贫为突破口，通过培育"造血"功能，带动贫困村旅游经济发展，助力贫困人口脱贫增收。至2020年年底，该区域内的50个国家级贫困县全部成功摘帽，农村贫困人口实现全面脱贫。这一成绩的取得，离不开党和国家的政策支持，离不开地方政府的努力推动，更离不开广大贫困群众的艰苦奋斗。在湘鄂渝黔接壤地区取得脱贫攻坚决定性胜利后，如何巩固拓展脱贫攻坚成果，防止脱贫人口返贫，成为摆在湘鄂渝黔接壤地区各级政府和广大扶贫工作者面前的重要课题。

本书聚焦湘鄂渝黔接壤地区，旨在通过全面构建旅游脱贫效益评价指标体系来评价旅游脱贫效益，并构建防返贫机制，为巩固脱贫成果、防止返贫提供理论参考和实践指导。具体而言，本书具有以下重要意义：

一是深化旅游脱贫效益评价的理论体系。当前，虽然评价旅游脱贫效益的研究成果较多，但针对湘鄂渝黔接壤地区这一特定区域的旅游脱贫效益综合评价尚显不足。本书旨在构建一套适用于该地区的旅游脱贫效益评价指标体系，进而推动旅游脱贫理论的深入发展和地域化应用。

二是丰富防返贫机制的理论框架。尽管防返贫已成为扶贫工作的重要议题，但在旅游带动脱贫的情境下，对防返贫机制的研究仍然相对匮乏。本书通过探索湘鄂渝黔接壤地区旅游脱贫后的防返贫机制，将为防返贫策略的制定提供理论支撑，丰富和完善防返贫机制的理论体系。

三是促进区域旅游与扶贫理论的交叉融合。本书将区域旅游发展与扶贫工作紧密结合，通过实证研究揭示两者之间的互动关系，有助于推动区域旅游与扶贫理论的交叉融合，为相关领域的学术研究提供新的视角和思路。

四是拓展旅游脱贫研究的地域视角。本书通过对湘鄂渝黔接壤地区旅游脱贫效益的细致鉴别与评价，厘清了该区域旅游脱贫的瓶颈与挑战，并在此基础上创新性地提出了旅游防返贫机制。这一机制不仅为该地区乃至类似地区的扶贫工作提供了新的理论视角和实践路径，也为贫困与反贫困理论的深化和发展注入了新的活力，为各级政府及相关部门解决边界区域的致贫和返贫问题提供了有力的理论支撑。

本书在充分调查研判边界贫困居民诉求、旅游扶贫现状和脱贫情况的基础上，从宏观和微观两个层面全面构建旅游脱贫效益评价指标体系，来评价湘鄂渝黔接壤地区旅游脱贫效益，并根据当地实际情况，锚定防止返贫目标，构建湘鄂渝黔接壤地区旅游防返贫机制。同时，本书紧密对接巩固拓展脱贫攻坚成果同乡村振兴有效衔接的国家现实需求，提出旅游助力农村社会发展新征程的现实路径。

本书具体研究内容包括以下7章：

第1章是绪论，主要介绍研究背景、研究意义、文献综述、研究内容与方法、创新与不足。并详细阐述湘鄂渝黔接壤地区的地理、经济和社会背景，以及旅游脱贫研究的重要性和紧迫性，同时明确本书的研究目标、研究方法和整体框架。

第2章是理论基础与分析，梳理了多维贫困理论、利益相关者理论、比较优势理论、共生理论和行政区边缘经济理论对旅游脱贫的理论意义，辨析了旅游扶贫和旅游脱贫效益的内涵、特征和影响旅游脱贫效益提升的因素；同时，探讨了旅游业发展减缓贫困的底层逻辑，试图从"行政区边缘经济"、边缘效应、空间博弈的视角，剖析省际边界区域经济发展相对滞后的原因，以此为湘鄂渝黔接壤地区旅游脱贫效益评价及防止返贫机制研究奠定理论基础。

第3章专注于湘鄂渝黔接壤地区的旅游扶贫现状调查与深入分析。本章选取湘鄂渝黔4省（直辖市）交界处的50个国家级贫困县作为研究样本，全面审视了这些地区的社会经济发展状况和旅游资源分布特点。通过综合运用调查问卷和实地访谈等一手资料收集方法，深入探讨了湘鄂渝黔接壤地区在旅游脱贫方面取得的成效，并系统总结了若干具有代表性的旅游脱贫典型模式（本章内容主要由湖南工程学院管理学院的毛慧林撰写）。

第4章至第6章是本书的重点内容。第4章从宏观视角出发，运用县域多维贫困评价体系和熵权法、贫困临界值法等研究方法，对湘鄂渝黔接壤地区的旅游脱贫效益进行全面评价。研究结果表明，旅游业的发展显著降低了该区域的多维贫困水平，推动了经济社会的全面发展。第5章则从微观视角切入，通过调查问卷和数据分析，探讨湘鄂渝黔接壤地区居民对旅游脱贫效益的感知与态度。研究发现，居民对旅游脱贫效益有着积极的感知，同时提出了相应的改进建议（本章内容的撰写得到了湖南工程学院管理学院朱艺的重要协助）。第6章是湘鄂渝黔接壤地区旅游防返贫机制的动态优化与创新。在对湘鄂渝黔接壤地区旅游脱贫后存在的返贫风险进行识别的基础上，本章分析了旅游扶贫动力机制演化过程，结合湘鄂渝黔接壤地区旅游扶贫存在的问题，从需求动力、供给动力、内生动力和支持动力四方面，探讨健全多主体协调决策机制、多主体共同参与机制、利益共享分配机制、区域旅游协同发展机制、旅游产业升级长效机制、多渠道人才培养机制和全闭环监督保障机制等七大旅游防返贫机制。

第7章是湘鄂渝黔接壤地区旅游扶贫与乡村振兴战略衔接的实践路径与政策建议。运用线性回归模型对旅游扶贫与乡村振兴的衔接效益进行实证检验，深入剖析了两者的内在联系。基于这一分析，本章进一步提出了促进两者有效衔接的政策建议，旨在为湘鄂渝黔接壤地区的可持续发展与乡村振兴提供科学指导与策略支持。

本书在以下方面进行了创新：构建了适用于湘鄂渝黔接壤地区的旅游脱贫效益评价指标体系；揭示了旅游脱贫的微观机理；构建了全面的旅游防返贫机制；提出了旅游扶贫与乡村振兴衔接的实践路径。本书不仅具有理论价值，更对实践具有重要指导意义，为湘鄂渝黔接壤地区的乡村振兴提供了有力支持。

综上所述，本书全面、深入地探讨了湘鄂渝黔接壤地区的旅游脱贫效益评价及防返贫机制，为巩固脱贫成果、防止返贫提供了理论参考和实践指导，同时为推动该区域的乡村振兴贡献了智慧和力量。未来，我们将继续关注湘鄂渝黔接壤地区的旅游脱贫和乡村振兴工作，深入开展后续研究，为巩固脱贫成果、推动乡村振兴贡献更多智慧和力量。同时，我们期待更多的专家和学者加入这一研究中来，共同为推动我国扶贫事业的发展贡献智慧和力量。

本书受国家社会科学基金项目"湘鄂渝黔接壤贫困区旅游扶贫效益评价及提升机制研究"（19BJY214）资助。本书在撰写过程中，参考了大量国内外文献资料，有些未能一一标出，在此表示感谢！本书在出版过程中得到了湖南工程学院的支持和东北财经大学出版社的鼎力帮助，在此一并致谢！

由于作者水平有限，书中的一些观点和论述难免有疏漏之处，恳请专家、学者和读者批评指正。

作　者

2025 年 2 月

目录

第1章 绪论

1.1 研究背景

党的十九大吹响了"脱贫攻坚"的号角，党的十九大报告指出，"坚决打赢脱贫攻坚战"，"重点攻克深度贫困地区脱贫任务，确保到二〇二〇年我国现行标准下农村贫困人口实现脱贫，贫困县全部摘帽，解决区域性整体贫困。"在党中央的坚强领导下，全国上下齐心协力，通过精准扶贫、产业扶贫、教育扶贫、旅游扶贫、健康扶贫等一系列措施，取得了举世瞩目的成就。党的十八大以来，经过8年持续奋斗，到2020年年底，中国如期完成新时代脱贫攻坚目标任务，现行标准下9 899万农村贫困人口全部脱贫，832个贫困县（含部分市、区、旗、行委，在本书中统称为县）全部摘帽，12.8万个贫困村全部出列，区域性整体贫困得到解决，完成消除绝对贫困的艰巨任务。[①]然而，已脱贫人口仍面临返贫的风险，而边缘人口存在陷入贫困的潜在威胁。习近平总书记在全国脱贫攻坚总结表彰大会上发表重要讲话，深刻指出："胜非其难也，

① 中华人民共和国国务院新闻办公室. 人类减贫的中国实践 [N]. 人民日报, 2021-04-07（9）.

持之者其难也。"①因此，切实巩固拓展脱贫攻坚成果，无缝对接乡村振兴工作，确保脱贫基础更加坚实、成效更加持久，成为当前及未来乡村振兴工作的核心要点。党的二十大报告进一步明确了全面推进乡村振兴的战略部署，强调在全面建设社会主义现代化国家的征程中，农村地区的任务依然最为艰巨繁重。在此背景下，发展乡村特色产业，拓宽农民增收渠道，不仅是推动乡村振兴的重要途径，也是巩固和拓展脱贫攻坚成果的关键举措。同时，需进一步增强脱贫地区和脱贫群众的内生发展动力，构建长效脱贫机制与防止返贫的政策保障体系，以确保脱贫攻坚战的胜利成果得以稳固，为乡村振兴战略的有效实施奠定坚实基础。②旅游扶贫作为一种"造血式"扶贫方式，早已成为国家扶贫的重要引擎，近年来众多贫困地区通过发展旅游业带动当地贫困人口实现了脱贫。

湖南（湘）、湖北（鄂）、重庆（渝）、贵州（黔）地处我国中西部与长江中上游区域，作为典型的内陆地区，其经济发展水平相对滞后。2014年12月国务院扶贫开发领导小组办公室发布的数据显示，在全国832个贫困县中，湖南、湖北、重庆、贵州4省（直辖市）占据了148个席位，具体分布为湖南省40个、湖北省28个、重庆市14个、贵州省66个。尤为值得关注的是，这148个贫困县中，有八成左右位于4省（直辖市）接壤地带。这些地区因地处偏远，远离政治、经济、文化中心，交通闭塞，因而经济发展滞后，如桑植县2014年的农民人均可支配收入仅为全国农村平均水平的45%，凸显了该地区经济发展的严峻形势。4省（直辖市）接壤地区经济发展水平落后的根源在于它们在地理上处于行政区的边缘，导致经济发展政策惠及范围有限。此外，行政区边界壁垒的存在，增加了基础设施互联、生产要素流动、服务体系构建及物流效率等方面的成本，严重制约了当地经济的内生性增长与整体脱贫进程。面对此困境，探索逆境中的发展路径显得尤为重要。值得注意的是，湘鄂渝黔接壤地区在旅游资源上展现出独特的优势与潜力。该地区依山傍水，自然风光旖旎，酉水、沅江流域与武陵山脉交相辉映，形成了得天独厚的自然景观；同时区域内语言相通，民族构成高度相似，以土家族、苗族、侗族等少数民族为主，风俗习惯相互融合，形成了浓郁的文化氛围；加之相互间距离较近，为旅游业的协同发展提供了无限可能。自2013年11月习近平总书记在湖南湘西土家族苗族自治州花垣县十八洞村启动旅游扶贫模式以来，众多地区借鉴十八洞

---

① 习近平. 在全国脱贫攻坚总结表彰大会上的讲话 [EB/OL].（2021-02-25）[2024-10-08]. http://www.xinhuanet.com/2021/02/25/c_1127140240.htm.

② 习近平. 高举中国特色社会主义伟大旗帜 为全面建设社会主义现代化国家而团结奋斗——在中国共产党第二十次全国代表大会上的报告 [EB/OL].（2022-10-25）[2024-10-08]. https://www.gov.cn/xinwen/2022-10/25/content_5721685.htm.

村的成功经验，通过旅游业的发展带动地方经济发展，有效促进了脱贫进程。湘鄂渝黔4省（直辖市）统计局数据显示，2013—2019年，4省（直辖市）旅游业呈现出强劲增长态势，接待旅游总人次从2013年的11.05亿人次增长到2019年的32.30亿人次，年均增长19.58%；旅游总收入则从2013年的10 029.14亿元增长到2019年的34 747.63亿元，年均增长23.01%。旅游业的快速发展有力地带动了接壤地区脱贫致富，截至2020年年底，湘鄂渝黔4省（直辖市）的所有贫困县已经实现了脱贫。但4省（直辖市）接壤地区由于地理位置偏远、基础设施薄弱，仍面临返贫风险。鉴于此，构建一套全面且多维度的评价指标体系已成为当务之急，其旨在深入评估旅游业为湘鄂渝黔接壤地区在居民收入增长、就业机会拓展、基础设施升级、生活品质提升以及生态环境保护等多个方面所带来的直接与间接效益；在此基础上，深入探究旅游脱贫的内在机理与核心驱动力，系统整理旅游脱贫的成功范例与潜在风险，进而构建一套科学严谨、操作性强的防返贫机制，以保障脱贫效益的稳固与可持续发展；同时，通过对湘鄂渝黔接壤地区旅游脱贫实践的深度剖析与总结，提炼出一套具有普遍适用性与高度可复制性的经验模式与理论框架，以期为地理或社会经济条件相近的省际接壤区域提供巩固脱贫成果的有效理论支撑和实践指导。故而，本书具有重要的理论与实践意义，是当前亟待深入探索的关键课题。

1.2　研究意义

1.2.1　理论意义

第一，将深化旅游脱贫效益评价的理论体系。当前虽然评价旅游脱贫效益的研究成果较多，但针对湘鄂渝黔接壤地区这一特定区域的旅游脱贫效益综合评价尚显不足。本书旨在构建一套适用于该地区的旅游脱贫效益评价指标体系，以填补针对该特定区域的相关理论空白，进而推动旅游脱贫理论的深入发展和地域化应用。

第二，将丰富防返贫机制的理论框架。尽管防返贫已成为扶贫工作的重要议题，但在旅游带动脱贫的情景下，对防返贫机制研究尚显薄弱。本书通过探索湘鄂渝黔接壤地区旅游脱贫后的防返贫机制，将为防返贫策略的制定提供理论支撑，丰富和完善防返贫机制的理论体系。

第三，将促进区域旅游与扶贫理论的交叉融合。本书将区域旅游发展与扶贫工作紧密结合，通过实证研究揭示两者之间的互动关系，有助于推动区域旅游与扶贫理论的交叉融合，为相关领域的学术研究提供新的视角和思路。

第四，将拓展旅游脱贫研究的地域视角。本书通过对湘鄂渝黔接壤地区旅游脱贫效益的细致鉴别与评价，厘清了该区域旅游脱贫的瓶颈与挑战，并在此基础上创新性地提出了旅游防返贫机制。这一机制不仅为该地区乃至类似地区的扶贫工作提供了新的理论视角和实践路径，也为贫困与反贫困理论的深化和发展注入了新的活力，为各级政府及相关部门解决边界区域的致贫和返贫问题提供了有力的理论支撑。

1.2.2　实践意义

第一，为湘鄂渝黔接壤地区旅游脱贫提供科学指导。本书通过构建旅游脱贫效益评价指标体系，并开展实证研究，为该地区制定科学合理的旅游脱贫策略提供数据支持和决策依据，助力其实现可持续脱贫。

第二，为防返贫工作提供实践方案。本书通过探索防返贫机制，为湘鄂渝黔接壤地区制定有效的防返贫措施提供实践指导，帮助该地区巩固脱贫成果，防止因各种原因导致的返贫现象。

第三，为区域旅游合作与发展提供借鉴。本书的研究成果不仅适用于湘鄂渝黔接壤地区，还可为其他具有相似地理、文化和经济特征的区域提供旅游合作与发展方面的借鉴和参考，推动区域旅游业的协同发展。

第四，为政府决策提供参考依据。本书根据湘鄂渝黔接壤地区的实际情况，因地制宜地提出了旅游发展机制和对策。这些机制和对策不仅适用于该地区，也为我国大部分省际边界区域发展本地旅游、助推乡村振兴工作提供了可复制、可推广的模式。通过挖掘和利用当地特有的田园风光和民族风情，打造特色旅游品牌，有助于提升地区知名度和吸引力，进而促进当地经济的繁荣和发展。因此，该研究具有重要的现实推广价值和实践意义。

1.3　研究综述

贫困是全球性问题，影响着各国经济和社会发展。旅游扶贫作为一种创新的扶贫方式，自20世纪60年代起逐渐受到国内外学者的关注。2002年，联合国世界旅游组织（UNWTO）启动可持续旅游和扶贫倡议，推动了旅游扶贫研究的深入发展。自此，学者们围绕旅游扶贫模式、效果、效益及影响因素等方面进行了广泛探讨。

1.3.1 旅游扶贫模式与效果研究

自 20 世纪 60 年代以来，国外学者开始关注和讨论旅游和贫困问题。2002年联合国世界旅游组织启动可持续旅游和扶贫倡议后，通过旅游进行扶贫的研究已成为学者们关注的焦点。到目前为止，学者们对旅游扶贫模式与效果进行了综合研究（Spenceley et al., 2010; Dredge, 2007; Rid, Ezeuduji, and Pröbstl-Haider, 2014; Rogerson, 2012）。

1）旅游扶贫模式研究

旅游扶贫模式是以发展旅游业为驱动，推动贫困人口脱贫增收的有效方法和路径。[①] 目前旅游扶贫模式的研究主要聚焦于其类型划分和实施效果分类等方面。

（1）有关旅游扶贫模式的类型划分

按照资源类型或产品属性划分，主要分为生态旅游模式（Job and Paesler, 2013）、文化遗产旅游模式（Du Cros, 2001；黄克己、张朝枝、吴茂英，2021）、农业旅游模式（Rid, Ezeuduji, and Pröbstl-Haider, 2014）和专项旅游模式；按照旅游扶贫主体对象划分，可分为政府主导模式[②]、BOT 模式[③]、社区参与模式[④]、企业主导模式等[⑤]；按照旅游扶贫发展条件划分，可分为资源驱动模式、需求带动模式、政府引导模式和市场运作模式（刘祥恒、罗明义，2015）；按照优势资源要素及其组合特征划分，可分为优势景区依托模式、生态农业依托模式、民宿农家乐依托模式及民族文化依托模式（谢双玉等，2021）。

① [1] 谢双玉，阴姣姣，乔花芳，等. 恩施州乡村旅游扶贫模式及其效应差异研究 [J]. 人文地理，2021, 36 (5)：184-192. [2] 王东琴，李伟，岳洁. 云南传统农耕文明区旅游扶贫模式研究——以大理州巍山县为例 [J]. 世界地理研究，2020, 29 (1)：214-222.
② 叶晨曦. 我国乡村旅游扶贫模式与发展策略 [J]. 改革与战略，2017, 33 (10)：141-143.
③ 原思敏. 集中连片贫困区旅游发展动因与模式研究 [D]. 北京：北京交通大学，2011.
④ 徐妍婷. 乡村旅游扶贫绩效评价研究——以英山县神峰山庄为例 [D]. 武汉：武汉轻工大学，2021.
⑤ 李芬芬. 贵州少数民族村寨旅游扶贫模式的比较研究 [D]. 贵阳：贵州财经大学，2019.

（2）有关旅游扶贫实施效果的分类

一是根据直接作用的对象或受益群体不同，可以将其分为对地区经济的宏观经济效益和对贫困人口的微观效益。宏观经济效益关注的是旅游对整个地区经济结构的改善、经济增长的推动等方面（刘黎黎，2018）；而微观效益则更侧重于贫困人口在参与旅游工作中的具体受益情况，如收入增加、就业机会增多等（黄渊基、匡立波，2018）。

二是根据表现形式或衡量标准不同，可以将其分为实际效益和感知效益。实际效益是通过客观数据或指标可以直接观察和测量到的效果，如旅游收入增加、就业人数上升等（叶思，2018）；感知效益则更多地依赖主观感受和评价，如居民对旅游扶贫的满意度、游客对旅游体验的认可度等（谢双玉等，2020）。

三是根据所涉及的领域或方面不同，可以将其分为经济效益、社会效益和环境效益。经济效益主要关注旅游对地区经济发展的促进作用（Zhao and Xia，2020）；社会效益则涉及文化传承、教育提升、社会结构变化等方面（王琦、李金叶、谢霞，2019）；环境效益则关注旅游对生态环境的影响（秦趣等，2020）。

四是根据性质或影响方向不同，可以将其分为积极效益和消极效益。积极效益是指旅游发展带来的积极、有利的影响，如经济增长、就业机会增多、促进文化传承等（成述芹，2021）；消极效益则是指旅游发展可能带来的消极、不利的影响，如环境破坏、文化同质化、社会矛盾加剧等（Zhao and Xia，2020）。

2）旅游扶贫效果研究

鉴于旅游业对经济增长的潜在影响，国内外许多学者对旅游扶贫的效果进行了多次讨论。然而，围绕"旅游业是否能减少贫困"的学术辩论是一个挥之不去的话题。大量的文献表明，旅游业的发展是减少贫困的一个重要因素。一方面，旅游业是一个劳动密集型产业，它为低技能人口创造了大量的就业机会，允许他们在与旅游相关的部门就业，并提高了他们的收入（United Nations，2015）。[①]另一方面，旅游业发展带来的税收增长使贫困家庭能够从政府的资源重新分配中受益（Brida，Gómez，and Segarra，2020）。Scheyvens 和 Russell

---

① UNITED NATIONS. Transforming our world：the 2030 agenda for sustainable development［EB/OL］.（2015-09-25）［2024-11-06］. https://sustainabledevelopment.un.org/content/documents/21252030%20Agenda%20for%20Sustainable%20Development%20web.pdf.

（2012）以斐济为例，证明了旅游业扶贫的效果，研究指出，斐济旅游业的发展不仅增加了穷人的收入，而且增加了他们的就业机会，改善了社区的发展。张众（2019）的研究表明，本地旅游是促进农村劳动力就业的有效手段。Vanegas（2014）利用中美洲地区的数据发现旅游业对改善贫困很重要，且对不同国家的影响有所不同。但他并没有从实证角度分析究竟是何种因素影响了不同国家旅游减贫效果的差异。Croes（2014）采用时间序列和误差修正模型来检验旅游业是否能减少贫困的问题，结果表明在较低的社会经济水平中，旅游业确实对穷人很重要，但它似乎没有系统性的影响。同时，他认为旅游减贫的过程是复杂的，这与不平等的发展和政府预算或政策的表现有关。Yusuf和Ali（2018）通过向量误差修正模型和格兰杰因果检验，用时间序列方法分析了旅游业对坦桑尼亚减贫的贡献，发现旅游业与减贫之间存在长期正面关系。Zhao和Xia（2020）使用中国的数据发现旅游业对减贫有积极的作用，并且他们证实了Croes（2014）的观点，认为收入不平等会削弱旅游业的减贫效果。Khan等（2020）在对巴基斯坦的实证研究中发现旅游业增长1%将提高GDP，减贫0.51%。张大鹏等（2022）关于旅游减贫效应的研究表明县域旅游发展不同程度地提高了民族地区城镇和农村居民人均收入，绝对贫困减缓效应明显。因此，旅游业被发现是发展和减贫的主要驱动力（Folarin and Adeniyi，2020；毛军、石信秋，2021）。

然而，部分学者担忧旅游业的发展在给一些穷人带来就业机会的同时，会提高当地的物价和服务水平，损害了所有穷人的利益。Jules（2005）认为，旅游业不利于改善发展中国家的收入分配，因为大部分的旅游业都为外国投资者所有。由于旅游工作的波动性和季节性，那些过度依赖旅游业的城市的收入不平等正在加剧（Lee，2009；Blake，2008；Zhang，2021）。Novelli等（2020）承认旅游业改善生计和减少贫困的潜力很大，但就加纳埃尔米纳这种处于经济转型期的地区而言，他们认为以宏观经济收益为中心的旅游发展政策并不一定有利于当地穷人。[1]Njoya和Seetaram（2018）通过FGT综合测量，发现旅游业发展对肯尼亚贫困具有严重的负面影响。Mahadevan、Amir和Nugroho（2017）利用13个旅游密集型国家的数据发现，几乎没有证据支持旅游业的增长减少了贫困人数。还有其他研究，如Puig-Cabrera和Foronda-Robles（2020）发现了类似的薄弱证据，发展程度较高的旅游业只倾向于减少贫困条件。

针对旅游业与贫困之间关系的不确定性，部分学者探讨了旅游扶贫之间的

---

① NOVELLI M，ADU-AMPONG E A，RIBEIRO M A．Routledge handbook of tourism in Africa［M］．London：Routledge，2021．

非线性关系。Kim、Song 和 Pyun（2016）的研究表明，对于低收入国家来说，旅游业对减贫的积极影响在达到一个国家收入水平的某个阈值后会转变为负数。同时，这也引发了学者们对旅游业对收入不平等影响的考虑。赵磊和吴媛（2018）的研究表明，旅游业在缩小贫困缺口的同时还伴随着农村贫困人口内部收入分配的不平等现象。Zhao 和 Xia（2020）认为尽管旅游业在早期能有效降低贫困，但是旅游发展会加大收入不平等程度。Zhang（2021）的结论表明，无论在旅游总量、国内旅游还是入境旅游方面都加剧了农村收入不平等。

1.3.2　旅游脱贫效益研究

1）旅游脱贫效益提升的影响因素研究

随着全球减贫事业的推进，旅游脱贫效益在不同国家和地区呈现出显著差异。这一现象引发了学术界的广泛关注，研究逐渐聚焦于影响旅游脱贫效益的关键因素。现有研究成果揭示，旅游脱贫效益受资源禀赋与基础设施、政策与制度支持、利益相关者参与、文化价值与创新能力、可持续发展与环境保护等多重因素的深刻影响。

（1）资源禀赋和基础设施是旅游脱贫效益提升的基础条件

李裕瑞等（2016）指出，旅游脱贫效应的提升需要通过完善区域政策体系、产业政策体系、土地政策体系来完成，以区域发展推动脱贫解困。在这一过程中，自然资源、人口规模、基础设施和文化的有效整合至关重要（Yu,Wang, and Marcouiller, 2019；Pillay and Rogerson, 2013）。针对不同地域独特的资源条件，学者们进一步提出了精准识别策略、文化价值提升、创新营销手段以及多元化资金筹集和人才培养等多元化路径（徐虹、王彩彩，2019；Llorca-Rodríguez, Casas-Jurado, and García-Fernández, 2017；孙九霞等，2021）。

（2）政策与制度支持在旅游脱贫效益提升中扮演着重要角色

政府通过制定有利于旅游业发展的政策，如税收优惠、财政补贴、金融支持等，可以激发企业和社会资本的投资热情，推动旅游项目的落地和运营（颜安、龚锐，2021）。同时，政府还应加强对旅游市场的监管，维护市场秩序，保护消费者权益，为旅游业的健康发展提供有力保障（岳奎、何纯真，2021）。崔哲浩、李媛媛和吴雨晴（2022）的研究表明，有效的政策引导和支持机制能够显著提升旅游脱贫效益。

（3）旅游脱贫效益的提升离不开利益相关者的积极参与和合作

王庆生、张行发和郭静（2019）提出，建立村落利益主体一体化互惠共生模式，通过资源共享、利益共享，可以确保贫困人口能够直接受益于旅游业的发展。这一模式强调政府、企业、社区和居民等多方利益相关者的共同参与和协作，形成合力推动旅游脱贫。此外，提高社区参与旅游的组织能力和管理能力，也是提升旅游脱贫效益的重要途径（Hadi, Roddin, and Razzaq, 2013; Sebele, 2009）。

（4）文化价值与创新能力是旅游脱贫效益提升的重要驱动力

贫困地区独特的文化遗产和民族风情是吸引游客的重要因素，通过深入挖掘和展示这些文化元素，可以提升旅游产品的吸引力和竞争力（卢世菊、柏贵喜，2017）。同时，创新营销手段和推广策略也是提升旅游脱贫效益的关键。例如，利用互联网、大数据等现代信息技术手段，可以精准定位目标市场，提高旅游产品的知名度和美誉度（颜安、龚锐，2021）。

（5）可持续发展与环境保护是旅游脱贫效益提升的长期保障

在旅游脱贫过程中，必须注重生态环境的保护和资源的合理利用，避免过度开发和商业化对当地生态环境和文化遗产造成破坏（张翔云、何星亮，2022）。同时，还应加强对旅游从业人员的培训和教育，提高他们的环保意识和技能水平，确保旅游业的发展与生态环境保护相协调（向从武、冯伟林，2019）。综上所述，旅游脱贫效益提升的影响因素涉及多个方面，未来研究应进一步深入探讨这些因素之间的相互作用机制，为旅游脱贫实践提供更加科学的理论指导和政策支持。

2）旅游脱贫效益提升的困境研究

根据旅游地不同，旅游脱贫效益的提升路径有多种表现。针对旅游地的差异，国外学者主要关注种族、宗教与偏远地区等异质性特征造成的差异影响。国内学者基于我国地理格局和经济发展的国情，从民族地区、红色地区、贫困山区等方面探讨了旅游脱贫效益的困境。

民族地区的发展处于相对滞后的地位，贫困面广、贫困程度深、致贫因素复杂，是精准脱贫的主战场（李忠斌，2017）。民族地区利用丰富的非物质文化遗产资源、独特的民族风情和旖旎的自然风光发展旅游（卢世菊、柏贵喜，2017）。然而张翔云和何星亮（2022）发现，贫困地区在开发旅游资源脱贫致富的同时，旅游资源的过度开发、过度商业化、外来资本的参与、外来文化的侵入等也带来了意想不到的后果，对当地的可持续发展带来不利影响。向从武和冯伟林（2019）的调研结果表明，西南民族地区仍然存在将旅游扶贫等同于旅游开发、"旅游飞地"现象突出、社区与贫困人口的参与未被重视、贫困人口的受益主体地位未得到保障等问题。同时，在旅游项目的管理方面，盖媛瑾和吴红梅（2018）发现由于缺乏外部资金与企业进入，旅游项目建成后，作为公共服务供给者的地方政府并不擅长景区运营管理与市场拓展。例如，红军遗址旅游扶贫是习近平总书记"精准扶贫"重要思想指导下的一种新型主题性的旅游扶贫模式，在基于红色遗址旅游目的地的研究中，依然普遍存在短视行为、开发粗放、基础薄弱、管理不畅等现象（项福库，2020）。贫困山区的旅游脱贫发展困境在于其更受制于自然禀赋和交通基础设施，一般经济增长不能带动，常规扶贫手段难以奏效。扶贫开发周期性较长的集中连片贫困地区和特殊困难贫困地区一直以来是我国旅游脱贫攻坚的关键区域（唐勇等，2013）。

1.3.3　旅游脱贫效益的测度研究

旅游脱贫效益的测度研究在近年来的旅游减贫研究领域中占据了核心地位，它涵盖了旅游减贫效率评估、旅游减贫绩效评价以及旅游脱贫效益评价等多个层面。这些研究致力于通过科学的衡量手段，全面审视旅游减贫的实际成效，为政策规划与实施提供坚实的科学依据。

第一，旅游减贫效率评估是衡量旅游脱贫效益的关键组成部分。旅游减贫效率本质上体现了投入与产出之间的比例关系，它衡量了在既定条件下，旅游减贫资源投入所能实现的最大效益（李银昌，2018）。数据包络分析（DEA）法作为主流测度方法，在旅游减贫效率评估中得到了广泛应用。Yang等（2021）基于DEA-BCC模型和Malmquist指数，对旅游减贫过程中的两个阶段在民族地区的旅游投资及其效率进行了评价，研究总体结果显示，旅游促进了居民生活水平的提升和地方经济的发展，但旅游减贫效率仍有提升空间。冯斐、唐睿和冯学钢（2020）利用2011—2017年相关数据，基于DEA-BCC模型，检验了甘肃省平凉市旅游发展要素投入对当地贫困缓解的影响。基于对DEA模型的改进，Wang等（2021）采用Super-SBM模型对2009—2018年六盘山区40个县的旅游扶贫效率进行评价，发现研究区旅游扶贫效率空间分布呈现东高西低、北高南低的格局。虽然DEA方法在一定程度上揭示了区域间投入产出效率的差异，但投入产出指标的选择仍然是影响效率准确性的关键因素。就现有文献来看，学者们在旅游减贫效率的指标选取上还未达成共识。此外，贫困地区的旅游数据还存在严重缺失问题，这进一步增加了旅游扶贫效率测度的难度。

第二，旅游减贫绩效评价是对旅游脱贫整体效果的全面考量。它着重考察旅游发展在贫困地区经济提振、社会进步、生态保护等多个维度上所带来的综合效益。

首先，经济绩效分析在其中占据核心地位。学者们一般采用投入产出分析、旅游乘数效应分析、数据包络分析等定量分析方法，深入剖析旅游业发展对区域经济结构、就业、地区生产总值增长等方面的具体影响。例如，Mayer等（2010）探讨了德国6个国家公园的旅游消费如何通过乘数效应对区域经济结构和规模产生显著影响，为旅游业对地区经济的带动作用提供了有力证据。李先锋（2010）则聚焦于中国六盘山区泾源县，分析了旅游为当地农民带来的经济收益情况。

其次，随着研究的深入，研究视野逐渐拓宽，不再局限于经济绩效，而是逐步扩展至社会绩效和生态绩效（李佳、田里，2020），并开始关注到旅游业发展对贫困人口的直接影响。研究者们运用多种量化分析方法，如回归分析①、可计算一般均衡模型（CGE）与条件价值法（VCA）等，探究了旅游业发展对贫困人口收入提升及就业机会增多等的具体效应（党红艳、冯亮、金媛媛，2019）。这不仅有力地证明了旅游业在促进贫困减缓方面的显著作用（焦克源、杨建花，2017），而且为精准制定扶贫政策提供了坚实的数据支撑和科学依据。

最后，值得注意的是，地理学的介入为旅游减贫绩效评价带来了新的视角和方法。通过时空演化的特征和规律分析，克服传统评价中不能反映空间分异和时间变化过程的问题。例如，利用熵权法、TOPSIS模型等方法对特定区域的旅游减贫绩效进行动态评价，能够更加准确地揭示其时空演变规律（尤玮等，2020）。尽管国内外有关旅游减贫绩效评价的研究日益丰富，但研究深度有限，研究数据高度依赖大区域尺度的历史性统计资料，对不同类型和空间尺度下的绩效评价方法的选择辨识度不够。因此，未来的研究需要进一步深化多学科综合交叉，加强动态评价和空间分析，提高评价方法的辨识度和准确性。

第三，随着全球减贫事业的深入推进，旅游脱贫效益评价成为学术界和实践界关注的热点话题。相比于旅游减贫效率和旅游减贫绩效评价，旅游脱贫效益更侧重综合地比较不同维度效益的差异。从广义上来看，旅游脱贫效益是指实施旅游发展所产生的作用或取得的结果；狭义的解释是指精准扶贫在经济、社会、生态等多个方面产生或取得的效果和利益，即产生的经济效益、社会效益、生态效益等的具体表现。当前，旅游脱贫效益评价研究主要聚焦于两个核

---

① 张俊英. 西北民族地区旅游扶贫绩效评价及影响因素研究——以青海海晏县为例 [J]. 西北师范大学学报（自然科学版），2021，57（5）：48-55.

心方面：居民主观感知评价与旅游地综合效益客观评价。

首先，居民主观感知评价着重于了解旅游脱贫举措对当地居民生活质量和心理感受的实际影响。借助问卷调查、深度访谈等方法，收集居民对旅游带动脱贫项目的满意度、参与度、受益程度等主观信息，能够直接了解旅游脱贫工作的社会认同度以及居民福祉的提升状况。Getz（1986）较早地关注了旅游地居民对旅游的经济影响的感知。曹洋（2021）的研究揭示，南昌市湾里地区借由旅游实现脱贫后，居民收入大幅提升，经济结构得以优化。随着研究的深入，学术界逐渐关注贫困地区居民对旅游发展的文化影响、社会影响和环境影响的感知。张维梅、邓紫文和周子英（2019）基于村民感知的研究发现，旅游脱贫促使罗霄山区炎陵县的村民社会认同感与幸福感增强。时海燕等（2020）对中郝峪村的研究表明，旅游脱贫推动了当地生态环境的改善和绿色旅游的发展。除此之外，旅游脱贫效益居民感知评价的维度还涉及居民的成长机会价值、成就尊重价值、社会交际价值、环境优化价值和文化传承价值等方面（蒋莉、黄静波，2015；李莉、陈雪钧，2019）。这种研究受采访者主观感受态度、数据质量、采访程序与受访者主观感知的影响较大。

其次，旅游地综合效益客观评价更加侧重于通过量化手段来精确衡量旅游发展对贫困地区在经济、社会、环境等多个维度上的实际贡献。这涵盖了收入增长、就业机会的创造、基础设施建设的改善、生态环境保护与修复等一系列客观指标的测量与深入分析。通过构建一套科学合理的评价指标体系，并借助统计分析和实证研究等多种方法，我们可以对旅游脱贫的综合效益进行客观、全面的评价，从而为政策的制定与调整提供坚实而科学的依据。如张俊英（2021）采用层次模糊分析法和模糊综合评价法从政策、经济、社会文化、环境卫生、居民参与及总体脱贫效果等方面评价了海晏县旅游脱贫效益。潘华丽和刘婷（2022）运用 AHP-熵权法从经济、社会、生态等方面构建了旅游脱贫效益评价指标。吴国琴（2017）以郝堂村为例，通过层次分析法对旅游产业扶贫和脱贫绩效进行了综合评价，指出旅游脱贫总体绩效显著。童俊、谢先敏和王凯（2023）则对贵州省的旅游脱贫效益进行了实证分析，利用数据包络分析法评估了旅游产业的脱贫效益，发现贵州省的旅游脱贫效益处于相对有效状态，但存在区域差异。也有学者认为虽然旅游脱贫在短期内取得了显著成效，但其长期可持续性仍存在争议。

因此，未来需要进一步深化对旅游脱贫多维度效益的研究，特别是要关注其对社会、文化、生态等方面的长期深远影响。同时，也应加强跨学科的合作与交流，综合运用经济学、社会学、生态学等多学科的理论与方法，不断提升研究的深度与广度，以更加全面、深入地揭示旅游脱贫的内在机制与综合效益。

1.3.4 行政边界与旅游脱贫的相关研究

边界地带发展落后，既有客观的地理环境方面的因素，也有人为的因素。地理环境方面的因素，主要是地形复杂、山川阻隔。人为因素方面，主要是地方政府保护。在中国"分级管理、分灶吃饭"政治经济体制和官员晋升锦标赛制度下，省级官员为了保护本省就业、维持政府消费、增加本省财政收入、促进本省经济增长和增加自身晋升概率，会施行地方保护政策。基于政府行为视角，已有大量研究表明行政边界影响区域间要素一体化（唐为，2021），造成市场分割（董雪兵、崔宁，2023），从而阻碍经济发展与共同富裕（付明卫、王鹤，2023）。

尽管已有较多学者从行政边界效应出发，考察了城市群、省际和城际的经济增长差异，但鲜有学者关注行政边界在旅游脱贫效益中的影响效益。与此相关的是封凯栋等（2022）以罗霄山区为例探究连片特困区成因与行政边界的关系，研究认为行政边界对区域增长极的扩散效益造成了负面影响，使得处于行政边界地带的落后地区容易落进"增长洼地"，对乡村振兴战略的顺利实施带来不利影响。向从武和谢正发（2019）在研究武陵山区民族特色村镇旅游扶贫时，从理论上探讨了渝湘交界地洪安镇和茶洞镇如何打破行政壁垒以实现协同发展，但缺乏从民族、习俗、旅游资源的互补性等方面深入探讨合力机制的形成。

1.3.5 文献述评

综上所述，旅游扶贫与脱贫研究历经30多年的发展，在理论研究领域已取得显著成就，理论体系日臻完善，其实践价值亦日益受到重视。然而，随着实践探索的不断深入，该领域的研究亦暴露出若干不足之处：

第一，当前国内外学者的研究多聚焦于宏观区域层面，而对于微观层面的实证分析则显得相对薄弱。具体而言，现有文献在探讨居民参与旅游扶贫过程的主观体验和感受方面，尚缺乏深入的研究。这会导致对旅游脱贫效果的全面评估存在盲点，因为居民的主观感受是衡量旅游脱贫成效的关键指标。因此，未来的研究亟须深入到个体层面，通过实证分析来揭示居民对旅游脱贫的真实感受和反馈，进而为政策的优化提供更为精准的依据。

第二，研究对象的选择往往未能充分覆盖地理位置较为偏远的区域，这些地区通常是脱贫攻坚工作的重点区域，研究的忽视可能导致这些地区在脱贫成效上的滞后，尽管我国已实现全面脱贫，但仍需关注这些区域的可持续发展和长效机制建设。

第三，现有文献往往未能充分考虑多个区域旅游脱贫的空间性，割裂研究单一地区的旅游脱贫效益，未能从区域经济学视角深入探讨旅游脱贫的空间发展特征。未来的研究需要跨越单一区域的局限，综合考虑区域间的空间关联性，以揭示旅游脱贫在不同区域间的相互作用和影响。

第四，尽管对旅游脱贫的正负效益进行研究是必要的，但现有研究对于这些效益背后的驱动因素的探讨尚显不足。

第五，现有研究多依赖于传统的定量方法，缺乏对定性数据和混合方法研究的应用，这限制了对问题的多维度深入理解。未来的研究应综合运用定量与定性方法，以全面揭示旅游脱贫效益背后的复杂机制。

因此，本研究将焦点定位于接壤地区，旨在从宏观和微观两个维度深入分析旅游脱贫问题。通过构建一个全面的旅游脱贫效益评价指标体系，力图在研究方法和理论框架上实现创新，以期为提升旅游脱贫效益提供坚实的理论基础。

1.4 研究内容

本书聚焦湘鄂渝黔接壤地区，在充分调查研判边界贫困居民诉求、区域发展概况以及旅游脱贫现状的基础上，从宏观和微观两个层面全面构建旅游脱贫效益评价指标体系，评价湘鄂渝黔接壤地区旅游脱贫效益，并根据当地实际情况，锚定防止返贫目标，构建湘鄂渝黔接壤地区旅游防返贫机制；同时紧密对接巩固拓展脱贫攻坚成果同乡村振兴有效衔接的国家现实需求，提出旅游助力农村社会发展新征程的现实路径。具体研究内容如下：

1）理论基础与研究综述

本书梳理多维贫困理论、利益相关者理论、比较优势理论、共生理论和行政区边缘经济理论对旅游脱贫的理论意义，辨析旅游扶贫和旅游脱贫效益的内涵、特征和影响旅游脱贫效益提升的因素，探讨旅游业发展减缓贫困的底层逻辑，试图从行政区边缘经济、边缘效应、空间博弈的视角，剖析省际边界区经济发展相对滞后的原因，以此为湘鄂渝黔接壤地区旅游脱贫效益评价及防止返贫机制研究奠定理论基础。

2）湘鄂渝黔接壤地区区域发展概况及旅游脱贫现状

本书将湘鄂渝黔4省（直辖市）边际处有陆地连接的50个国家级贫困县作为案例地，对案例地社会经济发展和旅游资源赋存情况进行全面分析，结合调查问卷和实地访谈得到的第一手研究数据，探讨湘鄂渝黔接壤地区旅游扶贫实践和脱贫成效，总结旅游扶贫典型模式。

3）宏观视角下湘鄂渝黔接壤地区旅游脱贫效益的测度与评价

本书基于多维贫困理论构建包含经济效益、社会效益和发展效益的县域多维贫困评价指标体系，利用熵权法、贫困临界值法测算湘鄂渝黔接壤地区多维旅游现状，通过双向固定效益检验旅游脱贫的显著性，使用地理加权模型计算各个年份不同地区的旅游脱贫效益。同时为深刻揭示该区域不同行政区之间的旅游脱贫效益关系，采用卫星灯光数据作为经济活动的代理指标，探讨旅游业发展对湘鄂渝黔等多省（直辖市）接壤区经济增长的具体影响。

4）微观视角下湘鄂渝黔接壤地区旅游脱贫效益的居民感知和态度分析

本书基于多维贫困理论，构建包括经济效益、社会效益和环境效益的旅游脱贫居民感知评价指标体系，通过问卷调查和实地走访，收集居民对旅游脱贫效益的感知数据，运用主成分分析法和回归分析法等，对湘鄂渝黔接壤地区旅游脱贫效益的居民感知和态度进行分析。

5）湘鄂渝黔接壤地区旅游防返贫机制的动态优化与创新

本书在对湘鄂渝黔接壤地区旅游脱贫后存在的返贫风险进行识别的基础上，分析旅游扶贫动力机制演化过程，结合湘鄂渝黔接壤地区旅游扶贫存在的问题，从需求动力、供给动力、内生动力和支持动力四方面，探讨健全多主体协调决策机制、多主体共同参与机制、利益共享分配机制、区域旅游协同发展机制、旅游产业升级长效机制、多渠道人才培养机制和全闭环监督保障机制等七大旅游防返贫机制。

6）湘鄂渝黔接壤地区旅游扶贫与乡村振兴战略衔接的政策建议

本书运用线性回归模型对旅游扶贫与乡村振兴的衔接效益进行实证检验，探析旅游扶贫与乡村振兴之间的关系，在此基础上提出湘鄂渝黔接壤地区旅游扶贫与乡村振兴战略衔接的政策建议。

1.5 研究方法与思路

1.5.1 研究方法

本书通过理论分析构建旅游减贫理论框架；通过实地调研对旅游脱贫现状进行质化研究；运用熵权法、线性回归法、地理加权法、GIS空间分析法与可视化技术，评价湘鄂渝黔接壤地区旅游脱贫效益；运用主成分分析法、回归分析法和统计分析法，分析湘鄂渝黔接壤地区旅游脱贫效益的居民感知；将理论分析与线性回归分析相结合，探讨旅游扶贫与乡村振兴的衔接效益。研究方法如下：

1）文献研究法

本书通过查阅国内外相关文献，对贫困、旅游扶贫、旅游脱贫效益、旅游脱贫效益评价以及行政边界与旅游脱贫的相关研究进行综述。本书梳理了旅游扶贫模式与效果、旅游脱贫效益的影响因素和测度、行政边界对旅游脱贫的影响等方面的研究成果，明确了已有研究的重点、不足以及本书的关注点，为后续研究提供了理论基础和研究思路。

2）实地调研法

本书通过问卷调查和访谈对湘鄂渝黔接壤地区进行实地调查。在问卷发放方面，采取选择性抽样问卷调查与访谈相结合的方法，时间为2019—2023年，选择旅游淡、旺季相结合进行调研，共发放调查问卷360份。问卷内容涵盖居民个人基本情况、对旅游脱贫效益的感知和态度，以及参与旅游扶贫的意愿和满意度等方面，通过实地调研获取了该地区旅游脱贫的第一手资料，为后续研究提供了数据支持。

3）熵权法

本书采用熵权法计算县域多维贫困指数。首先，对原始数据进行标准化处理，分别针对正面与负面指标采用不同公式计算。其次，计算每个指标的熵值与权重。以全国所有县各指标的中位数作为贫困临界值，确定各县是否属于贫困县，计算多维贫困指标得分。最后，根据权重和得分判定多维贫困程度，为分析湘鄂渝黔接壤地区的贫困状况提供了量化依据。

4）线性回归法

本书构建线性回归模型，以旅游发展程度（如旅游收入或旅游人数）为自变量，以多维贫困相关指标为因变量，同时纳入地区生产总值、产业结构和人口规模等控制变量，通过分析回归系数判断旅游发展与多维贫困之间的关系，从而评估旅游脱贫效益，揭示旅游发展对贫困状况的影响程度。

5）地理加权法

本书采用地理加权法分析旅游脱贫效益的时空演化，以及旅游对县域经济效益、社会效益和发展效益的影响。该方法考虑了数据的空间异质性，根据各样本单元回归系数 β 值的大小和正负来判断多维贫困与旅游发展之间的关系，以及旅游发展对不同区域在经济效益、社会效益和发展效益方面的影响差异，有助于深入了解旅游脱贫效益在空间上的分布特征和变化规律。

6）主成分分析法

本书对收集到的居民感知数据进行主成分分析，提取公因子，通过方差最大法进行正交旋转，选取特征值大于1的公因子，分析各公因子包含的指标，以了解居民对旅游脱贫效益不同方面的感知情况，简化数据结构，便于深入分析居民感知的主要因素。

7）案例分析法

本书以湖南十八洞村、湖北坪坝营村、重庆荆竹村、贵州镇远县等地区作为湘鄂渝黔接壤地区旅游脱贫的典型案例，对每个案例的当地产业、旅游业发展情况以及旅游脱贫模式进行详细阐述，分析其成功经验和模式特点。通过具体案例展示了不同模式在实践中的应用及其效果，为其他地区提供借鉴和经验参考。

1.5.2　研究思路

研究按照"理论基础—现状分析—体系构建—效益评价—机制重构—路径探讨"的思路展开，研究思路如图1-1所示。

研究内容及思路　　　　研究方法

领域　湘鄂渝黔接壤地区旅游脱贫效益评价及提升机制研究

理论梳理

理论基础

| 多维贫困理论 | 行政区域边界理论 | 利益相关者理论 |

相关研究理论的深度分析

- 文献研究
- 演绎归纳

湘鄂渝黔接壤地区旅游扶贫现状调查与分析

现状分析

| 案例地社会经济发展概况 | 案例地旅游扶贫概况与成效分析 | 案例地旅游扶贫存在的问题 |

- 问卷调查
- 实地访谈
- 案例分析

宏观视角下湘鄂渝黔接壤地区旅游脱贫效益的测度与评价

体系构建

| 旅游脱贫效益评价指标体系的设计 | 旅游脱贫效益的测度模型 | 旅游脱贫效益评价实证分析 |

- 现场调查
- 层次分析
- 专家咨询

微观视角下湘鄂渝黔地区旅游脱贫效益居民感知与态度分析

效益评价

| 研究设计与研究数据的获取 | 调查问卷有效性检验 | 研究结果的描述性统计分析 | 旅游脱贫效益居民感知分析 |

- 线性回归
- 地理加权
- GIS 空间分析
- 主成分分析

湘鄂渝黔接壤地区旅游防返贫机制的动态优化与创新

机制重构

| 决策机制 | 参与机制 | 利益分配机制 | 区域协同发展机制 | 产业升级机制 | 人才培养机制 | 监督保障机制 |

- 实地调研
- 演绎归纳

湘鄂渝黔接壤地区旅游扶贫与乡村振兴战略衔接的路径与建议

路径探讨

| 加速产业振兴 | 激励人才振兴 | 弘扬文化振兴 | 深化生态振兴 | 推进组织振兴 |

- 实地调研
- 专家咨询
- 政策咨询

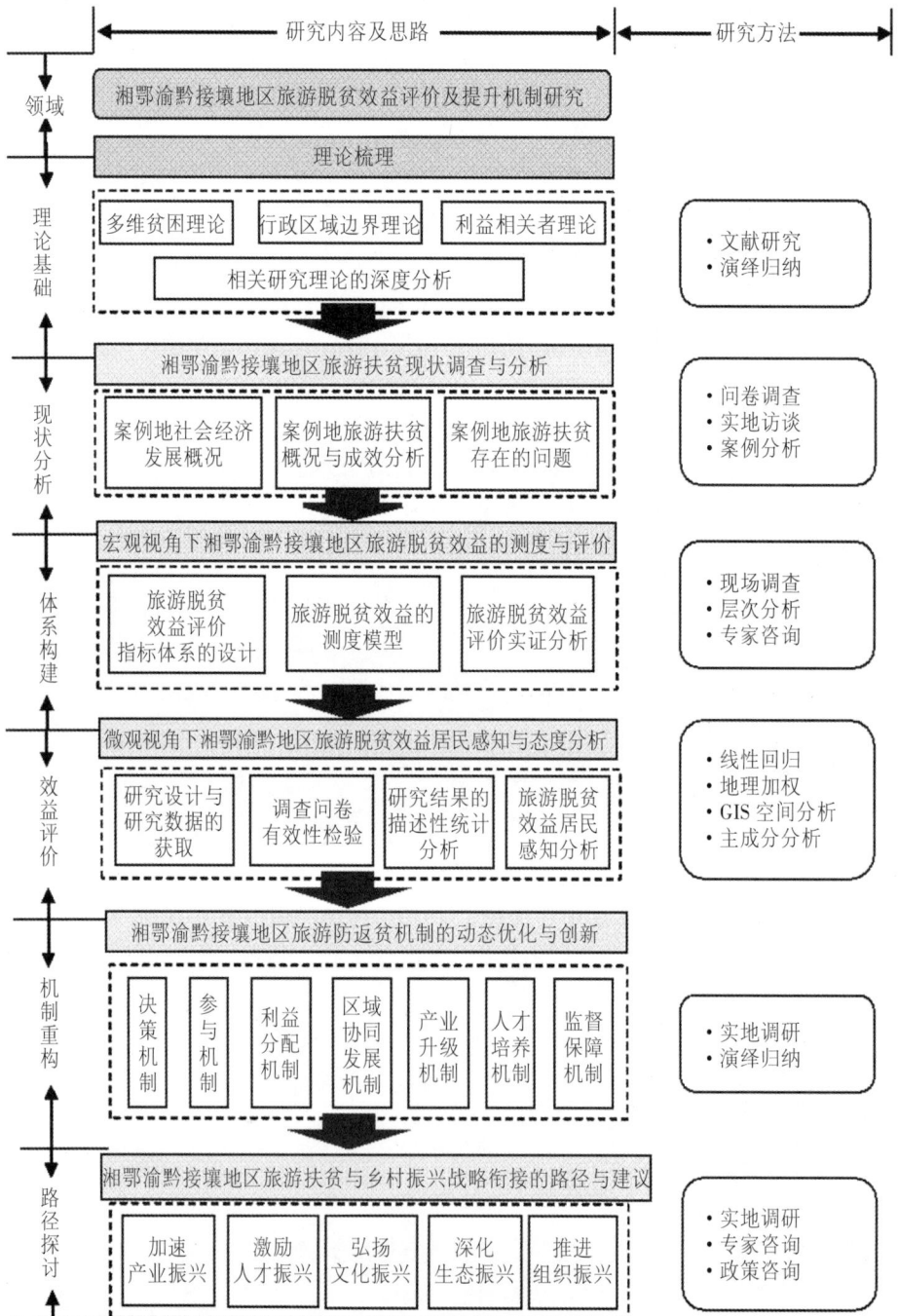

图1-1　研究思路图

1.6　创新与不足

1.6.1　创新之处

1) 研究内容聚焦于解决中国现实社会经济问题

湘鄂渝黔接壤贫困区地理位置偏僻，难以受到区域经济中心的辐射及带动，反而被迫向高水平发展地区转移生产要素，贫困空间极化效应拉大了空间差异。脱贫攻坚期间，很多贫困县依托区域内丰富的旅游资源，选择以旅游扶贫培育"造血"功能，进而带动贫困村旅游经济发展壮大，贫困人口脱贫增收，进而实现了全面脱贫。但脱贫不是终点，而是乡村振兴的起点。因此，本书在对湘鄂渝黔接壤贫困区旅游脱贫现状进行详细调研的基础上，分别从微观和宏观两个层面对旅游脱贫效益进行评价，并基于区域协调视角分析了旅游发展的空间分布与集聚特征，在此基础上构建湘鄂渝黔接壤贫困区旅游防返贫机制，分析旅游扶贫与乡村振兴的衔接效益，综合运用研究结论，紧密对接巩固拓展脱贫攻坚成果同乡村振兴有效衔接的国家现实需求，提出旅游助力农村社会发展新征程的现实路径。

2) 研究方法体现了学科交叉特色

本书通过理论分析构建多维立体的旅游减贫理论框架；通过实地调研对湘鄂渝黔接壤贫困区旅游脱贫现状进行质化研究；通过对贫困县国民经济和社会发展的统计数据挖掘，采用熵权法、线性回归法、地理加权法，评价湘鄂渝黔接壤贫困区的旅游脱贫效益，刻画旅游发展减贫的影响机理；同时通过问卷调查和实地走访，收集大量居民旅游脱贫效益感知的一手数据，运用主成分分析法、回归分析法和统计分析法等，分析湘鄂渝黔接壤贫困区居民旅游脱贫效益感知情况；最后，将理论分析与线性回归分析相结合，探讨旅游扶贫与乡村振兴的衔接效益，并以此为依据构建旅游防返贫机制，提出旅游助力农村社会发展新征程的现实路径。项目研究应用的理论分析、实地调研、熵权法、线性回归法、地理加权法、主成分分析方法等，体现了研究方法的科学严谨，以及学科交叉特色。

3）研究视角凸显区域特色与多维度整合

聚焦于湘鄂渝黔接壤贫困区这一特定区域，深入挖掘其独特的经济、文化、交通、区位与资源禀赋特征，将其作为研究旅游业发展减缓贫困的核心对象。以往研究多为宏观或微观层面的单一维度分析，本书则整合多种视角，从区域协调、产业集聚与扩散空间等多方面系统剖析该区域旅游发展的空间分布与集聚特征，以及旅游脱贫效益的空间特征和关联性。本书通过这种全面且深入的研究，突破了以往旅游减贫理论单维静态分析范式的局限，为旅游业与区域发展关系的研究提供了更为丰富、立体的视角，为促进区域协调高质量发展提供了有力依据。

1.6.2　不足之处

本书基于多维贫困理论构建了旅游减贫理论框架和评价指标体系，并运用线性回归模型对湘鄂渝黔接壤贫困区的旅游脱贫效益进行了评价，但由于各县在国民经济和社会发展的统计公报中未连续公布 2010—2020 年的贫困人口数（或脱贫人口数），项目组经过多方联系也未能获取到足够的 2010—2020 年 50 个县的脱贫人口数量数据。受数据资料可得性的限制，在衡量多维贫困程度时没有包含脱贫人数指标。为了精准识别旅游脱贫效益，本书引入了贫困临界值以表征相对贫困状态。具体而言，参考已有研究，将研究期内前一年全国所有县级指标的平均值作为多维贫困线，低于这个平均值则处于相对贫困状态。同时，为了弥补宏观数据的不足，本书基于问卷调查进行了旅游脱贫居民感知效益评价，从而形成了微观和宏观结合的研究成果。此外，在旅游脱贫居民感知效益的田野调查中，受疫情的影响，对调查对象只进行了抽样调查和重点访谈，导致获取的数据资料不够全面。在今后研究中应扩大实地调研的广度，增加样本量，以使定量研究更加深入。

现阶段我国已迈入"巩固拓展脱贫攻坚成果"与"全面推进乡村振兴"的新阶段。本书根据国家经济社会发展的这一现实需求，建立了湘鄂渝黔接壤贫困区旅游防返贫机制，提出了旅游助力农村社会发展新征程的现实路径。但旅游业发展对乡村振兴的影响，涉及政府、社区居民、游客、市场和环境等多重因素，后期需要深入剖析旅游业发展助力乡村振兴的作用机理和影响因素，提出旅游助力乡村振兴的提升对策。

第2章 理论基础与分析

2.1 相关概念

2.1.1 贫困

贫困作为一个复杂且多维度的社会现象，其定义与内涵在学术界经历了不断深化与拓展研究过程。早期，贫困主要被视为一种经济现象，即个人或家庭因缺乏足够的收入而无法满足基本生活需求。例如，Smith（1776）将贫困界定为"无法购买自然或习俗所需的必需品"，而 Rowntree（1901）进一步指出，贫困是"收入不足以维持最基本的生存活动要求"。周彬彬（1992）认为贫困的首要内涵是生存基本需要不能得到满足，尤其是食品消费无法维持健康活动的需要。这些定义主要聚焦于物质层面的匮乏，强调贫困的经济属性。随着研究的深入，贫困的内涵逐渐丰富。Townsend（1979）认为贫困不仅涉及物质层面的短缺，还包括缺乏参与社会普遍认可的活动和资源的能力。世界银行在1981年和1990年的报告中也对贫困的定义进行了修订，从最初的"缺乏足够资源购买食物和维持体面生活"扩展到"没有能力达到最低生活标准"。Sen

（1999）则从能力剥夺的角度重新解释了贫困，强调贫困是对个体在商品、收入、资源等方面能力的剥夺。进入21世纪，贫困的概念进一步拓展，涵盖了更多维度。《世界发展报告》（2000/2001）指出，贫困是一个多维概念，包括缺乏安全、缺乏权力、缺乏机会、营养不良和健康状况不佳等方面。中国发展研究基金会提出贫困是指缺少自身发展和提高自身能力的机会，如缺少受教育机会和必要的医疗条件。[1]这些定义将贫困从单一的经济层面扩展到社会、文化、政治等多维层面，强调了贫困的复杂性和多维性。之后，众多学者围绕多维贫困进行了深入探讨。Alkire 和 Foster（2011）提出用 AF 方法测量多维贫困。联合国开发计划署在2010年《人类发展报告》中发布了用 AF 方法测算的全球多维贫困指数（MPI），其涉及生活水平（standard of living）、教育（education）、健康（health）3个维度10个指标。除此之外，Watts 法[2]、人类发展指数[3]、双界线法[4]、神经网络模型[5]、综合指数法[6]、函数模型法[7]、主成分分析[8]等测量方法也被学者深入探讨，并在实践中发挥着重要作用。

2.1.2　旅游扶贫与旅游脱贫

自20世纪90年代以来，全球减贫议题成为发展领域关注的焦点，在此背景下，旅游扶贫作为一种创新策略逐渐兴起。PPT（Pro-Poor Tourism，有利于贫

① 中国发展研究基金会. 在发展中消除贫困［M］. 北京：中国发展出版社，2007.

② CHAKRAVARTY S R, DEUTSCH J, SILBER J. On the Watts multidimensional poverty index and its decomposition ［J］. World Development，2008，36（6）：1067-1077.

③ UNDP. Human development report ［M］. Oxford：Oxford University Press，2004：35.

④ 王小林，ALKIRE. 中国多维贫困测量：估计和政策含义［J］. 中国农村经济，2009（12）：4-10.

⑤ 周扬，郭远智，刘彦随. 中国县域贫困综合测度及2020年后减贫瞄准［J］. 地理学报，2018，73（8）：1478-1493.

⑥ 何仁伟，李光勤，刘运伟，等. 基于可持续生计的精准扶贫分析方法及应用研究：以四川凉山彝族自治州为例［J］. 地理科学进展，2017，36（2）：182-192.

⑦ LIU Y H，XU Y. A geographic identification of multidimensional poverty in rural China under the framework of sustainable livelihoods analysis ［J］. Applied Geography，2016，73（8）：62-76.

⑧ 张全红，周强，蒋赟. 中国省份多维贫困的动态测度：以中国健康与营养调查中的9省为例［J］. 贵州财经大学学报，2014（1）：98-105.

困人口发展的旅游）概念，正是源自发展领域对全球减贫挑战的深刻关切[1]，它是随着人们对旅游业促进发展潜力认识的不断深化而逐渐形成的。这一概念的形成，最初受到英国资助的南部非洲可持续生计研究的启发，同时融合了印度尼西亚、印度及津巴布韦等地关于保护区旅游、生态保护与可持续性的比较研究成果[2]，这些研究共同揭示了旅游业在提升农村居民生活质量上的巨大潜能。1998 年，英国国际发展署（DFID）与环境、运输和地区部（DETR）联合发布了一份关于可持续旅游与消除贫困的报告，标志着 PPT 理念的正式诞生。随后，在 1999 年 4 月的联合国可持续发展委员会（CSD）会议上，英国代表团正式向国际社会推介了 PPT 概念。[3] PPT 并非旨在推销某种旅游产品，也不单纯追求旅游业的规模扩张，其核心目标是通过旅游业的发展为贫困人口开辟更多发展机遇。[4]在 PPT 理念的影响下，2002 年 8 月在南非约翰内斯堡举行的世界可持续发展峰会上，联合国世界旅游组织与联合国贸易和发展会议（UNCTAD）共同发起了 ST-EP（Sustainable Tourism-Eliminating Poverty，减贫的可持续旅游）计划。该计划旨在通过促进旅游业的可持续发展来减少贫困，ST-EP 的实施包括 3 个关键部分：建立旅游发展扶贫基金会、组建减贫与可持续旅游研究网络以及制定示范项目拨款机制。[5]与 PPT 相比，ST-EP 更为注重通过基金会的架构来运作旅游项目，并紧密依托当地自然环境与社区条件，以构建一个综合性的产业可持续发展框架。[6]除此之外，Akrong（2019）则认为旅游扶贫是为贫困人口增加净收益的旅游发展方式。

中国的旅游扶贫探索与实践相较于国外起步较早。1991 年，贵州省旅游局在全国旅游局长会议上率先提出了"旅游扶贫"的概念，并随后被正式吸纳进《中国旅游业发展"九五"计划和 2010 年远景目标纲要》。吴忠军（1996）

① SCHEYVENS R. Exploring the tourism-poverty nexus [J]. Current Issues in Tourism, 2007（10）：231-254.

② 于杰. 旅游扶贫路径依赖：作用路径、锁定效应与绩效影响 [D]. 南宁：广西大学，2020.

③ DFID. Tourism and poverty elimination: untapped potential department for international development [R]. London：DFID，1999.

④ ASHLEY C ROE D，GOODWIN H. Pro-poor tourism strategies: making tourism work for the poor-a review of experience [M]. Nottingham：The Russell Press，2001.

⑤ SOFIELD T，BAUER J，DELACY T，et al. Sustainable tourism-eliminating poverty: an overview [R]. Australia：Cooperative Research Centre for Sustainable Tourism，2004.

⑥ 于杰. 旅游扶贫路径依赖：作用路径、锁定效应与绩效影响 [D]. 南宁：广西大学，2020.

对旅游扶贫概念进行了界定，强调其是通过开发贫困地区丰富的旅游资源及建立经济实体，引领贫困地区民众走向脱贫致富之路的一种扶贫策略。孙钢（1996）则指出旅游扶贫主要以发展旅游业为手段，旨在促进经济欠发达地区脱贫致富。蔡雄等（1999）提出，旅游扶贫是一种利用旅游经济强化贫困地区自我发展能力（即"造血机能"）的特殊开发式扶贫方式，它在老少边穷地区具有显著的乘数效应，但并非适用于所有贫困地区实现脱贫。丁焕峰（2004）认为旅游扶贫通过开发贫困地区的旅游资源并创立旅游经济实体，促使旅游业成为区域支柱产业，最终实现贫困地区居民与地方财政的双重脱贫致富。这一观点得到了我国学术界的广泛认同。李会琴等（2015）进一步强调，旅游扶贫的核心在于确保贫困人口通过参与旅游发展所获得的收益能显著超过其投入的成本。综上所述，旅游扶贫是指贫困地区凭借自身丰富的旅游资源，积极发展旅游业，并针对贫困人口实施精准的帮扶措施，从而推动贫困地区与贫困地区居民实现脱贫致富的产业扶贫方式。旅游脱贫则是指在已解决贫困地区及贫困人口基本生存和绝对贫困问题的基础上，通过持续开发和优化旅游资源，促进当地经济多元化发展，提升居民就业能力与生活质量，增强区域自我发展能力，以实现长期稳定脱贫并迈向乡村振兴的一种可持续发展方式。它是旅游扶贫的结果，也是巩固拓展脱贫攻坚成果的延续，是在解决贫困地区贫困人口绝对贫困问题后，进一步阻断贫困发生的长效脱贫方式。[①]

2.1.3　旅游脱贫效益

借鉴李刚、赵荣（2015）及邓雪文（2018）等学者的研究成果，旅游脱贫效益被界定为在贫困地区通过发展旅游业，进而促使当地贫困人口实现脱贫的一种作用效果。这种效益不仅涵盖区域宏观层面的经济效益提升，还涉及微观层面，具体体现在贫困人口的直接获益与个人发展上。同时多数学者从经济效益、社会效益和环境效益三个维度来衡量旅游脱贫效益。

首先，经济效益主要体现在旅游业对贫困地区经济增长的推动作用及贫困人口收入的增加方面。例如，曹洋（2001）指出，旅游脱贫效益包括旅游活动带来的经济影响，这种影响是积极的，有助于贫困地区经济的发展。隆学文和马礼（2004）则强调了旅游业的乘数效应，即旅游业的发展能够带动相关产业和人口的发展，对贫困人口脱贫具有极其重要的作用。**Klytchnikova** 和 **Dorosh**

---

① 高红霞. 巩固拓展脱贫攻坚成果的长效机制研究 [D]. 广州：广东技术师范大学，2022.

（2013）也证实了旅游业在贫困地区经济社会发展中的核心地位。邓爱民和张兰（2017）认为旅游业在我国扶贫开发中发挥着举足轻重的作用，它不仅改善了贫困地区的经济发展条件，更在社会文化与环境保护方面取得了较好的效果。

其次，社会效益则聚焦于旅游业对贫困人口生活方式、社会交往及文化认同等方面的积极影响。例如，赵荣（2015），梁烨（2018），张静、朱红兵和吴虹（2020）等学者指出，旅游业的发展改善了贫困地区的基础设施条件，提升了当地的知名度，促进了当地居民与外界的文化交流，并加强了对当地传统文化的保护与传承。

最后，环境效益则关注旅游业发展过程中对贫困地区自然环境的保护与改善，以及带来的环境挑战与应对策略。例如，李星群和侯成（2017）以广西龙州县为例，研究发现乡村旅游的环境效益成效明显。刘清（2022）研究发现旅游业提高了脱贫居民的环保意识，改善了交通和居住环境。然而，黎郡英（2020）指出，在万寿村的乡村旅游发展中出现了环境污染加重的现象。

2.1.4　旅游脱贫效益评价

旅游脱贫效益评价是指对贫困地区发展旅游业所产生的经济效益、社会效益和环境效益等进行全面、系统的分析和评估。经济效益评价是旅游脱贫效益评价的重要组成部分，它主要考察旅游发展对当地经济收入和就业等方面的影响。正如张玉婷（2015）在研究中强调，旅游业的乘数效应显著，旅游业的发展确实为贫困地区带来了可观的经济收益和就业机会。社会效益评价关注旅游发展对当地社会结构、人口素质、文化传承等方面的影响。肖怡然（2021）指出，旅游扶贫为岷江上游民族地区带来了显著的社会效益，包括就业机会的增多、收入的提高、产业结构的优化、文化的保护以及社会的整体发展。Anderson（2015）主要探讨了文化旅游在坦桑尼亚基林加罗农村地区对贫困缓解的影响，研究结果显示文化旅游作为一种有效的经济手段，促进了当地经济的发展，提升了居民生活水平，进而实现贫困的显著缓解。环境效益评价主要衡量旅游扶贫对当地自然环境和生态环境的影响。Nyaupane、Morais和Dowler（2006）深入探究了游客数量及类型对旅游目的地所产生的复杂影响，其中正面影响包括推动当地经济发展和提升居民生活水平，而负面影响则涉及资源过度开发与环境破坏等诸多方面。李星群和侯成（2017）在研究中发现，乡村旅游的环境效益在某些地区成效明显，但也可能带来环境污染等挑战。综上所述，旅游脱贫效益的评价是一个多维度、系统性的过程，它不仅需要考察多个层面和角度，还要全面、准确地评估旅游扶贫政策的实际成效及其可持续性。

2.1.5　旅游防返贫机制

旅游防返贫机制是一套综合性的策略与制度体系，其核心在于通过促进旅游业的健康发展，有效预防和减少已脱贫地区及人口因多重因素而重返贫困的风险。该机制全面涵盖旅游资源的科学开发、旅游产业的持续升级、旅游收益的公平分配、旅游风险的及时预警与有效应对、旅游人才的系统培养以及旅游管理的严格监督保障等多个维度。这些措施协同作用，旨在确保旅游业能为脱贫地区带来持久稳定的经济增长，并显著提升当地居民的生活品质，从而有力遏制返贫现象的发生。例如，杨静凤（2020）主要从农户生计环境的返贫预警、生计资本的均衡增收、生计适应的长效衔接三方面，构建了桂黔民族旅游村寨农户的返贫阻断的机制。李艺（2023）认为构建乡村旅游脱贫可持续生计型返贫阻断机制的核心是解析生计资本与返贫风险的内在联系，并倡导从风险监测预警、农户利益增收、生计资本重构、社会托底保障等多维度出发，搭建内生性、预防性的返贫阻断机制。高红霞（2022）通过考察不同主体在乡村旅游发展中的参与行为，发现巩固拓展脱贫攻坚成果的长效机制在不同旅游模式下展现出多元联动的特点，这种机制以不同主体为导向，形成了复杂而有效的互动格局。

2.2　理论基础

2.2.1　多维贫困理论

受到数据收集以及人类对贫困概念本身认识的限制，人们习惯于用收入、消费或其他货币尺度来测度贫困，对于贫困的概念和衡量问题仍然较为模糊。福利经济学家Cannan（1914）、Pigou（1920）等早已认识到贫困和福利问题远非以货币表示的经济指标能够轻松描述并解决，但较早明确提出从多维角度来认识贫困与发展问题的学者则是阿马蒂亚·森（Amartya Sen），其"可行能力"理论被公认为是多维贫困理论的基础（Martinetti，2000）。森从"可行能力"的视角定义贫困，催生了多维贫困理论。收入匮乏作为一系列功能性活动中的一种，在市场不完善或不存在的现实情境下，无法作为工具性变量完全反映个体或家庭的被剥夺程度。要正确衡量个体或家庭的贫困程度，就必须从多个功能性维度来考虑个体或家庭被剥夺的状况，构建多维贫困测度指数（Anand and Sen，1997）。森在这一理论支持下积极推动多维贫困的度量。如联合国开发计划署将人类贫困指数（HPI）作为多维贫困衡量的标准，包括针对发展中国家的HPI-1指数和针对发达国家的HPI-2指数，不仅涵盖衡量与人类发展指数（HDI）相同维度的因素，如健康生活、经济、教育，还包括参与和社会包容等其他方面的因素。

在旅游扶贫的研究中，学者们基于多维贫困理论拓展了以往侧重于地区经济发展或贫困人口收入增长的单一维度的考虑，将贫困的维度延伸至宏观层面的社会与生态等方面，微观层面的就业、教育与健康等方面。因此，本书在湘鄂渝黔接壤地区的旅游脱贫效益的测度方面，既要考虑宏观层面的经济社会产出情况，又要适度纳入贫困居民个体和家庭等微观层面的指数。

2.2.2 利益相关者理论

弗里曼在1984年出版的《战略管理：利益相关者管理的分析方法》一书中提出的利益相关者定义被认为是利益相关者理论正式形成的标志。[1]弗里曼认为"利益相关者是能够影响一个组织目标的实现或者能够被组织实现目标过程影响的人"。利益相关者理论认为获得长期繁荣的最好途径是：考虑其所有重要利益相关者并满足他们的需求。

基于帮助贫困人口脱贫的本地旅游产业能否可持续发展从而实现精准扶贫目标，必须考虑其重要的利益相关者并满足他们的需求。旅游扶贫活动中的利益相关者是政府、旅游开发企业、旅游者和居民。其中，政府对本地旅游的规划、推广、管理以及资金投入等方面，都发挥着决定性的作用。政府投入大量的资金和人力物力，拉动本地旅游的发展，并通过政策扶持和补贴，鼓励和支持本地旅游的发展。旅游开发企业为旅游扶贫注入资金，并通过组织本地旅游、培训农民、提供技术支持等，帮助当地农民提高产能和服务能力，从而使本地旅游得到全面、快速、可持续的发展。对于农民来说，本地旅游可以提供就近的就业机会和增加收入的途径。本地旅游项目的实施可以促进当地特色农产品的生产和销售，增加农民收入。此外，农民在本地旅游中充当着重要的角色，他们可以通过提供农家乐、农家客栈等服务，参与到本地旅游中来，从中受益。对于游客来说，本地旅游可以提供一种不同于城市的生活方式和体验，他们可

---

① 弗里曼. 战略管理：利益相关者方法［M］. 王彦华，梁豪，译. 上海：上海译文出版社，2006.

以在这里感受到大自然的美丽和纯真，领略到农村的风土人情。游客可以通过本地旅游享受到美食、住宿、娱乐等各种服务，在享受的同时也为当地经济作出了贡献。因此，在推进本地旅游扶贫的过程中，需要考虑到不同利益相关者的需求和利益，通过协调、整合各方资源，推进本地旅游扶贫事业的发展。

2.2.3　比较优势理论

比较优势理论可追溯到亚当·斯密的《国富论》中有关贸易的绝对优势理论。此后，大卫·李嘉图在其代表作《政治经济学及赋税原理》中提出了比较成本贸易理论（后人称"比较优势贸易理论"）。[①]比较优势理论认为，国际贸易的基础是生产技术的相对差别（而非绝对差别），以及由此产生的相对成本的差别。每个国家都应根据"两利相权取其重，两弊相权取其轻"的原则，集中生产并出口其具有"比较优势"的产品，进口其具有"比较劣势"的产品。比较优势理论的核心思想就是根据本地区的资源优势来组织本地区的经济活动，参与地区分工合作。不同地区因自然资源和人文地理迥异，其所拥有的资源禀赋也存在较大差异，如果能够利用自身的优势资源开展相应的经济活动，就能在市场竞争中处于相对有利的地位，有利于其产业发展。故贫困地区在反贫困发展战略选择上，应推行与比较优势相符的发展战略，优先发展那些具有比较优势的产业。

旅游扶贫虽然是一种行之有效的扶贫方式，但并不适用于所有贫困地区。只有具备相应条件的贫困地区采用旅游产业扶贫方式才能取得理想的扶贫效果。除此之外，旅游扶贫的模式大致分为景区依托型（"旅游景区+贫困村"扶贫模式）、产业依托型（"旅游商品基地+农户"扶贫模式）、历史文化依托型（古村古镇旅游开发扶贫模式）、民俗依托型（"旅游+文化商品+农户"扶贫模式）和投资创业型（"旅游双创+就业"扶贫模式）等类型。不同扶贫模式对于禀赋要素的要求不同，因此，湘鄂渝黔接壤地区的旅游扶贫方针制定需要充分利用比较优势理论，寻找因地制宜、政府因势利导的提升路径。

2.2.4　共生理论

德国生物学家Bary将"共生"定义为不同种属生物由于某种联系而生活

---

①　李嘉图. 政治经济学及赋税原理［M］. 郭大力，王亚南，译. 北京：商务印书馆，2021.

在一起。它由共生单元、共生模式和共生环境组成。共生理论中，共生单元之间存在利益互动关系，共生系统中每个单元个体充分发挥自身优势，相互合作，弥补自身不足，从而实现资源共享，利益均分，共同推进共生体的发展。共生模式包括行为模式和组织模式。行为模式是基于共生单元之间的互动方式，其演进路径为寄生→偏利共生→非对称性互惠→对称性互惠共生；组织模式根据各个单元之间的组织程度，从共生单元的互动频度出发，演进路径为点共生→间歇共生→连续共生→一体化共生。随着共生理论被运用到社会、经济和文化等研究领域，共生理论研究也逐渐丰富。共生理论在旅游中的应用主要集中在共生的内涵、模式、旅游利益分配等方面。Stringer 和 Pearce（1984）等最早将其引入旅游研究。我国学者袁纯清首次引入共生理论，界定了一系列概念、逻辑框架和分析方法（1998）。因此，有必要选用生物学当中的共生理论来进一步优化湘鄂渝黔接壤地区的本地旅游扶贫模式，化解各方的利益冲突，使得各个主体发挥自身的优势，相互包容，求同存异，谋求多赢效果。

2.2.5 行政区边缘经济理论

关于边界区域的研究始于20世纪50年代以来的国家边界发展研究，欧美学者从国家政策角度探讨以西欧国家的经济集团化为实践基础的"区域一体化"理论，也就此探讨了墨西哥与美国边界区（Anderson，2003）、新加坡与马来西亚和印度尼西亚边界区（Ho and Wong，1997）的边界发展与边界效应问题。省际交界地区作为我国区域发展中一类特殊区域，无论从理论研究还是发展实践来说都是一块"被遗忘的角落"（高新才、王一婕，2019）。因此，学者先后从行政区边缘经济、边缘效应、空间博弈的视角，探讨了省际边界区经济发展相对滞后的原因。如曾冰等（2016）认为零和博弈是导致京津冀地区经济发展较慢的重要原因。王忠峰（2006）认为边缘效应的存在导致政府对边界区域控制较弱，经济关注度较低。而根据各省（自治区、直辖市）经济发展水平以及区域间合作利益上的博弈结果的差异，国内学者将省际交界地区分为弱弱、强弱、强强型三类区域，并提出了弱弱联合、强弱互补合作、强强互补协作三种发展模式（曾冰、张艳，2017）。几乎所有的研究都指出，要想更好实现区域的一体化发展，就必须打破行政区划壁垒，促进跨区域的要素流动。

旅游作为一种具有空间移动的行为，边界在旅游行为中发生着特殊作用，早在20世纪30年代早期，旅游地理学领域便关注到了边界之于旅游的意义，而随着旅游活动的普及与流行，与其相关的跨境旅游合作与管理、边境社区安全、边境居民身份认同等现实问题越来越突出。在湘鄂渝黔接壤地区的研究中，边界效应广泛存在。

2.3 理论分析

以下结合上述理论来系统阐释不同行政接壤地区的旅游发展如何影响旅游脱贫效益。

2.3.1 旅游业发展减缓贫困的底层逻辑

旅游减贫效益的生成主要包括以下方面：

1）就业效益

旅游业的发展为贫困地区带来了大量直接的就业机会。这种就业机会在劳动力素质和教育程度的要求上相对较低，使得大量低技能的贫困人口可以进入旅游服务业，如重庆武隆景区的"抬轿"职业。这体现了旅游业在消除贫困过程中劳动力市场的包容性特点，有助于增加就业机会、减少贫困。此外，旅游业的发展还会带动相关延伸产业的兴起，如农产品加工业、住宿服务、餐饮、农家乐等。这些产业不仅丰富了当地经济结构，还进一步扩大了就业范围，特别是在贫困地区，能够有效吸收大量劳动力，尤其是那些不具备高学历或专业技能的劳动力。

从劳动力市场理论角度来看，旅游业能够有效降低失业率，尤其是在结构性失业严重的贫困地区。在这些地区，旅游产业的发展打破了传统农业的劳动力需求单一性的局限，使得劳动力可以向更广泛的第三产业转移，产生显著的就业效益。通过旅游业及其延伸产业的带动，劳动力在多样化的就业机会中得以优化配置，实现了生产要素的重新组合。

2）收入效益

旅游减贫的收入效益体现在多个方面：

首先，直接的就业收入增长是最显著的表现。贫困人口通过在景区、农家乐等岗位工作，能够获得稳定的工资收入。

其次，旅游业的发展带动了当地经济增长与消费水平的提高。旅游业作为劳动密集型产业，对上下游产业链的推动作用显著，例如农产品加工、交通运输、建筑业等，这些行业的繁荣带动了居民整体收入水平的提升。

再次，新型集体经济的发展也对贫困人口收入增长产生了积极的影响。例如，村庄集体经济可以通过开发旅游资源而壮大，村集体的收入增加后，能够让村民特别是贫困人口共享发展成果。这种共享收益的方式在农旅结合项目中较为普遍，如利用集体土地建设的"花海"、"竹海"、素质拓展基地和研学基地等项目，使贫困户能够通过分红获得一定的经济利益。

最后，旅游业的发展也会增强政府对地方的财政支持，带来更多的财政转移支付。这种公共财政的支持不但能够用于基础设施的改善，还可以直接转化为对贫困人口的补助和帮扶措施，为贫困群体的收入增长提供进一步保障。

3）发展机会提升效益

旅游业发展不仅带来直接的经济收益，还通过对农村社会的重构，间接提升了贫困人口的发展机会。

首先，旅游业发展带来了观念的转变。随着城市游客不断涌入，城市的生活方式、生产方式、消费习惯逐渐渗透到农村，潜移默化地影响了当地居民的思想观念，激发了他们对现代生产方式和生活方式的认同。这一过程有助于激发贫困人口的主动性和创新性，为他们追求更高的生活质量奠定了思想基础。

其次，旅游发展带来的基础设施改善也是不可忽视的。交通、供电、供水、通信等基础设施的建设与完善，不仅提高了农村居民的生活质量，还降低了贫困人口获取市场机会的交通和交易成本。基础设施的改善提升了农业与旅游业的衔接效率，使得贫困人口在发展现代农业、乡村旅游等新型经济活动时更加便利，有助于打破城乡发展的壁垒，提高农村人口的社会经济地位。这种发展机会提升效益可以从阿马蒂亚·森的能力理论（Capability Approach）中得到解释。森的能力理论强调，人们摆脱贫困的关键在于提升他们的基本能力，即自由地选择追求生活目标的能力。旅游业的发展通过基础设施建设、观念转变等方式，为农村贫困人口提供更多发展选择，增强了他们实现个人生活目标的能力。

4）示范效应

旅游发展中的示范效应也在减贫过程中起到了关键作用。在旅游业的起步阶段，往往是具备一定生产资料和风险承受能力的农户率先参与，如将自建房屋改造成民宿、租赁土地进行农产品规模化生产等。这些先行者通过旅游业获得显著收益，成为其他贫困农户的榜样。一方面，这些成功的案例为贫困居民提供了可以模仿的发展路径，使他们看到了通过努力改变生活状况的希望，增强了自我发展的信心；另一方面，这些先行者的成功经验能够有效改变贫困群体的"小农思想"，即对外部世界的封闭态度和对风险的恐惧，帮助他们降低风险厌恶程度，使他们逐渐愿意尝试新的生产和经营模式。示范效应在行为经济学中被理解为一种社会性学习过程，是指人们通过观察他人的行为及其后果来学习并形成自己的行为模式。在旅游脱贫攻坚过程中，贫困农户通过观察先行者的行为和结果，逐渐意识到旅游业带来的经济效益，从而激发他们加入旅游发展的意愿。这种"榜样力量"也会引导贫困农户采取更合理的生产决策，减少因信息不对称和风险恐惧所带来的不确定性，逐步实现经济状况的改善。

5）社会资本积累效益

旅游业的发展还能够带来社会资本的积累效益。旅游活动为农村居民和外来游客、企业家、政府部门等各方之间的互动提供了平台，这种互动有助于建立和巩固社会网络，提升农村社区的社会资本。社会资本的积累能够进一步促进农村社区的合作与信任，为贫困人口参与经济活动、获取资金和技术支持提供重要保障。此外，旅游业所带来的跨区域合作和资源共享，也有助于改善贫困地区的信息闭塞状态，提升其与外部市场和资源的连接度，进而推动区域内经济的协同发展。

综上所述，旅游业通过就业、收入、发展机会提升、示范和社会资本积累等多重效益，有力地推动了贫困地区的减贫工作。这些效益不仅体现在直接的经济收益上，还通过观念转变、社会重构和社会资本积累等间接途径，提高了贫困人口的发展能力和社会地位，使他们能够更好地融入现代经济体系，最终实现脱贫致富。

2.3.2 旅游脱贫效益的空间路径分析

以往关于旅游脱贫的研究多集中于某个具体研究区域，探索该区域的旅游扶贫路径，在很大程度上忽视了旅游空间的综合推动作用。事实上，由于各地区旅游资源的独特性以及文化环境、自然资源的多样性，不同区域的旅游发展在扶贫减贫中发挥重要的、不可替代的作用。这种多元差异化的发展不仅丰富了旅游产品的供给，也为区域经济的发展提供了新的活力，具体表现在以下几个方面：

1）以满足多元化、差异化的旅游需求提高旅游脱贫效益

消费心理学理论认为，向消费者展示多样化、异质性的商品，并丰富其消费体验，是刺激消费的关键动力。而旅游，作为一种体验经济的重要组成部分，其独特之处在于能够通过感官、情感、文化等多维度为游客提供丰富的体验，从而激发他们的消费意愿。因此，旅游脱贫的关键在于如何通过不同区域、不同特色的旅游资源来满足游客的多元化需求，并进一步实现扶贫的目标。

第一，旅游是一种融合了自然资源和文化资源的综合性消费活动，每个地区所拥有的资源禀赋各不相同，有的地区有得天独厚的自然风光，有的地区则有厚重的历史文化积淀。正是这些差异，为旅游业的发展提供了无穷的可能性，也为旅游脱贫提供了多样的路径。例如，高山景区的自然生态旅游可以提供新鲜的空气、壮丽的景观，吸引喜爱自然和户外运动的游客；古镇的文化历史旅游则通过历史遗迹、民俗风情等，吸引对文化和历史有浓厚兴趣的游客；而城市周边的乡村休闲旅游则能够满足城市居民短暂逃离都市生活、体验乡村宁静与自然乐趣的需求。通过这些不同类型的旅游体验，各地能够有效地满足不同游客群体的需求，从而提升旅游的吸引力。

第二，多样化的旅游供给不仅能够满足游客的差异化需求，还能够有效地增加游客的停留时间和提高消费水平。游客在某一地区旅游的时间越长，他们在食宿、交通、娱乐等方面的消费也就越多，从而更大程度上带动当地的经济发展。以高山景区为例，景区可以在传统的观光旅游基础上，开发山地运动、森林康养等多种产品，以延长游客的停留时间。同样，古镇旅游可以通过开发夜游项目、沉浸式文化体验等方式，进一步吸引游客的注意力，提升其消费欲望。城市周边的乡村休闲旅游则可以通过开发农家乐、手工艺体验等活动，使游客能够更加深入地体验当地的生活方式，从而增强他们的消费黏性。

第三，不同类型的旅游产品能够延长旅游产业链，带动相关产业的发展。在旅游发展过程中，住宿、餐饮、交通、文化创意产品等都成为旅游产业链的重要环节，而每一个环节都能够创造就业机会和经济收益。例如，古镇的文化旅游可以带动当地手工艺品的生产和销售，这不仅丰富了旅游体验，也为当地手工业者创造了更多的就业机会和收入来源。高山景区的康养旅游则能够促进当地的健康服务产业的发展，而乡村旅游中的农产品销售更是直接提高了农民的收入。通过这种产业链的延伸和扩展，旅游业能够在推动经济发展的同时，直接惠及当地居民，特别是贫困群体，从而在很大程度上实现旅游脱贫的目标。

第四，多元化的旅游发展还可以通过品牌化和特色化来提升地区的知名度和竞争力，形成良性循环。例如，一个地区可以通过打造独具特色的旅游品牌，使其在游客心目中留下深刻的印象，进而成为某一类型旅游的代表性目的地。这样的品牌化发展，不仅有助于吸引更多游客，还可以带动旅游相关产业的持续增长。例如，某些地区成功打造了"茶文化之旅""红色教育之旅"等品牌，吸引了大量对特定文化感兴趣的游客。这种品牌化的旅游不仅丰富了旅游的内涵和价值，还进一步推动了该地区的文化传承和经济繁荣，为贫困群体提供了更为持久和稳定的就业机会和收入来源。

第五，多样化的旅游产品供给还能够通过引导不同季节、不同人群的游客错峰出游，从而实现旅游资源的最优化配置，提升旅游扶贫的长期效益。比如，夏季高山景区适合避暑，冬季则可以开展滑雪等运动；古镇的文化体验可以全年吸引游客，而乡村旅游可以根据农事节令开发四季不同的体验活动。这种错峰和季节性旅游的合理安排，不仅提升了各类旅游资源的利用效率，也让当地的旅游收入更加稳定，为贫困人口提供持续的增收途径。

综上所述，多样化和差异化的旅游产品供给不仅能够满足游客的多元化需求，为旅游脱贫开辟了新的途径，而且能有效激发游客的消费意愿，拓展当地的旅游消费市场。这种策略通过延长和强化旅游产业链条，带动了相关产业的发展，进而推动了经济的整体繁荣。因此，通过提供丰富的旅游产品，我们不仅为旅游脱贫提供了新的动力，也为实现区域经济的协调发展和社会的可持续减贫目标提供了强有力的支持。

2) 以优势互补推动旅游脱贫效益

旅游业的发展深受游客需求的驱动，不同区域之间的资源禀赋各异，使得各地形成了各具特色的旅游路线。这些路线不仅涵盖了文化旅游、生态旅游、休闲度假等多样化的内容，还在资源禀赋的基础上，演变为具有显著特色的旅游协调发展路径。这种发展路径一方面促进了旅游资源的集聚与整合，形成了规模经济效益，从而放大旅游的经济效益和扶贫作用；另一方面，旅游发展通过完善游客服务体验和优化消费环境，不断提升整体的旅游吸引力。这种以优势互补为核心的发展模式，不仅能够提高游客对不同旅游产品的消费意愿，还能通过区域间的协同与合作，提升整体旅游的吸引力，推动脱贫工作取得实效。

首先，优势互补的发展路径使得旅游资源的配置和利用更加高效，促进区域间的合作与共赢。在旅游业发展过程中，不同地区可以根据自身的资源优势，形成彼此联动的旅游发展格局。例如，有的地区拥有丰富的历史文化资源，可以发展文化体验型旅游；另一些地区则因得天独厚的自然风光，适合发展生态旅游。将这些不同的资源整合到统一的旅游线路中，形成"旅游联线"的发展模式，不仅可以增强各地区的旅游吸引力，还可以将游客导流到其他相对贫困的地区，从而实现"以富带贫"的旅游脱贫目标。通过旅游线路的整合，原本资源较少但独具特色的贫困地区可以借助其他地区的名声吸引更多游客，进而带动当地的经济增长和就业增加，从而实现脱贫。

其次，优势互补的发展模式还能够有效地推动旅游经济的规模化发展，并放大旅游的扶贫效益。在旅游资源集聚的过程中，不同地区的旅游产品互为补充，可以为游客提供更加丰富和立体的体验。例如，一位游客可能希望在某次旅游行程中既能欣赏自然风光，又能体验历史文化。通过优势互补的发展模式，不同类型的旅游资源可以被整合在一条旅游路线中，游客在一次行程中就能享受多样化的旅游体验，这不仅能够提高游客的满意度，还能增加游客在各地的消费，形成规模经济效应。规模化的旅游发展意味着更多的游客、更高的消费水平，从而进一步带动当地的经济发展，特别是为贫困人口创造就业机会和增收渠道。

再次，优势互补的发展路径也推动了区域间的协同发展，使旅游脱贫工作更具持续性和系统性。各地区通过合作，能够形成优势互补，从而在资源共享、信息交流和市场拓展方面实现共赢。例如，在区域旅游合作中，交通便利的地区可以通过推广带动偏远地区的旅游发展，使得偏远地区也能够借助主流旅游市场的力量实现经济增长。同时，通过联合宣传、资源共享和品牌打造等方式，区域之间的旅游发展实现了从单打独斗到联动发展的转变。这种协同合作不仅提高了旅游资源的利用效率，也为贫困地区提供了更加广阔的市场和发展机会。

这种优势互补的模式实际上还能够提升各地的整体旅游服务质量。在旅游合作中，不同区域之间可以相互学习和借鉴先进的管理经验和服务模式，从而不断改善游客的消费体验。例如，某些地区在旅游服务标准、游客管理、社区参与等方面经验丰富，这些经验可以通过区域合作传播到其他欠发达地区，帮助这些地区提高服务质量，从而吸引更多游客。服务水平提高不仅会增加游客对该地的满意度和复游意愿，也会在潜移默化中改变贫困地区的旅游发展现状，使当地能够更加深入地融入区域旅游发展的大格局中，进一步促进脱贫攻坚目标的实现。

最后，优势互补的旅游发展路径能够促进多层次、多方位的旅游产品创新，进而带动旅游产业链的不断延伸。例如，文化旅游和生态旅游的结合可以催生新的旅游形式，如生态文化游、农业文化体验等，进一步丰富旅游产品的供给。这样的旅游创新不仅能够提高游客的体验质量，还能为贫困地区带来新的发展机会。通过不断创新的旅游产品，各地能够形成自己的品牌和特色，从而在激烈的市场竞争中脱颖而出。这种创新驱动的发展方式，能够有效促进贫困地区的经济转型和产业升级，为当地居民提供更为丰富和多样的就业机会和收入来源。

综上所述，以优势互补为核心的发展模式，推动了旅游资源的有效整合、区域间的协同合作以及旅游产品的持续创新，不仅提高了各地旅游的整体吸引力，还放大了旅游对经济和社会的带动作用，特别是在扶贫方面的效果。这种模式通过区域间的合作与互补，实现了旅游扶贫的多赢局面，不仅能够帮助贫困地区借助其他地区的优势资源实现发展，还能通过协同合作和共同创新，为脱贫工作提供可持续的动力和支持。

3）以空间竞争形成旅游资源高地，在集聚中走向平衡

由于各地区资源禀赋的差距，各地基于自身独特的自然、文化、历史资源，形成了具有比较优势的旅游产品，这使得各地在对游客的竞争和旅游资源的开发中逐渐形成了内驱动力。通过这种竞争，旅游资源逐渐集中到具备比较优势的地区，形成了以比较优势为基础的旅游资源空间集聚，从而有利于避免无序的恶性竞争，推动旅游业良性发展。同质的旅游资源不断向中心区域集聚，形成了旅游资源高地，异质的旅游资源则分散在外围地区，由此形成了"多中心-外围"的旅游发展格局。这种格局的形成对于减贫具有重要作用：中心区域的旅游资源集聚能够扩大全域旅游的影响力，带来旅游的规模经济效应，实现区域的繁荣；而旅游资源向外围扩散，则既将中心区域的优秀游客资源带到了边缘地区，也带来了更多的旅游发展经验，使得游客在中心和外围之间不断流动，最终形成了有效的旅游脱贫空间路径。

首先，空间竞争的格局有助于形成旅游资源的优化配置，使中心区域逐渐成为旅游资源的集聚地，形成旅游资源高地。旅游资源的集聚效应使得中心区域的旅游基础设施和配套设施得到不断的完善，这不仅提高了旅游服务的质量和游客的满意度，还能够有效拉动该地区的经济增长。旅游资源的集聚效应意味着旅游企业和服务提供者的集中，这将促进中心区域形成良好的市场竞争环境，提升旅游服务的整体水平，从而吸引更多的游客。随着游客的不断增加，中心区域的旅游产业链也逐步延伸，带动了住宿、餐饮、交通、娱乐等相关产业的发展，从而进一步增强了中心区域的经济活力。这种中心集聚的发展模式，能够通过旅游业的繁荣带动当地居民的就业和收入增长，有效推动脱贫攻坚工作。

其次，旅游资源的空间集聚和中心化发展并不意味着外围区域的边缘化。相反，中心区域的旅游资源集聚所产生的溢出效应，能够为外围区域带来更多的发展机遇。旅游资源向外围扩散使得中心区域的游客能够进入外围区域进行二次消费，这不仅带动了外围区域的经济发展，也促进了外围区域的基础设施建设和旅游服务水平的提高。例如，许多游客在中心区域旅游之后，会选择前往外围地区体验更为独特的旅游活动，如乡村生态旅游、农耕体验等。通过这种游客的扩散，外围区域不仅能够共享中心区域的游客资源，还能够在中心区域的带动下，不断提升自身的旅游吸引力和接待能力。外围区域的发展，不仅为当地的居民带来了新的就业机会和收入来源，也为区域整体的均衡发展奠定了基础。

再次，空间竞争和资源集聚的过程还能够形成"多中心-外围"的旅游发展

格局，这一格局对于减少贫困、实现区域协调发展具有重要作用。在"多中心-外围"的格局中，不同的中心区域通过差异化的资源禀赋形成各自的比较优势，从而在旅游市场中占据特定的地位。每个中心区域不仅能够吸引大量游客，还能够在与外围区域的互动中，将自身的成功经验、管理模式、市场资源等传递给外围区域，形成区域间的协同发展。例如，一些旅游发展较为成熟的中心区域可以通过与外围区域的联合开发、合作营销、经验共享等方式，带动整个区域的旅游业共同发展。这种区域间的协同，不仅能够帮助外围区域提升旅游发展的能力，也能够实现整个区域的共同繁荣，从而有效减少区域间的贫困差距。

在空间竞争过程中，中心区域与外围区域之间的互动与合作，还能够激发更多的旅游产品和服务创新，推动旅游产业链的进一步延伸。例如，中心区域可以通过与外围区域合作，开发跨区域的旅游路线，将中心的文化旅游与外围的生态旅游结合起来，形成更加丰富和多样的旅游产品。这种跨区域的旅游产品，不仅能够满足游客多样化的旅游需求，还能够通过创新带来更多的市场机遇，为旅游脱贫提供更加有力的支持。通过旅游产品的创新和多样化，旅游业能够在吸引更多游客的同时，带动相关产业的发展，为贫困地区提供更多的增收途径。

最后，空间竞争与资源集聚的过程，也有助于形成旅游产业的"内部驱动力"，推动产业的可持续发展。中心区域的形成和外围区域的崛起，不仅是旅游资源在空间上逐渐优化配置的结果，也是市场机制发挥作用的表现。在这一过程中，旅游资源的空间集聚和扩散不仅促进了区域间的平衡发展，也在很大程度上推动了旅游产业内部的升级和转型。例如，通过在中心区域形成旅游资源的高地，旅游业能够吸引更多的资本和技术投入，从而推动旅游产品的多样化和服务的高质量发展。同时，外围区域在中心区域的带动下，通过不断学习和引进先进的管理和服务经验，能够逐步实现自身的产业升级和服务质量提升。这种由内而外的推动力，不仅确保了旅游业发展的可持续性，也为旅游脱贫的长期成功提供了坚实的保障。

综上所述，通过空间竞争形成旅游资源高地，推动旅游资源的集聚和扩散，形成"多中心-外围"的旅游发展格局，不仅能够有效拉动中心区域和外围区域的经济增长，还能够通过优势互补和协同发展，带动整个区域的共同繁荣。这种格局在旅游脱贫中的重要作用在于：它不仅通过旅游资源的集聚带来了规模经济效应，还通过资源的扩散和游客的流动，推动了整个区域的均衡发展，为实现脱贫攻坚和共同富裕的目标提供了重要的动力和支持。

2.3.3　旅游业发展防止农户返贫的理论分析

在实现脱贫攻坚的过程中，旅游扶贫已证明其在带动农村经济发展、增加农户收入方面的显著成效。然而，如何通过旅游业的持续发展防止贫困农户返贫，巩固和拓展脱贫成果，是当前旅游扶贫进入深水区后需要深入思考的重要议题。旅游业因其资源多样性、就业包容性和产业联动性等特征，在防止农户返贫方面具有独特的作用和潜力。以下是旅游业发展防止农户返贫的理论分析：

1）以持续稳定的收入来源巩固脱贫成效

旅游业通过多样化的收入途径，为农户提供了稳定且多元的收入来源，从而有效防止返贫。根据多元收入理论（Multiple Income Streams Theory），通过增加收入来源的多样性，能够显著降低个体和家庭的收入风险，提高其抗风险能力。旅游业的产业链涵盖住宿、餐饮、交通、导览服务、手工艺品制作等多个环节，农户可以广泛参与，通过经营农家乐、提供乡村民宿、销售特色农产品等获得收入。此外，通过"农业+旅游"的融合模式，农户不仅能够从事传统农业生产，还可以通过提供农事体验、农田观光等旅游项目实现增收。这些形式多样的经济活动，不仅拓宽了农户的收入渠道，还提升了农产品的附加值，显著增强了农户抵御市场波动的能力，从而降低了因收入单一导致返贫的风险。

2）以能力建设提升农户的自主发展能力

能力建设对于农户的脱贫巩固至关重要。基于可持续生计框架（Sustainable Livelihood Framework，SLF），个体和社区的能力建设是提高其生计资本的重要组成部分。在旅游扶贫过程中，通过对农户进行技能培训，如民宿管理、餐饮服务、导游讲解、农产品加工等，可以有效提升其人力资本，使他们更好地融入旅游产业链。这些技能的获得不仅能够增加农户的收入来源，还能增强其应对市场变化的能力，减少因缺乏市场竞争力而返贫的可能性。同时，能力建设还包括增强农户的市场意识与创业能力，通过市场导向开展新兴旅游项目，激发农户的创新能力和内生动力，从而在更大程度上实现脱贫成果的稳固。

3）以社区旅游合作组织提高农户的集体抗风险能力

农户作为旅游业中的个体经济主体，抗风险能力相对较弱。根据集体行动理论（Collective Action Theory），通过组织农户成立旅游合作社或社区旅游合作组织，可以有效提升其集体抗风险能力。旅游合作社能够通过集体协作，实现资源共享和风险共担，提升农户的市场议价能力和市场竞争力。例如，合作社可以统一采购生产资料、共同销售农产品，以此降低经营成本并提升销售价格；同时，通过合作社共享经验、提升技能，整体提高社区旅游服务质量。此外，合作社还可以协同进行市场推广，尤其是在旅游淡季和市场环境不利时，确保农户收入的相对稳定，从而降低返贫的风险。

4）以乡村基础设施的提升夯实防返贫的物质基础

在旅游业发展过程中，基础设施的改善对防止农户返贫具有重要意义。根据增长极理论（Growth Pole Theory），基础设施的发展往往能够吸引更多的投资和资源集聚，从而推动区域经济增长。旅游业带动的道路、供水、供电、通信等基础设施建设，不仅改善了游客的旅游体验，也极大地提升了农户的生产生活条件。例如，乡村道路的修建显著降低了农产品运输成本，提高了农户参与市场活动的便利性；通信网络的普及则使农户能够利用电子商务平台直接对接市场，扩大销售渠道。基础设施的持续改善，不仅提高了农户的生产生活条件，也为其进一步参与旅游及市场活动提供了保障，从而有效降低返贫的风险。

5）以农旅融合发展拓展农户增收路径

农旅融合是旅游业发展防止农户返贫的重要途径之一。根据农业多功能性理论（Multifunctionality of Agriculture Theory），农业的功能不仅局限于粮食生产，还包括生态、文化、社会等多方面。通过农业生产与旅游活动的深度融合，可以延长农户的收入链条，实现收入的多元化。例如，农户可以将自家田地打造成"采摘园"或"农业体验区"，为游客提供参与农事体验的机会，这种体验不仅增加了农户的收入来源，还提升了农业产品的附加值。此外，农户可以利用本地特色资源，开发特色手工艺品和农产品深加工产品作为旅游商品，进一步提高其市场竞争力和收入水平。农旅融合的发展，促进了农户收入途径的多样化，增强了其抗风险能力，从而有效防止返贫。

6）以社会资本积累增强农户与市场的连接和抗风险能力

旅游业的发展有助于农户社会资本的积累，增强其与市场的连接，进而提升抗风险能力。根据社会资本理论（Social Capital Theory），社会资本的积累有助于个体获取信息、资源和支持，从而提高其发展能力。通过与游客的互动，农户不仅积累了广泛的人际关系网络，还获得了市场信息和新的发展机会。例如，农户可以通过与游客建立长期联系，发展固定客户资源，实现农产品的长期销售。此外，通过与旅游企业、旅行社的合作，农户能够拓展销售渠道，提升产品的市场影响力。社会资本的积累，不仅增强了农户与外部市场的紧密联系，还提高了其应对市场波动的能力，从而降低返贫的可能性。

7) 以文化和乡土特色为基础，强化农户的差异化竞争优势

文化和乡土特色的推广是旅游业发展防止农户返贫的重要手段之一。根据差异化竞争理论（Differentiation Competition Theory），通过挖掘和推广具有地方特色的文化资源，可以增强市场竞争优势和吸引力。每个乡村的文化和风俗都有其独特性，通过旅游活动展示这些特色，农户可以在市场中占据独特的地位。例如，农户可以为游客提供具有地方特色的餐饮、民宿、手工艺制作等服务，吸引游客体验独特的乡村生活。这不仅为农户创造了稳定的收入来源，还通过文化的传承和推广，进一步增强了地方旅游的吸引力和市场竞争力，从而有效防止因市场同质化竞争导致的返贫。

第3章 湘鄂渝黔接壤地区区域发展概况及旅游脱贫现状

3.1 湘鄂渝黔接壤地区概况

湘鄂渝黔接壤地区地处武陵山集中连片特困区的腹地，是中国区域经济的分水岭和西部大开发的最前沿，是连接中原与西南地区的重要纽带。基于同一地域内自然条件高度相似、生产力发展水平趋同、民族生活习惯共通、经济交往紧密、地缘上同处于第一级阶梯向第二级阶梯的过渡带等方面的综合因素考虑，本书界定的湘鄂渝黔接壤地区指的是湖南省、湖北省、重庆市和贵州省4省（直辖市）有陆地连接的原国家级贫困县级行政区，其具体名单见表3-1。因此，本项目的研究区域包含湖南省的石门县等12个国家级贫困县、湖北省的宣恩县等12个国家级贫困县、重庆市的云阳县等11个国家级贫困县、贵州省的桐梓县等15个国家级贫困县。

湘鄂渝黔接壤地区总面积约为 135 299.58 平方千米，其中，湖南省27 026.92 平方千米、湖北省36 571.99 平方千米、重庆市38 019.93 平方千米、贵州省33 680.74 平方千米，接壤地域线长达578.32 千米。境内有土家族、苗族、侗族、白族、回族、仡佬族等9个世居少数民族，在2014年国务院扶贫开发领导小组办公室公布的832个国家级贫困县中，湘鄂渝黔4省（直辖市）

表3-1   湘鄂渝黔接壤地区包含的国家级贫困县名单

省（直辖市）	具体县
湖南省（12个）	石门县、会同县、新晃侗族自治县、芷江侗族自治县、靖州苗族侗族自治县、桑植县、凤凰县、龙山县、花垣县、保靖县、通道侗族自治县、麻阳苗族自治县
湖北省（12个）	神农架林区、宣恩县、来凤县、鹤峰县、竹溪县、竹山县、五峰土家族自治县、恩施市、利川市、建始县、咸丰县、巴东县
重庆市（11个）	万州区、黔江区、武隆区、秀山土家族苗族自治县、云阳县、巫山县、奉节县、石柱土家族自治县、彭水苗族土家族自治县、酉阳土家族苗族自治县、巫溪县
贵州省（15个）	桐梓县、习水县、万山区、玉屏侗族自治县、道真仡佬族苗族自治县、务川仡佬族苗族自治县、印江土家族苗族自治县、三穗县、镇远县、松桃苗族自治县、天柱县、黎平县、锦屏县、正安县、沿河土家族自治县

有148个位列其中，其中湘鄂渝黔接壤地区就占了50个，占4省（直辖市）贫困县总数的33.78%，是跨省（直辖市）交界面大、少数民族聚集多、贫困人口分布广的典型"老、少、边、山、穷"地区，也是重要的经济协作区。

    湘鄂渝黔接壤地区拥有得天独厚的旅游资源条件，正处于南北承接、东西过渡的区域，交通位置畅通，这为该区域成为今后区域旅游交流的中心地带创造了良好的条件，近年来，湘鄂渝黔接壤地区立足自然旅游资源和人文旅游资源，抢抓国家旅游扶贫各项政策利好，积极打造景观质量优、辐射面广和带贫效应强的旅游景区（点）；与此同时，着眼于贫困人口参与意识和参与能力的增强，通过优化贫困人口参与机制、分配机制和保障机制，着力释放旅游减贫与带贫效应，每年片区通过旅游脱贫人数多达30万人，旅游业已成为湘鄂渝黔接壤地区消解贫困黏性、跨越贫困陷阱和斩断贫困循环链的重要支柱产业。伴随着脱贫攻坚任务逐渐完成，贫困县相继摘帽，该地区逐步进入乡村振兴的发展阶段。同时，随着对外开放，展开了全方位、宽层面的多维立体型扩散，湘鄂渝黔接壤地区正逐渐成长为一个具有强大对外吸引力、蓬勃向上的旅游新兴客源地。

3.2 湘鄂渝黔接壤地区社会经济状况

3.2.1 经济增长总体平稳

2010年，湘鄂渝黔接壤贫困地区的地区生产总值为 2 581.27 亿元，占湘鄂渝黔4省（直辖市）地区生产总值总量的比重为 5.8%，是经济相对落后的区域。由于特殊的地理位置，武陵山片区成为中原与西南重要的连接地带。2009年，国家发改委提出成立"武陵山经济协作区"，以推动黔渝湘鄂4省（直辖市）交界地区共同发展。①2011年，国务院颁发《武陵山片区区域发展与扶贫攻坚规划（2011—2020年）》，明确指出把武陵山片区作为脱贫攻坚的主战场，并提供了相应的政策保障，为武陵山片区的区域发展提供了一个全新的发展机遇。湘鄂渝黔接壤贫困地区位于武陵山区腹地，具有承接东西、肩挑南北的区位优势。2010—2020年，随着我国经济的快速发展，以及国家政策的扶持和帮助，湘鄂渝黔接壤地区的经济也得到了快速发展，地区生产总值均表现出正增长发展趋势，年均增长率为 11.61%，特别是《武陵山片区区域发展与扶贫攻坚规划（2011—2020年）》颁布后的2011年，增长率更是达到10年内最高，为 22.19%。

2010—2021年，湘鄂渝黔接壤地区的地区生产总值占4省（直辖市）地区生产总值总量的比重由 5.8% 提高到 6%，湘鄂渝黔接壤地区对4省（直辖市）经济发展的贡献度增长缓慢，与其 10.45% 的人口占比和 20.62% 的面积占比仍有较大差距。从人均来看，2021年湘鄂渝黔接壤地区人均地区生产总值达 31 066.26 元，比2010年的 10 312.95 元增加了 20 753.31 元，比同期4省（直辖市）人均地区生产总值 73 350 元低 42 283.74 元。

从表3-2中可以看出，2010—2021年，湘鄂渝黔接壤地区财政一般预算收入分别为 140.81 亿元、214.89 亿元、259.15 亿元、332.87 亿元、352.51 亿元、388.99 亿元、432.51 亿元、441.02 亿元、398.70 亿元、432.23 亿元、394.23 亿元、336.60 亿元。2011年《武陵山片区区域发展与扶贫攻坚规划（2011—2020年）》发布后，湘鄂渝黔接壤地区充分利用国家的优惠政策和发展机遇，财政

---

① 《国务院关于推进重庆市统筹城乡改革和发展的若干意见》（国发〔2009〕3号）。

一般预算收入从2010年的仅为140.81亿元，跃升为2021年的336.60亿元，12年间平均增速为7.53%。但从增长速度来看，还存在变化波动区间较大、收入增长的稳定性不足等问题。

表3-2　　　　　　　2010—2021年湘鄂渝黔接壤地区经济现状

年份	地区生产总值（亿元）	地区生产总值的增长率（%）	地方财政一般预算收入（亿元）	地方财政一般预算收入增长率（%）	户籍人口数（万人）	人均地区生产总值（元）
2010	2 581.27	—	140.81	—	2 502.94	10 312.95
2011	3 154.24	22.19%	214.89	52.61	2 478.71	12 725.53
2012	3 616.68	14.66%	259.15	20.60	2 534.69	14 268.72
2013	4 049.26	11.96%	332.87	28.45	2 545.37	15 908.33
2014	4 585.60	13.25%	352.51	5.90	2 575.64	17 803.73
2015	5 055.43	10.25%	388.99	10.35	2 571.68	19 658.08
2016	5 602.99	10.83%	432.51	27.59	2 583.50	21 687.59
2017	6 054.87	8.06%	441.02	1.97	2 577.44	23 491.79
2018	6 630.04	9.50%	398.70	−9.60	2 588.18	25 616.61
2019	7 393.13	11.51%	432.23	8.41	2 588.17	28 565.14
2020	7 739.06	4.68%	394.23	−8.79	2 581.80	29 975.48
2021	7 304.30	−5.62%	336.60	−14.62	2 351.20	31 066.26

3.2.2　经济发展存在区域差异

旅游业属于第三产业（服务业），很大程度上受当地经济发展水平和宏观经济的影响，即宏观经济越好，老百姓旅游消费的愿望越强，从而促进区域旅游经济发展；同时一个地区的经济越发达，支持旅游业发展的有利条件越多，比如基础设施建设、优秀人才集聚以及旅游服务质量等，支持的力度也就越强，从而增强旅游目的地的吸引力，进一步促进区域经济发展，提高人民生活水平。从影响旅游业发展的经济情况看，从图3-1和图3-2中可以看出，湘鄂渝黔接壤地区的地区生产总值差异很大，这也说明湘鄂渝黔接壤地区经济发展不均衡，无法形成一个整体发展的旅游区域；相反个别旅游资源丰富且开发程度相对较高的地区，由于缺乏旅游经济的辐射能力，可能会进一步压制整个区域的旅游经济发展，加大地区间经济的不协调性。

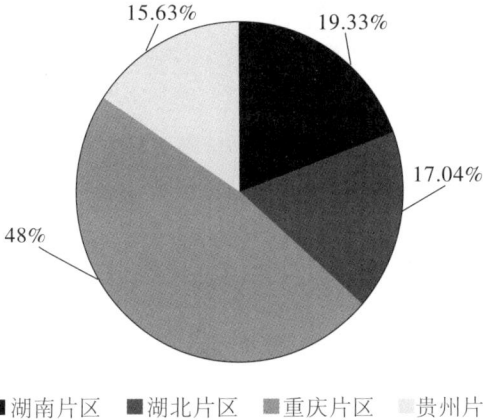

图 3-1 2011年湘鄂渝黔接壤地区不同省（直辖市）地区生产总值占比

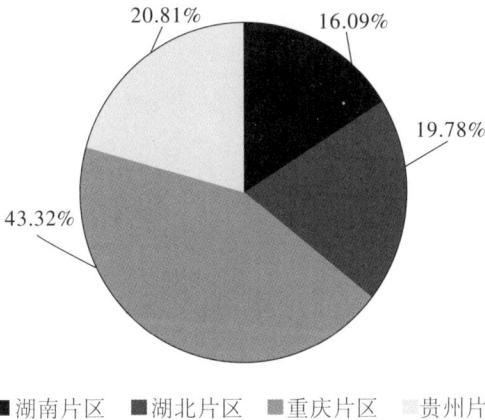

图 3-2 2021年湘鄂渝黔接壤地区不同省（直辖市）地区生产总值占比

　　首先，从湘鄂渝黔4省（直辖市）对片区经济总量的贡献度来看，重庆市始终遥遥领先。2011年区域的地区生产总值为3 154.24亿元，而从区域内各省（直辖市）地区生产总值数据可以看出，重庆11个地区的地区生产总值总量为1 513.92亿元，占湘鄂渝黔接壤地区的地区生产总值的48%，湖南12个地区和湖北12个地区分别占湘鄂渝黔接壤地区的地区生产总值的19.33%和17.04%，还不足重庆11个地区的地区生产总值的总和，贵州15个地区的地区生产总值最低，为492.99亿元，仅占湘鄂渝黔接壤地区的地区生产总值的15.63%，与重庆相差1 020.93亿元。由此可见，湘鄂渝黔接壤地区经济差异较大，区域经济发展极不平衡。到2021年，湖南、湖北、重庆和贵州4个省（直辖市）之间的地区生产总值占比分别为16.09%、19.78%、43.32%和20.81%，重庆地区生产总值占比下降了4.68个百分点，贵州地区生产总值增幅最大，提高了5.18个百分点，反超湖南和湖北片区，地区生产总值绝对差异增加情况相对比较缓慢，但仍然存在地区间的不均衡。

其次，同一省（直辖市）的不同贫困县之间经济增长速度存在显著差异。

①在图3-3中，湖南省石门县的地区生产总值明显要比其他贫困县的地区生产总值高，2011年石门县的地区生产总值是其他贫困县的约3倍，到2021年差距进一步拉大，扩大至其他贫困县的3.5倍。在不同县之间地区生产总值不平衡的同时，石门县对周边的辐射作用也有限，毗邻的桑植县、龙山县等县的经济发展水平相对较低。

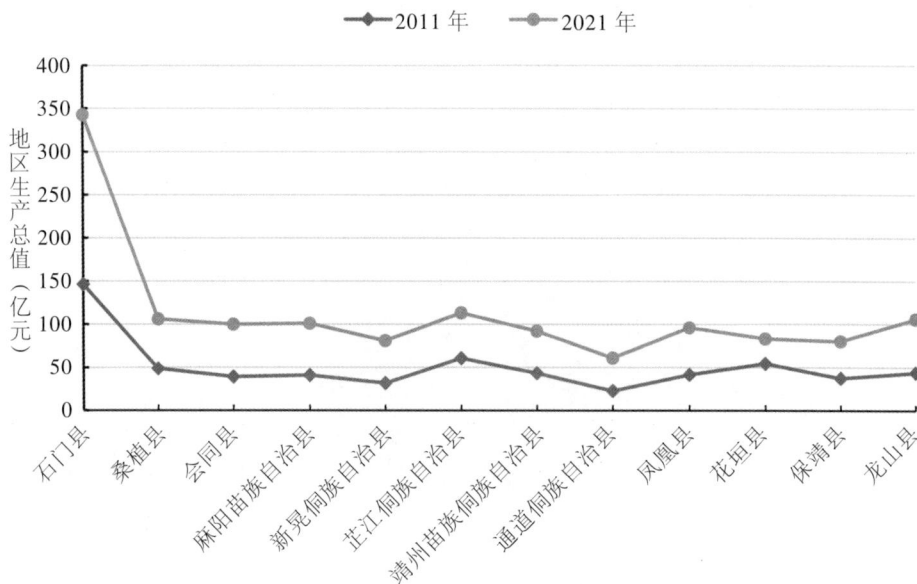

图 3-3　2011年和2021年区域内湖南省各贫困县地区生产总值

②在图3-4中，湖北省恩施市的地区生产总值2011—2021年间绝对差异呈现迅猛上升趋势，2021年恩施市的地区生产总值约为区域内湖北其他11个地区均值的3.6倍，这是由于恩施市拥有壮丽的自然风光和丰富的民族文化，成为国家全域旅游示范区和中国优秀旅游城市，展现出了强大的发展能力。而经济落后的地区，由于对旅游产业的基础设施（如景区、酒店、交通设施等）的建设投入较少，因而旅游收入少；旅游收入少又进一步抑制了当地旅游投入，循环反复形成"循环累积因果关系"，致使当地人民生活水平较低，同时在优势地区的强大竞争压力下，当地被动地参与到旅游脱贫"攻坚战"中，更加使得地区之间地区生产总值差距加大。

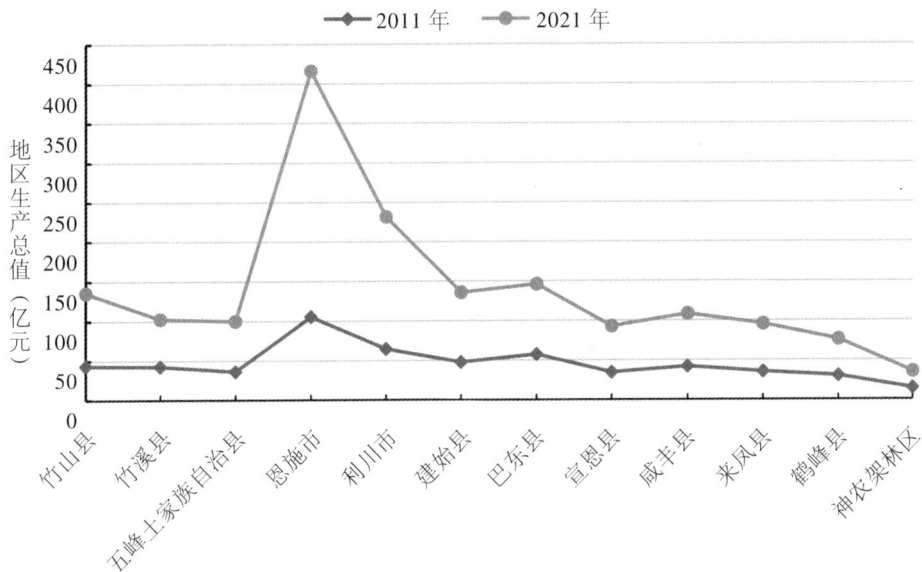

图3-4　2011年和2021年区域内湖北省各贫困县地区生产总值

③重庆市也存在经济发展较好的龙头区域，但是2021年经济波动性明显，其他县开始冒头。从图3-5中可以看出，重庆市各贫困县地区生产总值由2011年万州区一骑绝尘，逐渐发展到2021年云阳县和秀山土家族苗族自治县齐头并进。然而重庆各贫困区域之间的不平衡加剧，酉阳土家族苗族自治县2021年地区生产总值在各县中最低，甚至低于其2010年自身表现。

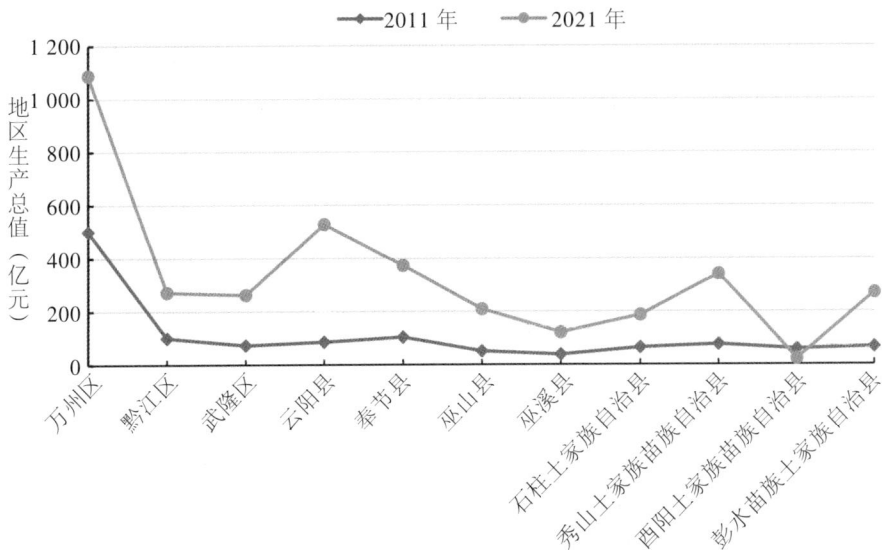

图3-5　2011年和2021年区域内重庆市各贫困县地区生产总值

④区域内贵州省各县经济波动性更明显，从图3-6中可以看出，在2011年各贫困县发展相对均衡，标准差相对其他3省（直辖市）较小，到2021年各贫困县之间地区生产总值的绝对差在发展趋势上呈持续上升趋势。

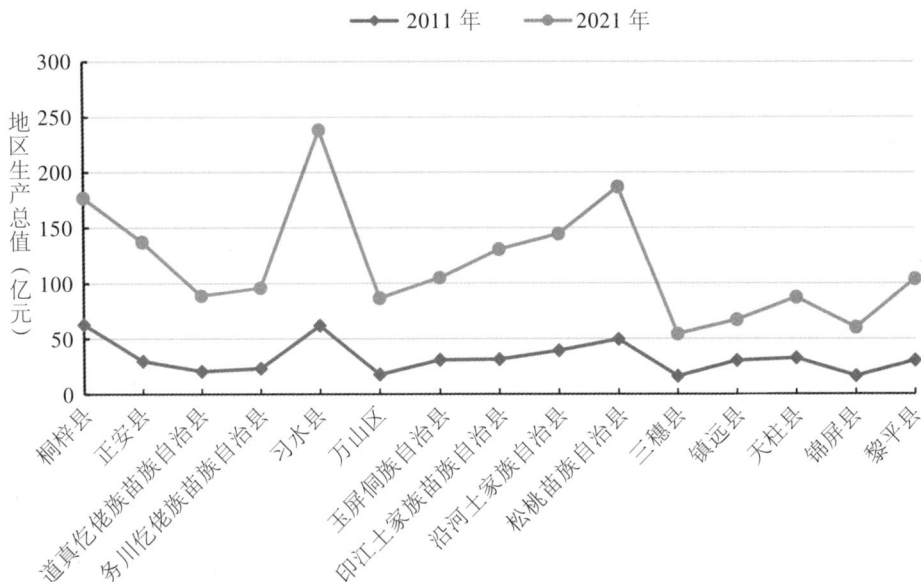

图3-6　2011年和2021年区域内贵州省各贫困县地区生产总值

3.2.3　第三产业持续上升，产业结构不断优化

产业结构一般指第一、二、三产业三个大类的占比，产业结构的变动是由经济发展水平和社会需求决定的。湘鄂渝黔接壤地区三大产业产值的变动实际上是由当前经济发展和居民需求决定的。如表3-3所示，根据湘鄂渝黔接壤地区2010—2021年产业产值结构，三大产业均得到了不断发展，第一、二、三产业的产值由2010年的531.08亿元、1 015.50亿元和1 026.90亿元增长到了2021年的1 496.11亿元、2 568.43亿元和4 029.58亿元，平均每年第一、二、三产业分别增加87.73亿元、141.18亿元、272.97亿元。可见，湘鄂渝黔接壤地区产业增加值增幅较大的为第三产业，第二产业增幅次之，第一产业增幅最小。

从湘鄂渝黔接壤地区产业增加值的变动趋势来看（如图3-7所示），该区域的战略结构正逐步从第一产业与第二产业向第三产业转型与调整，标志着三大产业结构的优化升级进程正逐步迈向成熟。具体而言，2010年，湘鄂渝黔接壤地区的产业结构比重为21∶39∶40，显示出产业层次较低，不合理的经

表3-3　　　　2010—2021年湘鄂渝黔接壤地区产业结构构成及变化　　　　单位：亿元

年份	第一产业	第二产业	第三产业
2010	531.08	1 015.50	1 026.90
2011	617.44	1 298.87	1 237.34
2012	699.45	1 473.16	1 442.07
2013	762.34	1 645.46	1 639.98
2014	836.01	1 870.05	1 877.25
2015	943.65	1 995.56	2 116.77
2016	1 032.84	2 157.80	2 412.36
2017	1 051.26	2 238.95	2 769.13
2018	1 091.96	2 300.65	3 237.42
2019	1 215.02	2 179.86	3 998.25
2020	1 385.27	2 218.49	4 121.06
2021	1 496.11	2 568.43	4 029.58

济结构成为制约技术进步的关键因素，导致当地居民生产积极性不高，青壮年劳动力更倾向于外出务工以获取经济收入，而留守人口则多为无劳动能力者或老弱病残群体。图3-7清晰展示了自《武陵山片区区域发展与扶贫攻坚规划》实施以来，第一产业与第二产业在地区生产总值中的占比持续下降，而第三产业所占比重则稳步上升，至2019年首次突破50%，成为地区生产总值中的主要组成部分。鉴于此，可将湘鄂渝黔接壤地区的第三产业视为支柱产业。值得注意的是，众多农业生产方式和农村文化蕴含着极高的观赏价值，这为当地贫困村的旅游业发展注入了新的活力与潜力，使得旅游业成为第三产业的核心构成部分。因此，可以说旅游业已成为湘鄂渝黔接壤地区的支柱产业，其蓬勃发展直接带动了农村运输业、种植业、手工业及农产品加工业等相关产业的协同发展。

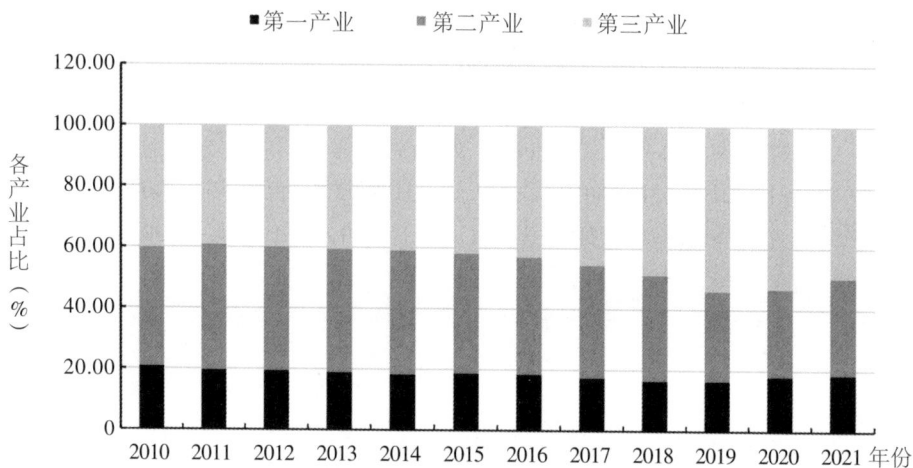

图3-7 2010—2021年湘鄂渝黔接壤地区产业结构的构成及变化

第二产业对于经济增长的贡献近年来呈现出逐步减弱的态势，而第一产业所占比重则趋于稳定。与此同时，第三产业在推动地区生产总值增长方面的贡献显著增强，已成为湘鄂渝黔接壤地区产业结构升级最为关键的驱动力。随着中国传统农业占比的持续缩减，第二产业与第三产业增加值之和已逾80%，产业结构向软服务化转型的趋势愈发明显。然而，在产业结构向软服务化升级的横向比较中，相较于发达地区，湘鄂渝黔接壤地区第三产业比重仍有待提升。尽管湘鄂渝黔接壤地区的产业结构升级步伐较快，但根据现有研究，发达地区的第三产业通常占比在70%~80%，而湘鄂渝黔接壤地区的第三产业占比仅为53.25%。这一数据表明，该地区第三产业占地区生产总值的比重与发达地区相比仍存在较大差距，意味着其产业结构的高级化仍具备显著的上升潜力。

3.2.4 居民生活质量显著提高，但片区居民平均收入仍明显低于全省（直辖市）

2010年，湘鄂渝黔接壤地区城镇居民人均可支配收入为18 478.39元，该地区农村居民的人均可支配收入为3 500.00元，同期4省（直辖市）的城镇居民人均可支配收入约为16 074.72元，农村居民的人均可支配收入为5 076.00元，而全国的平均水平更高，分别为19 109元和5 919元。2010年湘鄂渝黔接壤地区50个贫困县中，有29个贫困县的农村居民人均可支配收入处于3 000~4 000元，10个贫困县远低于平均水平，处于2 000~3 000元。由表3-4可知，2010—2021年，湘鄂渝黔接壤地区居民的收入得到了明显的增长，其中城镇居民以平均每年 1 262.87 元的额度增长，而农村居民平均每年只有 862.64 元的增长，可以看出城乡间差距较大，且有持续扩大的态势。

表3-4　　2010—2021年湘鄂渝黔接壤地区人均可支配收入情况　　单位：元

年度	4省（直辖市）城镇居民人均可支配收入	4省（直辖市）农村居民人均可支配收入	片区城镇居民人均可支配收入	片区农村居民人均可支配收入	片区城镇与农村人均可支配收入差距	片区与4省（直辖市）城镇人均可支配收入差距	片区与4省（直辖市）农村人均可支配收入差距
2010	16 074.72	5 076.00	18 478.39	3 500.00	14 978.39	−2 403.67	1 576.00
2011	18 490.70	6 214.28	20 196.80	4 258.06	15 938.74	−1 706.10	1 956.22
2012	20 956.76	7 075.30	21 987.55	4 922.06	17 065.49	−1 030.79	2 153.24
2013	23 285.38	7 955.64	17 624.00	5 921.76	11 702.24	5 661.38	2 033.88
2014	24 779.37	9 267.57	19 308.32	6 793.00	12 515.32	5 471.05	2 474.57
2015	26 927.14	10 182.09	21 163.54	7 417.20	13 746.34	5 763.56	2 764.89
2016	29 255.68	11 073.59	23 143.56	8 354.88	14 788.68	6 112.12	2 718.71
2017	31 777.58	12 063.72	25 306.71	9 235.08	16 071.63	6 470.87	2 828.64
2018	34 408.48	13 141.83	27 513.08	10 177.96	17 335.12	6 895.40	2 963.87
2019	37 446.56	14 418.67	30 004.61	11 262.00	18 742.61	7 441.95	3 156.67
2020	38 626.31	15 223.38	31 100.49	12 131.57	18 968.92	7 525.82	3 091.81
2021	41 964.22	16 902.56	32 370.00	12 989.00	19 381.00	9 594.22	3 913.56

从湘鄂渝黔接壤地区与湘鄂渝黔4省（直辖市）人均收入的比较可以看出，虽然速度上增长较快，但与4省（直辖市）人均收入的差距出现持续扩大态势。2010年，湘鄂渝黔接壤地区城镇居民人均可支配收入高于4省（直辖市）城镇水平 2 403.67 元，农村居民人均可支配收入低于4省（直辖市）农村水平 1 576.00 元；2021年，差距分别增加到 9 594.22 元和 3 913.56 元。这也说明，湘鄂渝黔接壤地区人均收入虽在稳步增长，但对4省（直辖市）经济的拉动作用仍然较小，湘鄂渝黔接壤地区经济发展还任重道远。

3.3　湘鄂渝黔接壤地区旅游资源与开发状况

　　湘鄂渝黔接壤地区尽管分属不同的行政区域，但片区具有山同脉（武陵山脉为中心）、水同源（沅水、澧水、清江、乌江四大水系发源于武陵山脉）、民同俗（多为少数民族聚居区，民风民俗相近）、文化同根（宗教文化、民族文化、红色文化、建筑文化等形成了特色鲜明而神秘的武陵文化，是中国一条独特的"文化沉积带"）的共同点，是我国少有的旅游资源富集区，具备发展旅游产业助力脱贫的天然优势。

3.3.1　湘鄂渝黔接壤地区自然旅游资源

　　湘鄂渝黔接壤地区处在中国三大地形阶梯中的第一级阶梯向第二级阶梯的过渡区域，属于我国国土的中心区域。武陵山盘踞于湘鄂渝黔4省（直辖市）交界地带，面积约10万平方千米，长度420千米，一般海拔高度1 000米以上，最高峰为贵州的凤凰山，海拔2 570米。山脉为东西走向，呈岩溶地貌发育，主峰为贵州铜仁市的梵净山。从气候上看，湘鄂渝黔接壤地区处在亚热带向暖温带过渡的类型气候区，森林资源丰富，覆盖率高，是长江流域重要的森林系统区域，生物物种多样。

　　湘鄂渝黔接壤地区是一个大型的旅游资源宝库，旅游资源等级质量高。据统计，武陵山片区拥有世界自然遗产地2处、世界生物圈保护区2处、国家地质公园7处、国家森林公园11处、国家级自然保护区10处，旅游资源具有很高的开发价值，且具有垄断性和品牌性，在国内外都有很高的知名度（见表3-5）。

　　湘鄂渝黔接壤地区蕴藏着丰富的水能资源，包括乌江、清江、澧水、沅江、资水等几大水系，水系发达。以乌江画廊、小南海、龙底河为主体的水体景点碧波荡漾，是吸引游客到此嬉戏观光、游玩的必至之地。

3.3.2　湘鄂渝黔接壤地区人文旅游资源

　　湘鄂渝黔接壤地区位于我国少数民族聚居区，少数民族风情浓郁，形成了以土家族文化、苗族文化、侗族文化等为代表的多民族特色地域性文化，民俗风情浓郁多彩，各种文化遗产资源极其丰裕，这些都为民族文化旅游发展提供了基础。

表3-5 湘鄂渝黔接壤地区世界级、国家级旅游资源

等级	名 称	数量
世界自然遗产	武陵源风景名胜区、武隆喀斯特旅游区	2
世界生物圈保护区	梵净山生物圈保护区、神农架生物圈保护区的巴东县部分	2
国家地质公园	五峰国家地质公园、崀山国家地质公园、凤凰国家地质公园、乌龙山国家地质公园、黔江小南海国家地质公园、武隆岩溶国家地质公园、酉阳国家地质公园	7
国家森林公园	坪坝营、柴埠溪、夹山寺、南华山、峰峦溪、茂云山、黔江黄水、仙女山、金银山、九道水	11
国家级自然保护区	星斗山、七姊妹山、木林子、忠建河大鲵、五峰后河、八大公山、鹰嘴界、壶瓶山、梵净山、麻阳河	10

当前各民族的民族文化旅游资源众多，各个民族又各具特色。总的概括来说主要体现在这三个方面的发展：

第一，在物质和非物质文化遗产方面，建立起以土家族的茅古斯舞和摆手舞、桑植民歌、凤凰古城、洪江古商城、恩施撒尔嗬等为代表的文化古城镇、民俗歌舞的传承和建设项目。根据《国家级非物质文化遗产代表性项目名录》，截至2024年3月，全国1 557项国家级非物质文化遗产项目中，湘鄂渝黔接壤地区占87项，主要包括传统音乐类，传统戏剧类，传统舞蹈类，民间文学类，传统技艺类，民俗类，传统美术类，曲艺类，传统体育、游艺与杂技，传统医药类等（见表3-6）。

第二，在民族文化工程方面，打造了梵净山旅游文化节、芷江和平文化节、通道芦笙节、恩施女儿会、来凤土家摆手节和巴东纤夫节等大型节庆文化项目，以及"天门狐仙·新刘海砍樵""印象武隆"等大型山水实景精品演出文化项目。

第三，在民族工艺方面，形成了蜡染、制银、织锦、根雕、石雕、西兰卡普、傩戏面具等民族工艺产品的良好传承与发展的局面。

另外，由于湘鄂渝黔接壤地区独特的地缘性质与浓郁文化，区域内拥有重点文物保护单位25处，国家历史文化名城名镇名村22处，具体见表3-7和表3-8。"中国最美丽的小城"凤凰古城、有湘西"四大名镇""小南京"之美誉的千年古镇王村、"建筑艺术上的奇葩"酉阳龚滩古镇和"抗日历史博览馆"芷江中国人民抗战胜利受降纪念馆等，以及贺龙故居、沈从文故居等名人故

表3-6　　　　　　　　　　　　片区少数民族非物质文化遗产名录

类型	非物质文化遗产名录	数量
传统音乐类	桑植民歌、靖州苗族歌鼟、江河号子（酉水船工号子）、土家族咚咚喹、芦笙音乐（侗族芦笙）、土家族打溜子（湖南省湘西土家族苗族自治州）、土家族打溜子（湖北省五峰土家族自治县）、土家族打溜子（湖北省鹤峰县）、土家族民歌（湖南省湘西土家族苗族自治州）、土家族民歌（贵州省沿河土家族自治县）、薅草锣鼓（五峰土家族薅草锣鼓）、薅草锣鼓（宣恩薅草锣鼓）、江河号子（长江峡江号子）、利川灯歌、石柱土家啰儿调、南溪号子、秀山民歌、酉阳民歌、苗族民歌、侗族大歌、侗族琵琶歌	21项
传统戏剧类	侗戏（湖南省通道侗族自治县）、侗戏（贵州省黎平县）、傩戏（侗族傩戏）、傩戏（恩施傩戏）、傩戏（仡佬族傩戏）、汉调二簧、灯戏、南剧、阳戏（酉阳土家面具阳戏）	9项
传统舞蹈类	龙舞（芷江孽龙）、土家族摆手舞（湖南省湘西土家族苗族自治州）、土家族摆手舞（恩施摆手舞）、土家族摆手舞（酉阳摆手舞）、湘西苗族鼓舞、湘西土家族毛古斯舞、仗鼓舞（桑植仗鼓舞）、龙舞（地龙灯）、土家族撒叶儿嗬、肉连响、狮舞（高台狮舞）、玩牛	12项
民间文学类	苗族古歌、土家族梯玛歌、炎帝神农传说、黑暗传、女娲传说、酉阳古歌、巴狄雄萨滚	7项
传统技艺类	土家族织锦技艺、蓝印花布印染技艺、侗族木构建筑营造技艺（通道侗族木构建筑营造技艺）、侗族木构建筑营造技艺（贵州省黎平县）、苗族银饰锻制技艺、侗锦织造技艺、果脯蜜饯制作技艺（雕花蜜饯制作技艺）、绿茶制作技艺（恩施玉露制作技艺）、土家族吊脚楼营造技艺（湖北省咸丰县）、土家族吊脚楼营造技艺（重庆市石柱土家族自治县）、制漆技艺（坝漆制作技艺）、玉屏箫笛制作技艺	12项
民俗类	苗族服饰（湖南省湘西土家族苗族自治州）、苗族服饰（贵州省桐梓县）、农历二十四节气（苗族赶秋）、秀山花灯、秀山苗族羊马节、三月三（报京三月三）、侗族萨玛节、歌会（四十八寨歌节）、月也、规约习俗（侗族款约）、仡佬族三幺台习俗	11项
传统美术类	苗绣（湘西苗绣）、苗绣（松桃苗绣）、石雕（沅洲石雕）、彩扎（凤凰纸扎）、苗画、挑花（巫溪嫁花）、木雕（奉节木雕）、侗族刺绣	8项
曲艺类	南曲、恩施扬琴、三棒鼓、金钱板	4项
传统体育、游艺与杂技	赛龙舟	1项
传统医药类	苗医药（癫痫症疗法）、苗医药（钻节风疗法）	2项

居，不少地方已成为爱国主义教育基地。由此可见，湘鄂渝黔接壤地区历史人文景观资源之丰裕，国内罕见，这更是该地区的文化之"魂"，能够给予游客不同的体验。

表3-7　　　　　　湘鄂渝黔接壤地区重点文物保护单位名单

省（直辖市）	重点文物保护单位	所属县
湖南	马田鼓楼	通道侗族自治县
	芋头侗寨古建筑群	通道侗族自治县
	高椅村古建筑群	会同县
	坪坦风雨桥	通道侗族自治县
	抗日胜利芷江洽降旧址	芷江侗族自治县
	里耶古城遗址	龙山县
	凤凰古城堡	凤凰县
	沈从文故居	凤凰县
贵州	红军四渡赤水战役旧址	习水县
	寨英村古建筑群	松桃苗族自治县
	黔东特区革命委员会旧址	沿河县
	青龙洞	镇远县
	黎平风雨桥	黎平县
	黎平会议会址	黎平县
	和平村旧址	镇远县
湖北	慈孝沟"采皇木"摩崖	竹溪县
	甘氏宗祠	竹溪县
	施州城址、唐崖土司城址	恩施市
	仙佛寺石窟	来凤县
	五里坪革命旧址	恩施市
	彭家寨古建筑群	恩施市

续表

省（直辖市）	重点文物保护单位	所属县
重庆	白帝城	奉节县
	张桓侯庙	云阳县
	龙骨坡遗址	巫山县
	赵世炎故居	酉阳县

表3-8 **湘鄂渝黔接壤地区国家历史文化名城名镇名村名单**

省（直辖市）	国家历史文化名城名镇名村
湖北	恩施市崔家坝镇滚龙坝村
	利川市谋道镇鱼木村
	宣恩县椒园镇庆阳坝村
	宣恩县沙道沟镇两河口村
重庆	黔江区濯水镇
	万州区罗田镇
	巫溪县宁厂镇
	酉阳土家族苗族自治县
	酉阳土家族苗族自治县龚滩镇
湖南	凤凰县
	花垣县边城镇
	龙山县里耶镇
	会同县高椅乡高椅村
	龙山县苗儿滩镇捞车村
	通道侗族自治县坪坦乡坪坦村
	通道侗族自治县双江镇芋头村

续表

省（直辖市）	国家历史文化名城名镇名村
贵州	镇远县
	松桃苗族自治县寨英镇
	习水县土城镇
	锦屏县隆里乡隆里村
	黎平县肇兴乡肇兴寨村
	黎平县茅贡乡地扪村

3.4 湘鄂渝黔接壤地区旅游脱贫现状

3.4.1 历年脱贫攻坚情况

2011年出台的《中国农村扶贫开发纲要（2011—2020）》明确将14个集中连片特困地区、重点县和贫困村作为我国扶贫开发的重点区域。武陵山连片特困地区的71个县中湘鄂渝黔接壤区有50个，占比71.83%；武陵山连片特困地区总人口3 600余万人，其中湘鄂渝黔接壤贫困县的常住人口就有2 500余万人，占比高达的69.4%，可见，湘鄂渝黔接壤贫困地区范围广，覆盖绝大多数贫困人口，是2011—2020年的脱贫攻坚主战场。2010—2019年，湘鄂渝黔4省（直辖市）贫困人口数量呈现显著下降趋势，变化趋势基本与全国贫困人口变化趋势保持一致，如图3-8和图3-9所示。

根据国家统计局《中国农村贫困监测报告·2020》，2010年湘鄂渝黔4省（直辖市）共有贫困人口3 568万人，占全国总规模的21.54%，4省（直辖市）的平均农村贫困发生率在20%，高出全国3个百分点；2011年湘鄂渝黔4省（直辖市）贫困总人口降至2 747万人，但在全国的总占比攀升至22.45%，尽管在随后的几年中4省（直辖市）的贫困人口数量呈递减趋势，但在2011—2016年贫困人口仍然占据全国总贫困人口的22%以上，平均农村贫困发生率在此期间均高于全国水平；2017年和2018年4省（直辖市）贫困总人口在全国的占比稍有回落，降至21%左右；2019年4省（直辖市）贫困人口降至95万人，全国贫困人口551万人，贫困人口数量占比首次降至20%以下，平均农村贫困发生率也低于全国水平。下面从贫困人口数量、贫困发生率和贫困县摘帽退出情况等几方面详细了解4省（直辖市）脱贫情况。

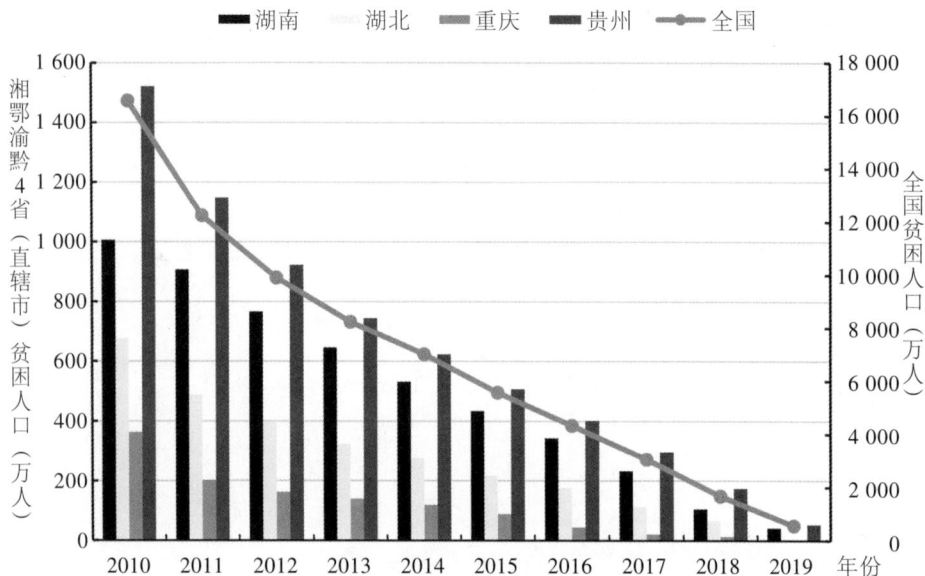

图3-8　2010—2019年湘鄂渝黔农村贫困人口规模

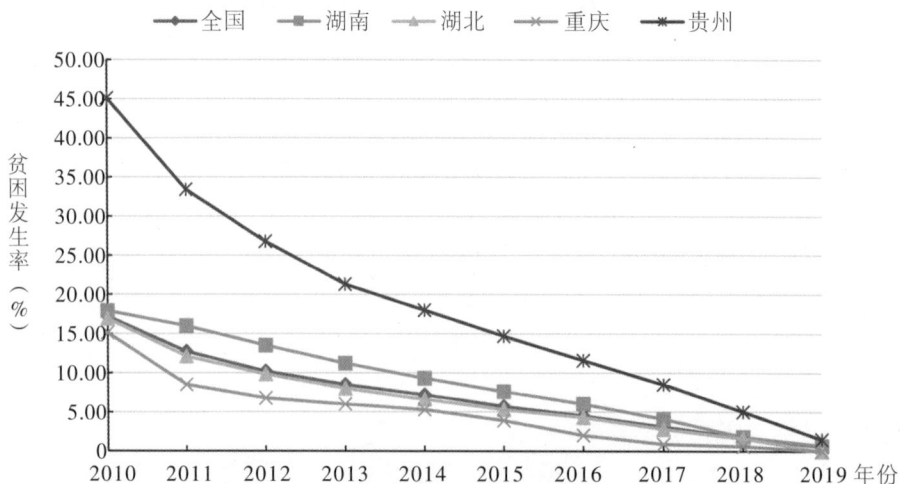

图3-9　2010—2019年湘鄂渝黔农村贫困发生率

首先，从贫困人口数量变化情况来看，根据国家统计局全国农村贫困监测调查的数据，2010—2019年湘鄂渝黔贫困人口总量尽管呈现逐年递减的趋势，但绝对贫困人口数量在全国总贫困人口中一直占有相当高的比例，其中贵州省和湖南省的贫困人口数量规模较大。特别值得关注的是贵州省，2010—2017年，贵州省贫困人口数量在全国各省（自治区、直辖市）中一直占据首位，表明在该阶段贵州省的扶贫难度相当大。

其次，从贫困发生率比较来看，2010—2019年，贵州省和湖南省的农村贫困发生率一直高于全国农村平均贫困发生率，与上述贫困人口数量变化情况相吻合。2010年贵州省的贫困发生率是全国的2.6倍，随后的9年也始终高于全国平均贫困发生率1倍多，但差距在逐年缩小。

最后，从脱贫摘帽情况来看，湘鄂渝黔的国家级贫困县摘帽主要集中在"十三五"期间。"十三五"时期是中国脱贫攻坚至关重要的时期，政府在这一时期采取了一系列政策和措施，通过实施精准扶贫、产业扶贫、生态扶贫等手段，取得了显著的成果。2016年，湘鄂渝黔接壤地区仅重庆4个县正式退出国家扶贫重点县的行列；2017年脱贫县数量有所增加，共计7个县实现脱贫摘帽；2018年和2019年是脱贫攻坚集中发力期，分别有15个县和23个县成功摘帽；2020年，贵州沿河土家族自治县顺利退出国家扶贫开发重点县，至此湘鄂渝黔接壤地区所有县实现脱贫摘帽。表3-9为"十三五"期间湘鄂渝黔接壤地区脱贫进程。

表3-9　　　　"十三五"时期湘鄂渝黔接壤地区国家级贫困县摘帽进程

年份	省（直辖市）	县	脱贫数量
2016	湖南	—	0
	湖北	—	0
	重庆	万州区、黔江区、武隆县*、秀山土家族苗族自治县	4
	贵州	—	0
2017	湖南	石门县	1
	湖北	神农架林区	1
	重庆	巫山县	1
	贵州	桐梓县、习水县、万山区、玉屏侗族自治县	4

续表

年份	省（直辖市）	县	脱贫数量
2018	湖南	会同县、新晃侗族自治县、芷江侗族自治县、靖州苗族侗族自治县	4
	湖北	宣恩县、来凤县、鹤峰县	3
	重庆	奉节县、石柱土家族自治县、云阳县	3
	贵州	道真仡佬族苗族自治县、务川仡佬族苗族自治县、印江县、三穗县、镇远县	5
2019	湖南	桑植县、凤凰县、花垣县、保靖县、通道侗族自治县、麻阳苗族自治县、龙山县	7
	湖北	竹溪县、竹山县、五峰土家族自治县、恩施市、利川市、建始县、咸丰县、巴东县	8
	重庆	彭水苗族土家族自治县、酉阳县、巫溪县	3
	贵州	松桃县、天柱县、黎平县、锦屏县、正安县	5
2020	湖南	—	0
	湖北	—	0
	重庆	—	0
	贵州	沿河县	1

注：2016年11月24日，国务院正式签发《国务院关于同意重庆市调整部分行政区划的批复》（国函〔2016〕185号），同意撤销武隆县，设立武隆区。2017年1月13日，武隆区人民政府正式成立。

重庆市"十三五"初期脱贫摘帽态势发展良好。2016年，重庆市接壤地区有4个国家级贫困县摘帽，数量达到峰值，分别为万州区、黔江区、武隆县、秀山土家族苗族自治县。为助力脱贫摘帽，2016年重庆市启动110个贫困村和高山生态扶贫搬迁点旅游扶贫项目建设，整合投入资金2.85亿余元，其中乡村扶贫专项资金6 000万元；参与项目农户达到10 403户，其中建卡贫困户2 391户；新建农家乐接待户3 993户，累计全市农家乐接待户达到15 000户。此外，根据2017年重庆市人民政府发布的《关于印发重庆市贯彻落实国务院"十三五"旅游业发展规划重点任务分工的通知》，到2020年把旅游业培育成为重庆市综合性战略支柱产业，建成以"山水之都·美丽重庆"为统领，以三大国际旅游目的地、四条主题精品旅游线、四级目的地体系、七大国际旅游品牌为支撑、城市魅力独特、产品业态丰富、品牌形象卓著、服务功能完善、集散舒适便捷、环境安全友好、主体充满活力的国家旅游中心城市，具有世界吸引力和竞争力的国际知名旅游目的地。同年，重庆市乡村振兴局将武隆、酉阳、石柱、奉节、巫溪、城口等国家重点贫困县确定为本地旅游扶贫示范县，为之后的脱贫摘帽打下了坚实基础。

贵州省贫困县脱贫摘帽较晚，主要集中在"十三五"中末期。2016年贵州省接壤地区实现脱贫摘帽的县为零，自2017年起贵州省接壤地区国家级贫困县摘帽数量逐年上升，尤其在2018年和2019年取得了显著的成绩，有10个国家级贫困县摘帽，展现了贵州省脱贫攻坚工作的显著成果。在此期间，旅游扶贫成为贵州省精准扶贫的重要途径，2017年9月，贵州省政府办公厅印发《贵州省发展旅游业助推脱贫攻坚三年行动方案（2017—2019年）》，明确要把旅游扶贫作为产业扶贫的重要抓手，把本地旅游作为精准扶贫的重要途径，把解决更多贫困人口就业作为旅游发展的重点方向。根据《贵州省大扶贫条例》，全省上下深入开展"造血式"扶贫，带动多地全面开展产业扶贫，把美丽乡村建设和发展本地旅游、山地旅游作为精准扶贫的重要途径，全力推动本地旅游全域化、特色化、精品化发展，本地旅游实现井喷式发展。通过实施"百区千村万户"本地旅游精准扶贫工程，带动1 417个贫困村发展本地旅游，本地旅游直接就业人口达到201 727人，其中建档立卡贫困人口63 341人；大力发展全域山地旅游，优先对14个深度贫困县、20个极贫乡（镇）和2 760个深度贫困村的旅游资源进行开发，支持14个深度贫困县至少各打造一个精品旅游景区。

湖南省和湖北省贫困县摘帽主要集中在2018—2019年，2016—2017年则是"铺垫期"。2018年中共中央、国务院发布了《关于打赢脱贫攻坚战三年行动的指导意见》，明确了脱贫攻坚的总体目标、主要任务、实施原则等，为扶贫工作提供了全面指导。根据该指导意见，两省迅速出台打赢脱贫攻坚战三年行动的实施意见，制订了具体实施方案。2018年湖南旅游扶贫工作推进暨线路推介会召开，全国首发51条湖南旅游扶贫线路，直接送游客入村，成为精准扶贫有力举措。51条湖南旅游扶贫线路几乎涵盖了湖南省2018—2019年摘帽的大部分国家级贫困县。同时"十三五"期间，湖北旅游扶贫以旅游规划扶持、千企结对帮扶、人员教育培训、创建示范引领、市场品牌助推等工作为行动抓手，在全省脱贫攻坚工作中发挥了重要的作用。2018年，鄂旅投与恩施土家族苗族自治州联合开发恩施大峡谷景区减贫经验入围世界旅游联盟旅游减贫典型案例，2019年，"恩施芭蕉侗族乡'茶旅融合'走出扶贫新道路"入选中俄蒙旅游部长会议典型案例。湖北恩施在旅游助力脱贫中具有显著的辐射作用，充分利用旅游发展提高了本地居民的收入水平，同时对周边地区经济发展产生了辐射带动效应，恩施大峡谷"旅游+扶贫"、恩施女儿城"文化+旅游+扶贫"等模式被省文旅厅推选为全国文旅融合典型案例。这些成功经验为周边地区提供了可复制的模式，促使更多地区借鉴其发展经验有效推动本地旅游助力乡村振兴和区域经济发展。这种辐射效应有助于区域性旅游产业链的形成，提高整个地区的经济活力，从而实现更广泛的脱贫攻坚目标。

3.4.2　旅游业发展和旅游脱贫情况

1）旅游业发展总体趋势

湘鄂渝黔接壤地区近些年来旅游业发展迅速，旅游接待人数和旅游收入迅速提升。旅游接待人数从2010年的7 508.44万人增长到2021年的50 879.99万人，增长近6倍；旅游收入增长趋势基本与旅游接待人数保持一致，从2010年的314.26亿元增长到2021年的3 104.35亿元，增长近9倍。2014年1月，中共中央办公厅、国务院办公厅《关于创新机制扎实推进农村扶贫开发工作的意见》出台，明确提出建立精准扶贫工作机制，标志着国家对脱贫攻坚工作进行全面系统设计和科学规划。在精准扶贫中，旅游扶贫作为一项重要的扶贫手段，通过挖掘和开发地方的旅游资源，促进贫困地区的旅游业发展，为当地居民提供就业机会、增加收入来源，同时推动了当地的社会经济发展。

首先，从旅游接待人数看，精准扶贫提出后湘鄂渝黔接壤地区旅游接待人数迅速增加。2014年旅游接待人数为18 511.12万人，到2019年达到峰值52 055.59万人；2020年和2021年，旅游接待人数分别为44 487.52万人和50 879.99万人，这是因为2020年受特殊经济形势影响，旅游需求锐减，旅游业务基本瘫痪，接待人数出现负增长，表现出轻微波动。旅游接待人数的稳步增长直接反映出湘鄂渝黔接壤地区旅游业已成为吸引外部游客和投资的引擎（如图3-10所示）。

其次，从旅游收入来看，2014—2021年，旅游收入除2020年受特殊经济形势影响略有下降之外，其余年份均呈现"总体上扬、稳定增长"的发展态势。从2014年的956.34亿元增加到2021年的3 104.35亿元，年增长率分别为27.57%、26.19%、26.93%、28.89%、35.38%、25.82%、-22.49%和19.08%。尽管2020年受到冲击，导致旅游收入下降，但在2021年已经显现出明显的复苏迹象。旅游业所创造的收入不仅对地区财政构成了有力支持，而且在扶贫项目的实施上发挥了关键作用，同时将旅游业收入有针对性地用于改善基础设施、教育和医疗等公共服务，以使精准扶贫政策惠及更多贫困地区居民，提高他们的生活质量。

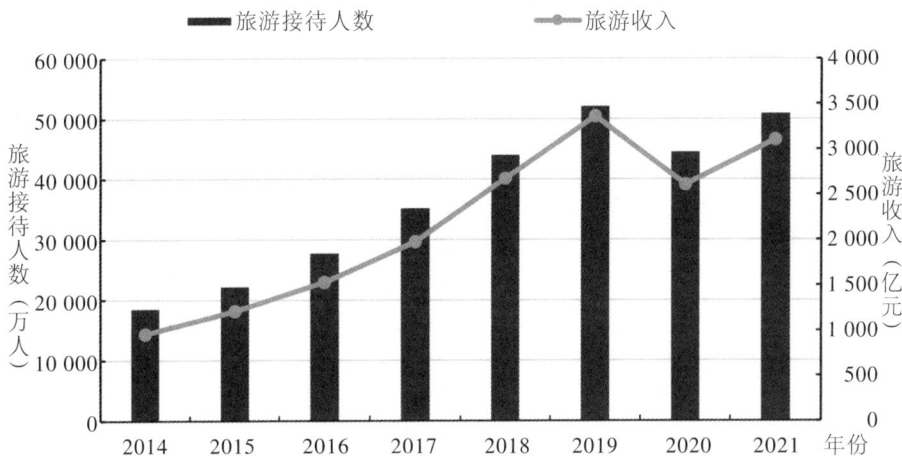

图3-10　2014—2021年湘鄂渝黔接壤地区旅游经济情况

2）贫困县旅游业发展格局和旅游脱贫情况

从2014—2021年湘鄂渝黔接壤地区各县的旅游经济数据来看，4省（直辖市）旅游业发展格局有所差异：

（1）湖南省形成了凤凰县"一枝独秀"的旅游发展格局

从图3-11和图3-12来看，整体上大多数县的旅游接待人数和旅游收入与大趋势相吻合，大部分县旅游发展呈现逐年增长的趋势，比如花垣县、龙山县，其中，龙山县的旅游接待人数从2014年的180.65万人增长到2021年的668.62万人，旅游收入增长了2.7倍，但个别县早于2020年出现了下降趋势，比如桑植县在2014—2017年持续增长，2018年旅游接待人数达到593.34万人的峰值，实现旅游收入31.86亿元，随后出现了持续下降。值得注意的是，凤凰县在2014—2021年旅游接待人数和旅游收入在湖南各县之中一直居于首位，尤其在2016年之后增长较为显著，这与2016年4月凤凰古城取消景区门票制度有关；而与凤凰县临近的麻阳苗族自治县和会同县的旅游经济却分别位于倒数第二和倒数第一，这与两县旅游资源匮乏、本地旅游发展相对滞后有直接关系。

凤凰县旅游业发展迅速的主要原因是自身旅游资源丰富、旅游景点知名度高。虽然凤凰县曾是湖南省国家级扶贫开发重点县，地处武陵山片区腹地，山高路远，交通闭塞，经济发展落后，但依托优越的旅游资源本底，如"国家历史文化名城"凤凰古城及南华山森林公园、奇梁洞、南方古长城和山江苗寨等风景名胜区，并制定了一系列的旅游规划发展旅游业，带动了当地经济快速发展。

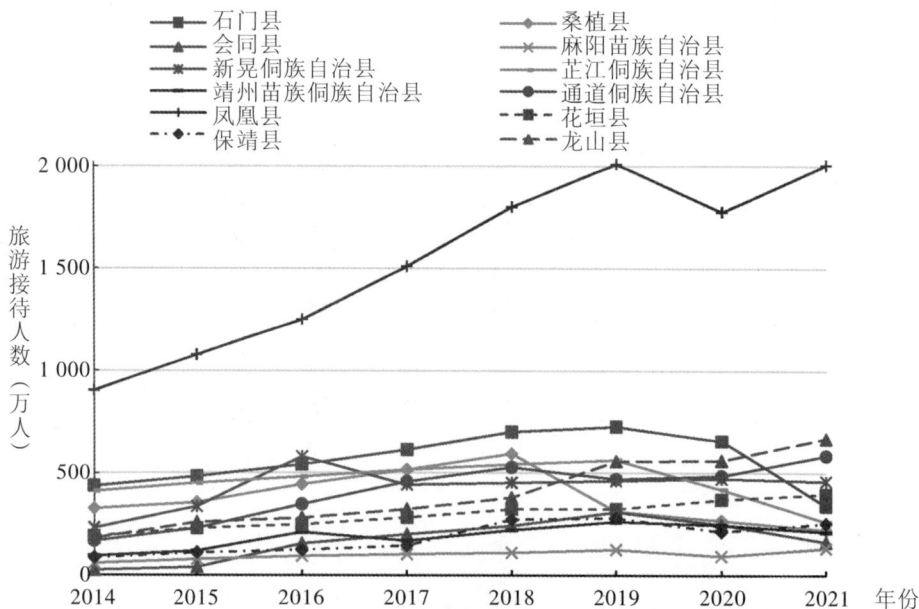

图3-11　2014—2021年湘鄂渝黔接壤地区内湖南各县旅游接待人数

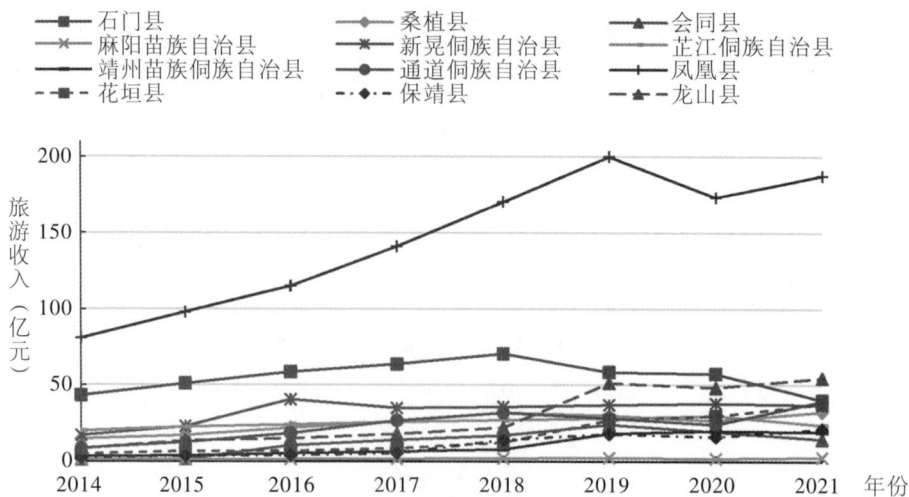

图3-12　2014—2021年湘鄂渝黔接壤地区内湖南各县旅游收入

第一，凤凰县通过旅游规划引领推动旅游业发展，据统计，2014—2021年出台的系列旅游规划文件有《凤凰县文化旅游发展总体规划修编（2015—2025年）》《凤凰历史文化名城保护规划（2020—2035年》《凤凰古城风景名胜区总体规划》等。

第二，立足贫困地区旅游资源和生态优势，以特色旅游为支撑，大力实施旅游扶贫工作，探索出一条"景区带村、能人带户、公司+贫困户"的旅游产业扶贫新途径[①]，助推贫困人口充分利用旅游业实现脱贫致富。据统计，2021年全县共接待游客2 006.09万人次，实现旅游收入187.63亿元，全县贫困人口由2014年的8.9万人下降至2019年1.8万人，贫困发生率降至4.89%。旅游产业为凤凰县摆脱贫困提供了重要支撑。

麻阳苗族自治县毗邻凤凰县，2014—2021年旅游接待人数和旅游收入虽有所提升，但仍位于全省倒数的位置，凤凰县旅游业的快速发展并未带动麻阳苗族自治县的旅游经济起飞。究其原因，两县旅游合作少，旅游规划没有相互支撑。从地理位置来看，麻阳苗族自治县位于凤凰县偏南方向，而凤凰县旅游资源的开发多位于北部，比如凤凰奇梁洞景区与矮寨奇观旅游区均需由凤凰县城区北上，旅游交通路线规划也倾向于打通这几个景区之间的衔接，导致游客多选择北上游玩；再加上麻阳苗族自治县旅游资源与凤凰县相比并无优势，且具有高度相似性，因此游客多数选择到凤凰县游玩后直接返程。从数据来看，2021年到麻阳苗族自治县旅游的人数不足凤凰县的7%，旅游收入仅是凤凰县旅游收入的1%。再来看会同县，2014—2021年旅游接待人数与旅游收入由全省倒数逐渐上升，超过麻阳苗族自治县。会同县是湖南省经济社会发展相对落后的地区，是一个典型的山区农业县，长期以来农业一直在县域经济中占有重要的比重，旅游资源开发不足。近年来，会同县以文旅招商为抓手，依托丰富的红色旅游资源，以高椅村、宝田茶旅、连山神农大健康产业园生态医药康养、堡子镇"五村联创"本地旅游、粟裕故里景区为核心资源，加快建设湘黔边区红色文化引领区，打破区域壁垒，优化空间布局，推进区域合作，强化业界融合，扩大了文旅产业的发展，旅游助力脱贫也取得了较好的效果。

（2）湖北省形成了以恩施市为中心、利川市和神农架林区协同发展的局面

根据图3-13和图3-14的数据分析，2014—2021年湘鄂渝黔接壤地区内湖北省各县旅游接待人数和旅游收入呈现出不同的变化趋势。恩施市作为主要的旅游目的地，从2014—2021年，旅游接待人数和旅游收入均位于湖北省首位，2013年恩施市的旅游接待人数为900.29万人，2014年首次突破1 000万人次大关，呈现出稳步增长的态势，显示了其较高的旅游吸引力和发展潜力。与此同时，利川市和神农架林区的旅游接待人数和旅游收入在过去几年中仅次于恩施

① 吴香花，谢深红. 凤凰县乡村旅游脱贫工作稳步推进 [EB/OL]. (2018-06-01) [2024-07-10]. http://www.fhzf.gov.cn/zwgk_49798/fdzdgknr/ywdt/fhsz/201806/t20180601_1266719. html.

市，利川市从2014年的732.51万人次增长至2021年的1 418.34万人次，平均每年增长98万人次，神农架林区2014年旅游接待人数比利川市少31.31万人，但在2015年实现反超后，增速也快于利川市，平均每年增长155万人次。然而，其他各县的旅游接待人数和旅游收入与3个优势县相比差距较大。其余9个县中，2014年旅游接待人数在100万人次以下的有4个，100万~200万人次的有3个，300万~400万人次的有1个，400万~500万人次的有1个；旅游收入在10亿元以下的有5个，10亿~20亿元的有2个，30亿~40亿元的有2个。

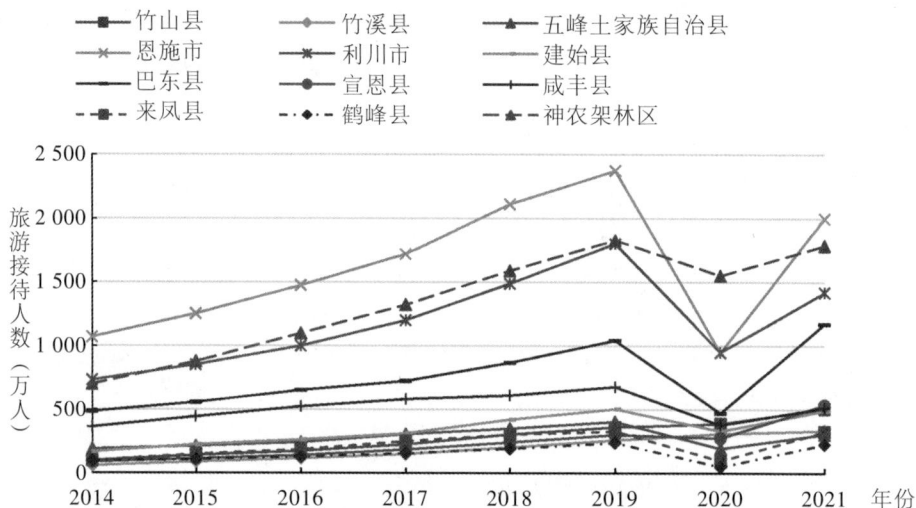

图3-13 2014—2021年湘鄂渝黔接壤地区内湖北各县的旅游接待人数

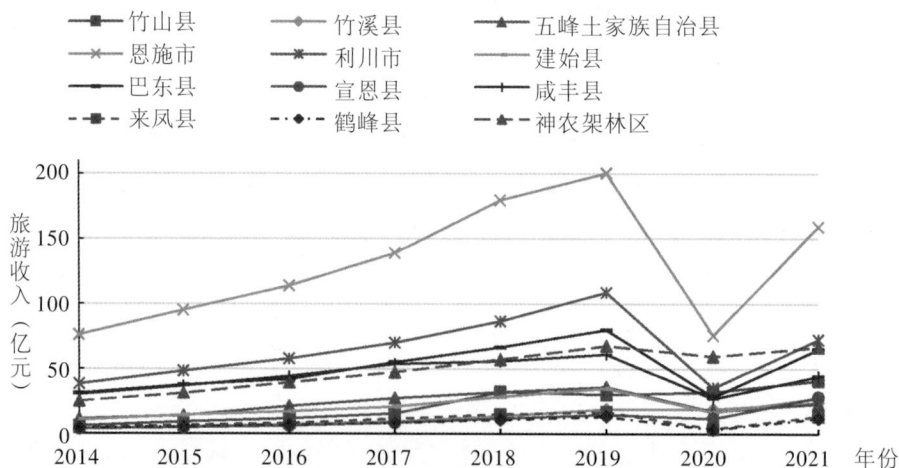

图3-14 2014—2021年湘鄂渝黔接壤地区内湖北各县的旅游收入

恩施市是武陵山片区区域发展与脱贫攻坚的试点城市，也是湖北省脱贫攻坚的主战场之一。早在《武陵山片区区域发展与扶贫攻坚规划（2011—2020年）》的"六中心四轴线"空间结构中，就将恩施市确定为6个中心城市之一。10年间恩施市按照"旅游是扶贫的金翅膀、扶贫是旅游的主战场"的理念，紧抓旅游精准扶贫重要抓手，通过挖掘本地独特的自然和人文资源，以景区发展推动精准扶贫，取得了实实在在的成效。比如5A级景区恩施大峡谷，以其丰富的自然风光和深厚的民族文化而闻名，拥有数项民族文化精品工程，近年来景区壮美的风光、浓厚的民俗文化和地道的美食吸引了大批游客，也带动了当地村民充分利用旅游实现了脱贫。2017年，恩施大峡谷景区接待游客突破200万人次，带动贫困户累计脱贫1 067户、3 841人。①恩施市为了推动当地特色产业和手工艺品的销售，提高农民和手工业者的收入，实行了名优茶培育计划，在"恩施硒茶"的基础上逐渐形成了特有的茶叶品牌，以恩施市的"恩施玉露"茶叶品牌为代表，其品牌价值从2014年的7.86亿元增加到2023年的21.18亿元，增长了近2倍。此外，旅游业的发展也为当地提供了就业机会，促进了农村经济的多元化发展。通过培育民宿、开展本地旅游和推广当地特色美食等方式，不仅吸引了更多游客，也为当地居民提供了更多参与旅游业的机会。

利川市与恩施市都隶属于湖北省恩施土家族苗族自治州，利川市位于湖北省的西南边缘区域，与重庆市接壤，东面毗邻恩施市。得益于重庆市与恩施市两大旅游旺地的双辐射作用，利川市旅游发展具有相对优势。利川市向西与重庆市连接，2013年12月，渝利铁路全线运营，共设重庆北站、双溪站、复盛站、长寿北站、涪陵北站、丰都站、石柱县站、沙子站、凉雾站9个车站，是中国《中长期铁路网规划》"八纵八横"高速铁路网中沿江通道的组成部分，自通车以来，利川市旅游接待人数与旅游收入稳步上升。在精准扶贫实施初期，利川旅游在湖北省内县级市的知名度一般，为了发展文化旅游产业，利川充分开展旅游营销，推出了"凉城利川"等广告词，逐渐打开了知名度。同时，利川市向东连接恩施市，由于恩施市承担武汉经济圈和长江中上游城市的辐射和对接功能，以恩施市这个中心城市为依托，构建了渝东鄂西山水风情旅游线路，其中就包括恩施大峡谷、利川的腾龙洞等，通过"利川—恩施—建始—巴东—长阳—五峰（清江大峡谷）"这条精品旅游线路将利川与恩施紧密联系起来。利川市以"十村百企万户"民宿旅游工程为抓手助推精准扶贫，市财政投入资金近1亿元，完善18个民宿旅游示范村基础设施建设，通过民宿旅游带动村民创业脱贫增收。据统计，截至2021年年底利川市已经形成80多个村、近1 500

---

① 楚小游. 湖北4地（景区、企业）入选"世界旅游联盟旅游减贫案例100"［EB/OL］.（2020-10-10）［2024-11-17］. https://www.sohu.com/a/425159650_748725.

户、2.2万张床位的民宿产业，利川民宿旅游创造直接就业岗位6 000多个，其中建档立卡贫困户直接就业700余人，间接带动3万多农民就业，其中建档立卡贫困户间接就业4 000余人，实现贫困户增收近亿元。①民宿旅游为利川脱贫攻坚作出了突出贡献，为实现乡村振兴注入了强劲动力。

（3）重庆市形成了"武隆、彭水、黔江"区域旅游联合发展增长极

该增长极带动其他贫困县旅游业实现了快速发展。由图3-15和图3-16可知，武隆区旅游接待人数一直处于领先地位，由2014年的1 908万人次增长到2021年的4 074.59万人次，表现出稳步增长的态势，远超湖南省凤凰县、湖北省恩施市和贵州省桐梓县等旅游发展高地；同时该区的旅游收入也呈现出强劲的增长势头，尤其在2018年之后遥遥领先于其他地区。黔江区旅游发展增速最为显著，旅游接待人数从2014年的535.96万人增长至2021年的3 311万人，尤其在2016年之后增势更为明显；同时，黔江区2014—2018年旅游收入稳步增长，2019年达到160亿元的峰值，2020年受特殊经济形势影响稍有回落，2021年又开始反弹。其他地区的旅游接待人数也呈现出不同程度的增长，例如酉阳、巫溪、彭水等县在这段时间内都经历了明显的增长，尤其是彭水苗族土家族自治县，旅游接待人数仅次于武隆区，在2014年之后接待人数逐年攀升。从旅游收入来看，巫山县和巫溪县的旅游收入增长相对缓慢，甚至出现了波动下降的情况，可能与这些地区的旅游资源开发不足或者宣传推广不力有关。总体而言，重庆市湘鄂渝黔接壤地区的旅游业在过去几年取得了显著的发展，各地区在推动旅游业增长方面都付出了努力，为地方经济和脱贫攻坚作出了积极贡献，习近平总书记更是对武隆通过发展生态旅游取得脱贫摘帽的成绩给予充分肯定。

武隆区是重庆市唯一获得"绿水青山就是金山银山"实践创新基地和国家生态文明建设示范区殊荣的区，成为全国少有的同时拥有"世界自然遗产地""国家全域旅游示范区""国家级旅游度假区""国家5A级旅游景区"的地区之一。武隆区以天生三桥、仙女山等景点为代表，积极传承和保护当地的自然与人文景观，促进了旅游业的可持续发展，同时推动了地方文化的传承和发展。旅游业不断壮大，带动了景区门票、餐饮住宿等多方面的收入增长，为当地贫困居民脱贫致富提供了重要支撑。在旅游业的带动下，武隆区于2017年11月正式退出国家扶贫开发工作重点县行列。2020年，全区接待游客3 700万人次、综合收入180亿元，全区3.5万农户、近10万农民靠旅游"吃饭"，旅游带

---

① 瞿琪，张宇双. 5年利川实现21.9万贫困人口脱贫［EB/OL］.（2020-10-17）［2024-07-10］. https://www.ilichuan.com.cn/html/zglcw/pc/szywcd13c831/20201017/2128739.html.

动48个贫困村脱贫、3万多贫困人口摆脱贫困。①然而，将武隆区与湖南凤凰县、湖北恩施市进行对比可以发现，2021年凤凰县的游客人均旅游支出为935.30元，恩施市的游客人均旅游支出为796.38元，而武隆区的游客人均旅游

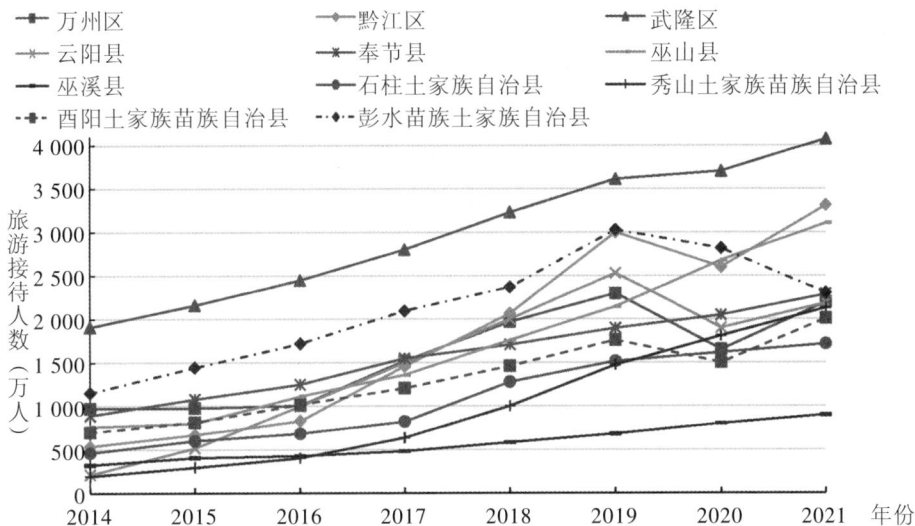

图3-15　2014—2021年湘鄂渝黔接壤地区内重庆各县的旅游接待人数

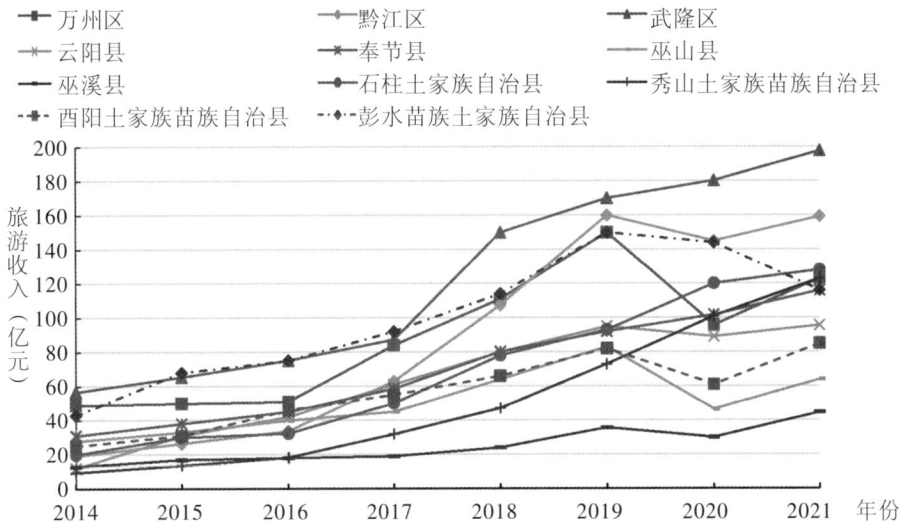

图3-16　2014—2021年湘鄂渝黔接壤地区内重庆各县的旅游收入

①　中国旅游报. 学好用好"两山论"　走深走实"两化路"——重庆市武隆区旅游扶贫案例［EB/OL］.（2022-04-14）［2024-11-17］. https://mp. weixin. qq. com/s?_biz=MjM5NzM0MTYyMw==&mid=2650521988&idx=4&sn=36ba98a7b27b4032762c968b718e7047&chksm=bed4115c89a3984a692d8b4d5dea9069b75fd6302b14130b54b4c0d9e16e6e4dbf342c707603&scene=27.

支出仅为485.30元，武隆区旅游接待人数虽然是湖南凤凰县、湖北恩施市的2倍，但旅游收入并未相应增长。其主要原因是武隆区的旅游产品更偏向于自然风光和户外体验，而非高消费的奢华旅游项目，这导致每位游客的平均花费相对较低，从而影响了总体旅游收入。因此，该区需加快旅游产品创新开发，实现"门票经济"向"产业经济"转型升级，提高旅游业对群众脱贫增收的辐射效应。

（4）贵州省各贫困县的旅游发展水平整体较低

根据图3-17和图3-18可知，贵州省接壤地区各县旅游接待人数和旅游收入均逊色于其他3省（直辖市）接壤地区。

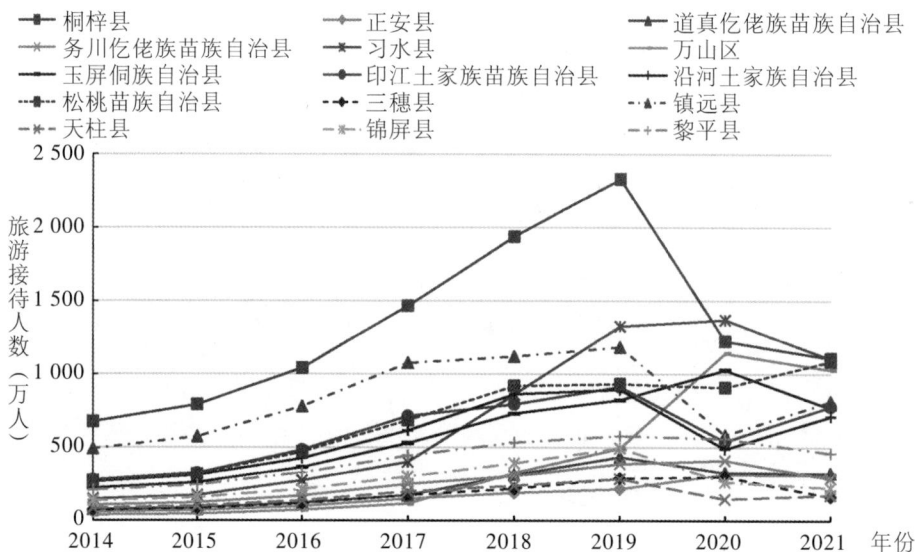

图3-17 2014—2021年湘鄂渝黔接壤地区内贵州各县的旅游接待人数

首先，从旅游接待人数来看，贵州省的绝大多数县除了2020年受特殊经济形势影响外，都呈现出逐年增长的态势，各县在增长速度上存在一定差异。桐梓县、道真仡佬族苗族自治县、习水县和镇远县的旅游接待人数均有较为明显的增速；正安县、务川仡佬族苗族自治县、万山区、玉屏侗族自治县及三穗县旅游接待人数增速较为平缓；其他贫困县的旅游接待人数增速则较为缓慢。

其次，从旅游收入来看，只有正安县的旅游收入呈现了逐年增长的趋势，但增长幅度相对较低。桐梓县的旅游收入在2014—2019年增长较为显著，尤其是在2019年达到了178.30亿元。其他县的旅游收入增长较为有限，甚至在某些年份出现了下降的情况。

总体来看，贵州省接壤地区各县的旅游发展水平差异性没有其他3省接壤地区显著，一些县在吸引游客和发展旅游业方面取得了一定的成就，但也面临

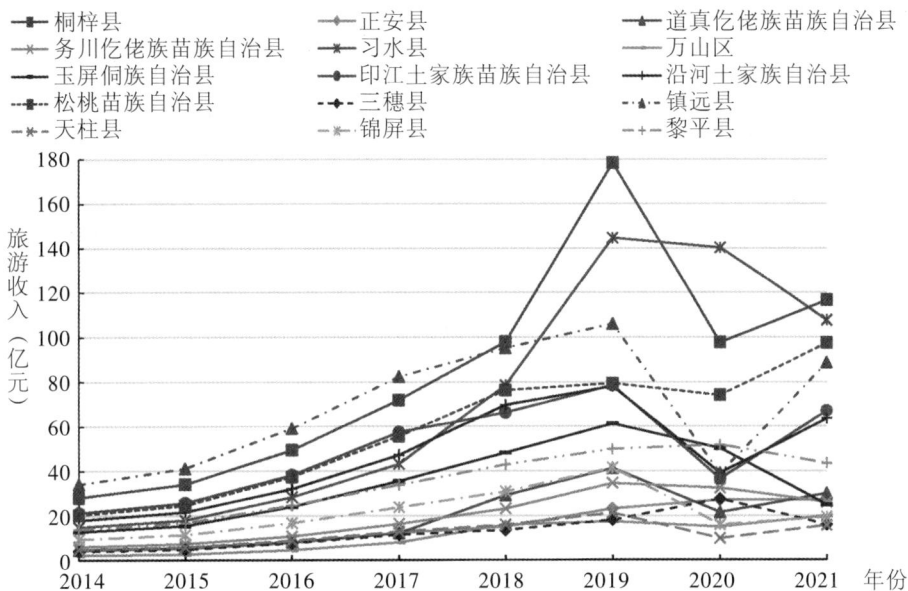

图 3-18　2014—2021 年湘鄂渝黔接壤地区内贵州各县的旅游收入

着一些挑战。值得注意的是，万山区 2020 年旅游人数达到 1 142.00 万人次，是 2019 年的 2 倍，然而旅游收入却减少了 2.4 亿元。原因是 2020 年 4 月 22 日贵州省人民政府办公厅印发了《多彩贵州促消费百日专项行动方案》，方案中明确提出：省内开放的 A 级旅游景区实行门票全免，通过预约分时段进入景区，其中就包含了万山区朱砂古镇等景区。景区实施免门票政策，虽然吸引了众多游客，但由于门票或服务费用减少，整体旅游收入反而下降。

桐梓县位于贵州省北部，北与重庆市接壤，处于黔北山地与四川盆地的衔接地带，由于地质构造体系复杂，冰川作用显著，平均海拔 1 200 米，夏季平均气温 25℃，空气质量优良率达 98%。独特的地貌景观、良好的生态环境和适宜的气候条件赐予桐梓县丰富的"凉资源"。自 2006 年起桐梓县就开始发展乡村避暑游，到 2014 年全县已经拥有 26 个本地旅游点、1 133 家乡村旅馆，52 156 张床位。①2015 年以来以打赢脱贫攻坚战为牵引，全县积极适应本地旅游产业发展趋势，推进高端民宿和 A 级景区创建，带动旅游业发展，并紧紧围绕"资源、服务、客源"三大要素，构建了以住宿为核心、全业态联动发展的旅游体系，凝练形成了"业态+场景+住宿"旅游扶贫发展模式。截至 2020 年年底，

---

① 陈泽珊. 系列报道 | 因势而谋　顺势而为　乘势而上　桐梓旅游破局"出圈"〔EB/OL〕.（2024-01-03）〔2024-07-10〕. http://www.gztongzi.gov.cn/xwzx/xwdt/dt/202401/t20240103_83441783.html.

桐梓县已建成1 917家乡村旅馆，直接带动500余名建档立卡贫困人口就业，间接带动6 000余名建档立卡贫困人口通过旅游产业增收脱贫。

3.4.3　旅游脱贫模式与典型案例

近年来，湘鄂渝黔接壤地区大力实施了旅游脱贫工程，特别是在50个贫困县中，存在一批自然资源好、生态环境优美、交通较为便捷的贫困村，成为发展本地旅游脱贫的典型案例。同时，通过以点带面、以面促整的方式，有力催生出一批特色农业、生态休闲、民族风情、传统村落、文化体验、节庆展览、红色旅游等主题旅游产品，走出了一条旅游开发与乡村振兴同频共振的小康之路，探索出了旅游与脱贫相互融合、相互促进的多种特色旅游脱贫模式。湘鄂渝黔接壤地区旅游脱贫典型案例见表3-10。

第一，"文化+节庆+旅游"的旅游脱贫模式——打造特色文化型旅游。这是指充分利用贫困村的资源特色和文化禀赋，通过举办民俗文化活动、打造特色旅游小镇等方式，吸引社会资本参与投资或鼓励贫困村与专业旅游公司合作，共同打造新的旅游景区（点），并由当地旅游管理部门或旅游公司通过旅行社将贫困村中的旅游景点加进精品旅游线路，确保有固定游客量分流到村、到组、到点，不断提升人气、做活本地旅游，真正实现旅游脱贫。例如，重庆荆竹村通过"文化+节庆+旅游"，促进旅游、山地特色农业、体育、文创等产业高质量发展，努力推动产业"接二连三"，拓宽村民增收渠道，打造"归原小镇"等一批主题文旅项目，以项目建设带动发展，按照"田园+乐园+庄园"发展模式，结合荆竹当地的传统文化内涵，打造避暑康养、主题民宿、户外运动等融合项目，建成4A级本地旅游特色景区，年吸引游客50万人次，安排100余名村民就业；建设创客服务中心，丰富创客工作室、创客宿舍等空间，引进知名酒店、特色餐饮、文化娱乐等企业20余家，个体工商户40余家，创客120余人；改造"归原茶社"，再现土柴火灶、铜茶壶与青瓷杯等故园情景，以乡愁记忆吸引游客驻足；建成武隆区"三农"产业联合会联农带农转化平台，带动山羊、西红柿等农副产品销售，年销售额达2 000万元，直接受益农户126户，户均增收1万元以上[①]；推动文化创意与旅游融合发展，打造"武小仙""隆小马"系列文创品牌，推出时尚竹编、蜡染香包等文创产品；连续举办"归原邻里生活节"，还原有烟火气和人情味的乡村生活，让游客零距离感受乡村特色文化的魅力，通过城乡互助实现乡村振兴。2023年，荆竹村接待游客超过55万人次，村民人均可支配收入达到25 110元。

---

① 韩毅. "最佳旅游乡村"　荆竹村上演精彩村晚［EB/OL］.（2023-01-15）［2024-07-10］. http://cq.people.com.cn/n2/2023/0115/c367698-40267910.html.

表3-10　　　　　　　　湘鄂渝黔接壤地区旅游脱贫典型案例

地点	当地产业	旅游业发展情况	旅游脱贫模式
湖南十八洞村	苗绣、山泉水、茶叶、油茶、柑橘、猕猴桃、中药材	湖南省十八洞村，作为精准扶贫的首倡地，已成功转型为国家5A级旅游景区。依托独特的山水资源和苗族文化，十八洞村深耕文旅融合，发展苗绣、旅游、特色种植等产业[1]。十八洞村的旅游发展不仅带动了当地经济增长，也成为观察中国式现代化乡村发展的窗口	(1)"红色+旅游"旅游脱贫模式。成为"全国爱国主义教育示范基地""全国青少年教育基地"'绿水青山就是金山银山'实践创新基地"，入选"建党百年红色旅游百条精品线路""中国美丽休闲乡村"等。 (2)"文化+节庆+旅游"旅游脱贫模式。拥有保存完好的传统古村落和苗族文化，独具苗族风情的拦门酒、热闹红火的文艺演出，以及"听说过没见过"的长龙宴、吉客节活动等。 (3)"传统+产品+旅游"旅游脱贫模式。将苗绣这一文化遗产变为文化产业，"指尖技艺"化身"指尖经济"
湖北坪坝营村	蜂蜜、富硒茶、山药	目前坪坝营村已经建成国家4A级旅游景区——恩施坪坝营国家森林公园。从传统的木材采伐经济转型为以旅游为主的经济模式，架设了亚洲最大的V形索道，修建了玻璃栈道、具有土家文化特色的树上宾馆和森林院子酒店等旅游配套设施	(1)"景区+就业"旅游脱贫模式。旅游企业入驻村里，引导村民因地制宜发展本地旅游业。村民们陆续返乡，该村90%的村民成为旅游从业者，或进入旅游企业，或当导游，或当建筑工人，或自开旅馆摆小摊等。同时，旅游发展也带动了周边地区1 000多人就业。景区周边，一家家有土家文化特色的农家乐、民宿也乘势兴起。据统计2022年有20家，2023年有35家。 (2)"移民+扶贫"旅游脱贫模式。村里的老百姓都搬进政府修建在老岩孔、花红寺等地的安置房，有的经营起了民宿，有的开起了农家乐，有的在景区务工，拥有稳定且可观的收入

续表

地点	当地产业	旅游业发展情况	旅游脱贫模式
重庆荆竹村	蓝莓、葡萄、李子、樱桃、梨、桃等多种高山水果种植	重庆荆竹村依托自然生态优势，大力发展旅游业，通过引进归原小镇等文旅项目，改造闲置农房土地，打造特色民宿聚落，成功发展乡村旅游。同时，荆竹村还注重农文旅深度融合，发展高山水果种植等产业，推出文创产品，举办高山水果采摘季等活动，吸引大量游客前来体验。如今，荆竹村已成为全国乡村旅游重点村，旅游业成为当地经济的重要支柱	（1）"文化+节庆+旅游"旅游脱贫模式。自2021年开始，荆竹村连续举办"归原邻里生活节"，还原有烟火气和人情味的乡村生活，通过城乡互助实现乡村振兴。 （2）农文旅融合旅游脱贫模式。引入文化旅游公司，投资运营田园文旅综合体项目，定制打造"归原小镇"
贵州镇远县	肉牛养殖、烤烟	拥有国家历史文化名城、5A级旅游景区等12张国家级旅游名片，有青龙洞古建筑群等众多文保单位，以及赛龙舟等非遗项目，集历史、自然、民族、红色、军旅等文化元素于一体，自然风光与人文景观相得益彰[2]。通过与线上平台合作、邀请名人体验等方式加强宣传，不断提升知名度；积极发展特色精品客栈，提升旅游接待服务能力和水平	（1）"体育+旅游"旅游脱贫模式。"多彩贵州"中国历史文化名城·镇远赛龙舟文化节入选2023年中国体育旅游精品项目，还有台盘"村BA"篮球赛等活动。 （2）"文化+节庆+旅游"旅游脱贫模式。赛龙舟和报京"三月三"民俗文化节这两项国家级非物质文化遗产历史悠久、风味古朴。 （3）"传统+产品"旅游脱贫模式。鼓励花酒、绩曲酒、舞阳红桃、蔡酱坊、镇远素席、社饭、花卉等系列旅游产品的深加工，进一步拓展就业渠道，吸纳贫困人口就业

资料来源：[1] 杨元崇，李孟河，黄馨怡. 湘西州十八洞村入选"全国十佳"[EB/OL]. (2024-04-05) [2024-11-17]. https://www.hunan.gov.cn/hnszf/hnyw/sy/hnyw1/202404/t20240405_33270220.html. [2] 李丽，江春健，车逢路. 文旅融合焕新姿 [EB/OL]. (2024-11-15) [2024-12-04]. https://finance.sina.cn/2024-11-15/detail-incwatrs9856443.d.html.

第二，"景区+就业"的旅游脱贫模式——打造景区创业型旅游。"景区+就业"的旅游脱贫模式是一种通过发展旅游业创造就业机会，提高当地居民收入水平的模式。在此模式中旅游景区被视为经济发展的引擎，通过吸引游客、提供服务和推动相关产业发展，为当地创造就业机会。同时，通过培训和就业计划，使当地居民参与到旅游服务、管理、手工艺等方面的工作中，提高他们的就业技能和收入水平，从而带动其脱贫。一方面，景区游客的增加促进了民宿业的发展，为游客提供了更多的住宿选择，从而创造了更多的就业机会。另一方面，将景区内的门面商铺、外卖摊点进行统一规划、统一布局，并根据业态分区设置不同售卖类型，通过无偿提供给景区周边有条件的贫困户经营，使贫困户通过参与旅游商品销售脱贫致富。此模式在促进景区旅游业发展的同时，通过拉动相关产业发展增加了就业机会，为贫困地区创造了全新的经济发展路径，真正实现了"造血式"扶贫。例如，湖北省恩施市探索全域旅游扶贫，建立"景区带动、本地旅游拉动、产城融合撬动、综合改革推动"四大旅游脱贫发展模式，当地越来越多的村民吃上了"旅游饭"。截至 2019 年，恩施大峡谷景区直接解决了 1 500 余名贫困人口就业问题，带动沿线 2 万余贫困人口脱贫致富[①]。景区投资近 2 000 万元，在景区出入口和缓冲区建设了 202 个商铺，通过廉价出租方式，引导当地近 400 人创业，人均年收入超过 4.5 万元，最高达 20 万元。在规范管理的前提下安排附近 107 名村民在景区内当轿夫、背背篓，近 200 名当地居民参与景区的实景演出，带动景区周边 300 余户民宿发展，拥有床位 3 000 余张。

第三，"非遗+旅游"的旅游脱贫模式——打造商品生产型旅游。在贫困村中挖掘民间非遗手工艺品制作人才，行业主管部门负责指导提升农产品品质，将富有地域特色的非遗手工艺品和农产品，通过专业团队将其包装成为特色旅游商品，在景区指定摊点统一售卖，让贫困户足不出户就能增收。同时，充分利用本土电商平台、物流运输等，进一步拓宽旅游商品销售渠道，满足游客的不同需求。通过此种模式不仅有效带动了贫困户增收，更有利于提升本地旅游产品知名度，形成商品吸引人气、人气走进景区、景区带动消费、消费促进增收的良性互促的循环体系。通过培训和资金支持，贫困户可以参与到商品的制作、销售等多个环节中，成为这一链条的一部分。他们通过自身的努力融入旅游业，从而分享旅游业带来的经济红利，提高自身收入水平，实现脱贫致富的目标。湖南省花垣县十八洞村地处湘渝黔边界武陵山脉腹地，地理位置偏

---

① 程芙蓉. 发挥旅游产业带动效应，助力乡村振兴——记"全国文化和旅游系统先进集体"恩施旅游集团有限公司 [N]. 中国旅游报，2022-03-01（1）.

僻，是国家级贫困县。2014年该村有136家贫困户，533位贫困人口，贫困发生率达到56.8%。2013年11月3日，习近平总书记到十八洞村考察调研提出"精准扶贫"重要思想之后[①]，当地充分利用苗寨独有的自然资源、民俗风情和农耕文化，大力发展本地旅游。2014年，石顺莲成立苗绣特产农民专业合作社，组织全村95%以上的妇女进行苗绣产品生产，为开拓市场，她一次次走出大山与企业对接，随着一笔笔订单涌入，村民们的腰包鼓了。经过短短几年的发展，2016年，十八洞村率先利用旅游发展实现整村脱贫摘帽。2022年十八洞村共计接待游客超过53.2万人次，旅游收入达到1 200万元，同年本村苗绣企业产值达45万元，旅游带动"指尖技艺"助力十八洞村经济快速发展，村民人均年收入从2013年的1 668元增加到2022年的23 505元。在十八洞村的带领下，花垣县政府充分借助"非遗+旅游"扶贫模式，带动全县复兴苗绣工作坊，2023年全县拥有苗绣、织锦生产经营厂家达158家，年生产加工制作苗绣、织锦工艺品181万件，销售收入1.5亿元，通过电商平台，越来越多的网友们了解了苗绣与非物质文化遗产，湘西苗绣也受到了年轻群体的追捧与喜爱，产品从这里销往国内和世界各地。2023年4月，"湘西巧手翠翠"首次通过跨境电商B2C方式出口苗绣产品，已累计出口箱包、家居饰品、生活配饰等苗绣产品达1 100万元。花垣县通过旅游业带动非遗产品销售，直接帮扶贫困户1 272人，间接带动3 000余人从事相关产业，"让妈妈回家"公益项目更是让300多个孩子的母亲返乡就业，年人均增收1万元以上。

第四，"移民+扶贫+旅游"的旅游脱贫模式——打造移民搬迁型旅游。这是指将脱贫攻坚中的易地扶贫搬迁项目与旅游景区开发建设相结合，引导有意愿的易地扶贫搬迁贫困户搬迁至景区规划区域修建房屋，并参与旅游经营活动获取收入。贵州省铜仁市玉屏侗族自治县把稳定易地扶贫搬迁群众就业作为重要抓手，将易地扶贫搬迁安置点建在景区周边，建筑风格与景区融为一体，吸纳搬迁群众进入景区务工，同时配套建设以加工手工艺品、鞋类为主的"扶贫微工厂"，开设店铺保障搬迁群众稳定增收不返贫。2016年玉屏侗乡风情园正式启动康养小镇项目，移民新区融入侗乡风情园景区，让搬迁群众吃上"旅游饭"。玉屏侗乡风情园康养小镇项目共投入14亿元，主要有知青年代养老区、阳关森林天然氧吧康养区、金色柚香康养区等12个功能分区，已带动158名群众就业，其中易地扶贫搬迁群众有68人。[②]

① 汪晓东，宋静思，崔璨. 历史性的跨越 新奋斗的起点 [N]. 人民日报，2021-02-24（1）.

② 刘亚子. 打造侗乡靓丽旅游名片——玉屏侗族自治县高位推动侗乡风情园创建国家4A级景区 [N]. 铜仁日报，2021-08-18（5）.

第五，"游客+客户"旅游脱贫模式——打造产品团购型旅游。在贫困村将农户自种农产品打造成为"产品包"（包括蔬菜和家禽），以一季或一年为一个周期，与本地电商平台合作，客户通过电商平台订购"产品包"，农户按时应季将新鲜农产品寄送至客户，通过电商平台将农产品变成城里人餐桌上的抢手菜，提高农产品的价值，增加自身收益；旅行社团购、单位组团旅游团购等充分带动了本地产品销售，催生出众多旅游团购套餐；相关部门还将培训"产品包"售卖给农户，将其引导发展为乡村民宿达标户，每年给客户免费提供一定时间的住宿，让客户体验乡村生活的同时也来村里消费，进一步拓宽增收途径。湖北咸丰县延伸文旅产业链，从传统农业迈向农旅融合，推进文化产业与农业、旅游业等的联动发展。近年来，该县依托境内的旅游资源，大力推进"茶旅融合"，打造了一批"美丽村寨"，实现了"茶区变景区、茶园变花园"的美丽愿景。①1983 年，全县茶叶种植面积仅 1.9 万亩，产量 225 吨，产值85.91 万元。2023 年，全县建成茶叶基地 28.3 万亩，有机、绿色认证茶园 12 万亩，茶叶累计产量 1.17 万吨，产值 18.6 亿元。其中白茶种植面积达 14.5 万亩，居全国第五位、湖北省第一位。茶产业仅是咸丰县发展特色农业产业的一个缩影。目前，以茶叶、中药材、林果、恩施黑猪为主导的"三茶果药猪"特色产业架构基本形成，全县特色产业基地总面积稳定在 110 万亩以上。依托水果采摘、田园风光、特色农业等，咸丰县大力推进农业与旅游、研学、康养、度假融合发展，形成集旅游观光、健康骑行、农耕体验于一体的乡村农旅融合发展模式，基本建成现代农业、休闲文旅、田园社区三位一体的田园综合体，成为乡村休闲旅游乐园。

3.4.4 旅游脱贫实践与脱贫成效

2020 年 11 月 23 日，贵州省的紫云县、沿河县和从江县等 9 个县宣布退出贫困县名单，标志着湘鄂渝黔接壤地区所有贫困县全部脱贫摘帽，脱贫攻坚取得了举世瞩目的成绩。近年来的脱贫攻坚实践表明，湘鄂渝黔各级政府充分利用贫困地区丰富的旅游资源和优良的生态环境，将旅游发展作为推动脱贫工作的核心手段，通过大力发展本地旅游业，有效带动了贫困村和贫困户的经济转型和收入增长，取得了显著的脱贫成果。截至 2020 年年底，湖南省共有 689 个

---

① 杨咸. 咸丰县坚持走"产业生态化，生态产业化"发展之路［EB/OL］.（2020-12-09）［2024-07-10］. http://www.xianfeng.gov.cn/xwdt/xfyw/202012/t20201209_1065677.shtml.

村通过发展本地旅游带动了贫困居民脱贫致富，有100余万人通过发展本地旅游实现了脱贫，约占总贫困人口数量的20%[①]；湖北省通过本地旅游直接带动17.78万贫困人口脱贫增收[②]；贵州省统一部署，在66个贫困县开发旅游资源19 495处，在16个深度贫困县开发旅游资源4 490处，建成旅游项目3 105个，帮助89.7万贫困人口脱贫增收[③]；截至2020年年底，重庆市14个贫困县已脱贫摘帽，其中有2 060个村开展了乡村旅游接待，占村总数的47%，带动33万人口脱贫增收。[④]由于湘鄂渝黔地区旅游脱贫成效显著，目前已经有18个地区案例入选了《体验脱贫成就·助力乡村振兴——全国乡村旅游扶贫示范案例选编》[⑤]，其中湖南5个、湖北3个、重庆4个、贵州6个；还有14地入选了"世界旅游联盟旅游减贫案例"，其中，湖南3个、湖北4个、重庆2个、贵州5个。上述数据充分证明湘鄂渝黔在旅游助力乡村脱贫实践中取得了巨大成绩。下面从经济、社会、环境三方面，详细阐述湘鄂渝黔接壤地区的旅游脱贫成效。

1）经济成效

从经济层面来看，旅游业发展为湘鄂渝黔接壤地区带来了显著的经济效益。随着旅游资源的开发和旅游基础设施的完善，越来越多的游客涌入该地区，为当地带来了丰厚的旅游收入。这些收入不仅直接增加了农村居民和贫困人口的现金流入，还通过旅游相关产业的联动效应，拉动了当地经济的整体增长。

（1）优化地区产业格局

增强旅游业在区域经济中的影响力，不仅带动了相关产业的发展，还改变了地区原有的单一和低效的产业结构。这种结构调整使得地区经济更加多元、稳定和可持续，提高了地区居民的生活质量，改善了经济状况。由3.2.3节关于产业结构现状的分析可知，通过旅游业的发展，湘鄂渝黔接壤地区的产业结

---

① 龙文泱，刘涛. 湖南文旅十年，这四种颜色很亮眼 [EB/OL]. （2022-08-15）[2024-07-10]. https://news.sohu.com/a/576822748_118779.

② 刘胜. 美景变"钱"景 青山成"金"山，我省17.78万贫困人口靠旅游脱贫 [N]. 湖北日报，2021-04-06 (3).

③ 李凡，吴思. 贵州：旅游扶贫三年行动已带动近90万贫困人口增收脱贫 [EB/OL]. （2019-09-30）[2024-07-10]. https://www.guizhou.gov.cn/ztzl/zl70nfjxsd/tpgjzqdjdxjz/z/201909/t20190930_71190109.html.

④ 颜安. 重庆33万脱贫人口吃上"旅游饭" [N]. 重庆日报，2021-01-17 (2).

⑤ 赵腾泽. 全国乡村旅游扶贫示范案例选编发布 [N]. 中国旅游报，2021-10-28 (3).

构得到了优化。第一、第二产业向第三产业转型调整，使得整体产业结构更加合理和完善。第三产业在地区经济中的比重不断增加，占比在地区生产总值中超过了50%，成为支撑经济发展的重要力量。旅游业的快速发展直接促进了农村运输业、种植业、手工业和农产品加工业的增长。这种产业间的联动效应进一步增强了地区经济活力和多元性。湘鄂渝黔接壤地区生物资源、旅游资源等十分丰富，具有发展特色产业的资源优势。但受地理位置影响，以往一直将资源和资金投入传统农业，造成湘鄂渝黔接壤地区处于比较封闭的自给自足的自然经济状态。旅游开发使旅游六要素"食住行游购娱"等相关产业快速发展，规模较大的农家山庄以及规模较小的家庭农家乐逐渐兴起；通过向顾客销售茶叶、高山蔬菜、中药材等旅游商品，原来单一以农业为主的产业结构转变为农业、服务业共同发展的产业格局，极大地改善了当地的经济结构。

（2）增加农村居民和贫困居民的就业机会和收入水平

自精准扶贫重要思想提出以来，湘鄂渝黔接壤地区的旅游接待人数和旅游收入均呈现出稳定增长的态势。旅游收入从2014年的956.34亿元增长至2021年的3 104.35亿元。同时，2010—2021年，农村居民人均可支配收入从3 500.00元增长到12 989.00元。旅游业的繁荣为地区创造了大量的就业机会，涵盖了旅游接待、餐饮、交通、手工业等多个领域，为当地居民提高经济收入提供了重要支撑。以湖北恩施为例，恩施是湘鄂渝黔接壤地区的一个著名的生态旅游目的地，其"旅游+扶贫"模式入选联合国减贫案例，成为脱贫攻坚的恩施品牌。恩施以景区开发带动扶贫，坚持建一个景区、富一方群众，先后引进鄂旅投、省交投、省联投、北京中诚信、江西旅游集团等知名企业开发旅游资源，形成了两个5A级、18个4A级的高密度、高等级景区集群。恩施大峡谷景区投资近2 000万元建设了202个商铺，通过廉价出租方式，引导当地近400人创业；景区用工优先录用当地百姓，就业人员达632人，全部享受公司"五险一金"待遇；在规范管理的前提下，让附近村民在景区内当轿夫、背背篓，村民作为群众演员参与景区实景演出；带动景区周边民宿发展。

2）社会文化成效

（1）完善片区基础设施，改善居民的生活条件

湘鄂渝黔接壤地区是一个典型的"老、少、边、山、穷"地区，交通闭塞，基础设施十分落后，生活条件十分艰苦，甚至有些贫困村的水电路不通。为了吸引更多游客和投资，政府加大对片区交通基础设施的投入，包括修建新的公路、改善现有道路、修建桥梁和隧道等。2010年，片区公路通车总里程为 125 676.86 千米，到 2021 年公路通车总里程已经达到 205 993.37 千米，平均每年新增 7 301.50 千米，这些改善不仅给景区带来了众多的游客量，还提升了居民的出行便捷性。同时，政府还着重改善片区的公共设施，如学校、医院、文化活动中心等，这些设施的建设不仅提高了居民的生活质量，还增强了片区的吸引力，为游客提供了更优质的服务和体验。

（2）推动民俗文化发展，保护和传承非物质文化

旅游开发在推动本地旅游业的同时，也为乡村居民的民俗文化和非物质文化遗产的传承创造了有利条件。

其一，深化文化资源的挖掘和展示。旅游开发项目通常会注重挖掘和展示当地的民俗文化资源，如传统节日、民间艺术、民俗表演等。这些文化资源通过旅游活动得以展示和传播，为游客呈现了丰富多彩的乡村文化景观，也增加了乡村居民对本土文化的自豪感。

其二，举办形式多样的民俗活动。为了吸引游客和丰富旅游体验，片区通常会组织各种传统的民俗活动，如民间歌舞、传统手工艺制作、民俗游戏等。这些活动不仅为游客提供了娱乐和参与的机会，也促进了当地民俗文化的传承和发展。

其三，强化文化体验项目的开发力度。为了提供更丰富的旅游体验，一些地方加大了文化体验项目的开发力度，如民俗手工艺制作、传统服饰试穿、农耕体验等。这些项目不仅增加了游客的参与感和互动性，也为乡村居民提供了传统文化的传承平台。

其四，加大文化场馆和展览馆的建设投入。为了能够更加全面、系统地展示当地所拥有的非物质文化遗产，一些地方积极加大了对文化场馆和展览馆的建设投入力度，如民俗博物馆、传统工艺展览馆等文化展示场所相继建成。这些文化场馆和展览馆的建成，一方面为前来游览的游客提供了一个深入了解当地文化的绝佳机会，使得游客能够通过参观这些场馆，更加直观、深入地领略当地非物质文化遗产的独特魅力与深厚内涵；另一方面，为乡村居民提供了一个学习和传承本土文化的重要场所，让乡村居民能够在这些场馆中不断学习、汲取本土文化的精华，进而更好地将本土文化传承下去。例如，匀良苗寨已然发展成为远近闻名的"民族民间文化艺术之村"，在这里，具有特殊价值的苗歌、苗戏以及浓郁的民族风情都拥有了专门的表演和展示舞台。匀良苗寨还积极举办"六月六"苗歌节以及湘黔边区苗歌大奖赛等特色文化活动，通过这些活动的开展，努力促进接壤地区各族人民之间的团结友爱，进一步弘扬和传承了当地的民族文化。

3）环境成效

（1）旅游开发推动经济与生态协调发展

湘鄂渝黔接壤地区积极探索并实践了一种综合性的生态旅游发展模式，通过大力鼓励发展并切实保护当地的森林资源，以此维护生态平衡，达成了多方面的显著成效。这一模式不仅有力地促进了该地区经济的蓬勃发展以及旅游业的繁荣兴旺，更为关键的是，实现了生态环境保护与可持续发展的重要目标，从而为地区经济社会的可持续发展提供了坚实的支持与有力的保障。

湘鄂渝黔接壤地区充分依托片区所具备的丰富资源优势以及得天独厚的自然禀赋，全力以赴地推动生态旅游发展。在此过程中，主要从以下两个方面着力：

其一，强化生态景观建设与保护。该地区高度重视森林保护区和各类生态景观的规划与建设工作，投入大量资金用于打造森林保护区、生态公园、自然保护区等多样化的生态景观。这些精心构建的保护区肩负着极为重要的生态功能，它们犹如生态安全的守护者，有效地保护了众多濒危物种以及珍稀植物，对于维护整个地区的生态平衡发挥着不可或缺的作用。

其二，实现森林资源可持续利用。在重视生态保护的同时，该地区亦注重森林资源的合理开发与利用。通过制定科学合理的林业经营策略以及森林资源利用规划，积极鼓励当地居民投身于林下经济、林下养殖等特色产业的发展。如此一来，不仅切实增加了当地居民的经济收入，改善了他们的生活状况，而且有力地促进了森林资源的保护与再生，实现了经济发展与生态保护的良性互动。以神农架林区为例，神农架林区因林而建、因林而兴，是全国唯一以"林区"命名的行政区，其在生态保护与发展方面堪称典范。自"天然林资源保护工程"实施之后，神农架林区严格秉持"有树不砍、有兽不猎"的原则，全区森林覆盖率由原先的63%显著上升至91.16%，森林蓄积量更是达到了3 300多万立方米。多年来，神农架林区的生物多样性指数始终稳定在81.18以上，真正将绿色打造成为生态旅游发展的"最亮底色"，充分彰显了生态保护与旅游发展协同共进的良好成效。[①]

（2）旅游发展促进村民生态意识觉醒与行动自觉

随着本地旅游业的持续蓬勃发展，与之相伴的生态教育活动也开展得热火

① 刘汉泽. 神农架林区区长刘启俊：好客神农，"碳"寻绿色发展新机遇 [N]. 湖北日报，2024-03-30.

朝天。在此过程中，生态保护知识在游客和当地居民中的普及率得到了显著提升，他们的生态文明意识日益增强。这种意识的转变引导着他们积极主动地参与到森林资源的保护与管理工作之中，通过形式多样的宣传活动，进一步提升了公众对森林生态环境的认知水平和关注程度，从而有力地推动了生态保护工作的顺利开展。与此同时，当地村民在这一发展进程中也深刻认识到生态环境本身就是一种极具价值的发展优势。基于这一认知，许多乡镇开始坚决拒绝引进那些高污染的工业企业，愈发重视生态环境的重要性。在积极保护植被、绿化环境的同时，他们还大力推进旧村改造、旱厕改造等一系列工程，并且彻底解决了长期以来困扰乡村的垃圾乱堆乱放等环境问题。通过这些举措，极大地提高了村民保护生态环境、加强生态建设的积极性和主动性，使得整个乡村地区在生态保护与建设方面呈现出崭新的面貌，为生态旅游的可持续发展奠定了更为坚实的群众基础。

第4章 宏观视角下湘鄂渝黔接壤地区旅游脱贫效益的测度与评价

4.1 旅游脱贫效益的测度

本节主要内容为湘鄂渝黔接壤地区旅游脱贫效益的测度。具体而言，首先，基于多维贫困理论，构建包含经济效益、社会效益和发展效益的县域多维贫困评价体系。其次，在计算贫困临界值后，利用熵值法测度县域多维贫困指数。最后，通过建立旅游脱贫效益的计量模型，估计总体旅游脱贫效益和组内旅游脱贫效益。

4.1.1 县域多维贫困的测度

本书使用的多维贫困测度原理和方法源于 Alkire 和 Foster（2011）。其主要原理为：

首先，在县级行政单元层面判断各贫困维度是否超过某一临界值（单维度贫困线）；

其次，对各县在各贫困维度上的贫困状况进行加权处理，得到总体多维贫困值；

最后，比较各县总体多维贫困值和总体临界值（多维贫困线），从而得到多维贫困指数，并利用多维贫困指数良好的可分解性，分析多维贫困的动态演化和结构变迁。

1）多维贫困指标体系构建

基于多维贫困理论以及既有文献，一般认为多维贫困指标不仅包括收入维度，还应考虑诸如教育、健康等社会因素和发展机会因素。因此，本书将从经济效益、社会效益和发展效益三个维度来构建多维贫困指标（见表4-1）。

表4-1　　　　　　　　　县域多维贫困测度的指标体系构建

维度	指标	指标说明与单位	贫困临界值	权重
经济效益	收入水平	城镇居民可支配收入（元/人）	13 847.190	5.01%
		农村居民可支配收入（元/人）	5 138.048	14.15%
社会效益	教育水平	普通中小学生人数	63 225.500	8.29%
	医疗水平	人均医疗卫生机构床位数（个/人）	26.109	5.07%
		人均社会福利收养性单位床位数（个/人）	19.205	11.31%
发展效益	发展机会	固定电话普及率（%）	1 740.920	12.13%
		人口流动程度（%）	0.000	14.14%
		地方财政能力	6.298	4.60%
		千米通车里程数	3 194.309	5.21%
	生产水平	人均农业机械总动力（千瓦/人）	0.805	14.33%
		产业关联机会（%）	296.695	5.85%

（1）县域经济效益

已有文献常常使用地区生产总值来衡量区域经济增长。这一指标能从全域层面反映一个地区的经济水平。然而，从本书所需要研究的旅游脱贫效益来看，扶贫的对象是个人，使用地区生产总值无法较为准确地识别贫困状况。除地区生产总值外，居民收入也是衡量贫困的重要尺度，本书使用城镇居民人均可支配收入和农村居民人均可支配收入表示县域经济效益。

（2）县域社会效益

社会效益主要以教育和医疗社会福利来衡量。在生计资本分析框架研究中，人力资本是影响居民长久脱贫的重要因素。教育和健康是人力资本的重要组成部分。教育资源的有效获取有助于居民以知识实现生产力的提高，也有助于实现社会流动，缓解收入的相对贫困。医疗资源的获取能提高居民健康水平，提高劳动参与率与劳动效率，从而获得稳定收入。教育水平用中小学师生比和中小学密度来衡量。医疗水平用人均医疗卫生机构床位数和人均社会福利收养性单位床位数来衡量。

（3）县域发展效益

发展效益主要反映了经济个体在县域发展中享有发展机会、在产业发展中受益，进而提升减贫效益。发展效益主要包括发展机会和生产水平。发展机会指经济个体通过参与县域发展所能获取的就业、创业及公共服务资源的机会；生产水平则是通过技术升级与产业融合支撑县域高质量发展的重要基础。本书选择常住人口城镇化率、人口流动程度（人口流入与流出情况）、道路交通密度（全县公路通车里程/区域面积）3个指标反映发展机会，选择人均农业机械总动力、产业关联机会（第二、三产业增加值/第一产业增加值）、农业劳动力转移机会（第二、三产业从业人数/县域常住人口）3个指标反映生产水平。

2）县域多维贫困指标的计算

（1）权重确立

第一步，对原始数据进行标准化处理。假定 X_{ij} 为第 i 个县第 j 个指标的取值，正面与负面指标的标准化处理方法分别为式（4-1）和式（4-2）。

$$y_{ij} = \frac{x_{ij} - \min(x_{ij})}{\max(x_{ij}) - \min(x_{ij})} \quad (i = 1, 2, \cdots, n；j = 1, 2, \cdots, m) \quad (4-1)$$

$$y_{ij} = \frac{\max(x_{ij}) - x_{ij}}{\max(x_{ij}) - \min(x_{ij})} \quad (i = 1, 2, \cdots, n；j = 1, 2, \cdots, m) \quad (4-2)$$

第二步，计算第 i 个县第 j 个指标的比重。

$$P_{ij} = \frac{y_{ij}}{\sum_{i=1}^{m} y_{ij}} \quad (4-3)$$

第三步，计算第 j 个指标的熵值与权重，分别由式（4-4）与式（4-5）表示。

$$E_j = \frac{\sum_{i=1}^{n} P_{ij} \ln(P_{ij})}{\ln(n)} \quad (4-4)$$

$$W_j = F_j / \sum_{j=1}^{m} F_j \quad (4-5)$$

式中：$F_j = 1 - E_j$，表示第j个指标的差异性系数。权重计算的结果见表4-1。

（2）县域多维贫困测度指标的临界值确定

为界定该县是否属于贫困县，需要确定贫困临界值。贫困临界值定义为Z_j。参考已有文献，临界值的标准采用全国所有县各指标的中位数，相比平均值，中位数不易受极端值影响而被高估。以2009年全国所有县的平均数据为基准，如果样本i的j指标低于全国所有县j指标的中位数，则认为i县j指标处于贫困状态，记为1。贫困临界值的计算结果见表4-1。

（3）多维贫困指标得分计算

根据$M\_poverty_i = \sum_{j=1}^{n} W_j Z_{ij}$得到各县多维贫困指标得分。其中，$Z_{ij}$衡量$i$县的$j$指标是否为贫困线以下，为0和1的二值变量。

（4）多维贫困程度判定

从表4-1中可以看出，基于熵值法计算的权重中，人均农业机械总动力指标的权重最大，因此$M\_poverty$的单维贫困指数最大，为0.1433。基于此，将多维贫困进一步细分为5个等级（见表4-2）。

表4-2　　　　　　　　　　　**多维贫困程度及其判断标准**

多维贫困程度	多维贫困剥夺分值
非多维贫困	[0~0.2]
轻度多维贫困	(0.2~0.4]
中度多维贫困	(0.4~0.6]
重度多维贫困	(0.6~0.8]
极度多维贫困	(0.8~1.0]

4.1.2　旅游脱贫效益的测算模型

本书使用线性回归模型和地理加权模型两种方法，测算县域层面的旅游脱贫效益。

1）线性回归模型

为测量旅游脱贫效益，本书使用线性回归模型进行估计，计量估计模型见式（4-6）：

$$M\_poverty_{it} = \alpha_0 + \beta_1 tourism_{it} + X_{it} + \phi_i + \gamma_t + \varepsilon_{it} \tag{4-6}$$

式中：*tourism* 为旅游发展程度，使用样本旅游收入衡量；*X* 为各种控制变量，包括与多维贫困和旅游发展无直接关系的变量；ϕ 为县固定效益；γ 为时间固定效益；ε 为随机误差项；β_1 为旅游脱贫效益，其系数表示旅游发展程度与县域多维贫困的关系程度，即旅游发展程度每变动 1 个单位，县域多维贫困程度相应变动 β_1 个单位。

2）地理加权模型

传统线性回归模型是对整体参数的估计，得到的结果为全局意义上的相关关系。贫困与地理环境之间存在不可分割的关系，具有明显的地域特征，在进行回归分析时需考虑数据的空间异质性地理加权回归（GWR），其常用于研究具有空间（或区域）分布特征的两个或多个变量之间的数量关系，在贫困问题研究上比全局回归模型具有明显的优越性。运用该方法对县域旅游发展与多维贫困指数进行回归分析，根据各位置（样本单元）回归系数 β 值的大小和正负可以判断多维贫困与旅游发展之间的关系，也可用于分析研究对象的空间分布特征。GWR 模型基本结构为：

$$M\_poverty_i = \beta_0(u_i, v_i) + \sum_m \beta_n(u_i, v_i) tourism_i + \varepsilon_i \qquad (4-7)$$

式中：(u_i, v_i) 为第 *i* 个县域的空间经纬度坐标；$\beta_n(u_i, v_i)$ 为第 *i* 个县域的回归系数，是与空间位置相关的连续函数 $\beta_n(u, v)$ 在 *i* 点的估计值。回归系数应用 ArcGIS 软件中的 GWR 模型求解，其中空间核函数和核宽带的设置对 GWR 模型的拟合结果影响较大，本书核类型选择"ADAPTIVE"，带宽方法选择"AICc"，即运用最小信息准则确定核的范围，该方法考虑了不同模型不同自由度的差异，提升了拟合优越性。

4.2　湘鄂渝黔接壤地区旅游发展水平的时空演化

4.2.1　县域旅游发展水平的时间演进

1）总体发展趋势

图 4-1 描绘了湘鄂渝黔接壤地区旅游发展水平（以旅游收入衡量）的总体

变化趋势。从图中可以看出，湘鄂渝黔接壤地区的旅游发展趋势总共可以分为3个阶段：

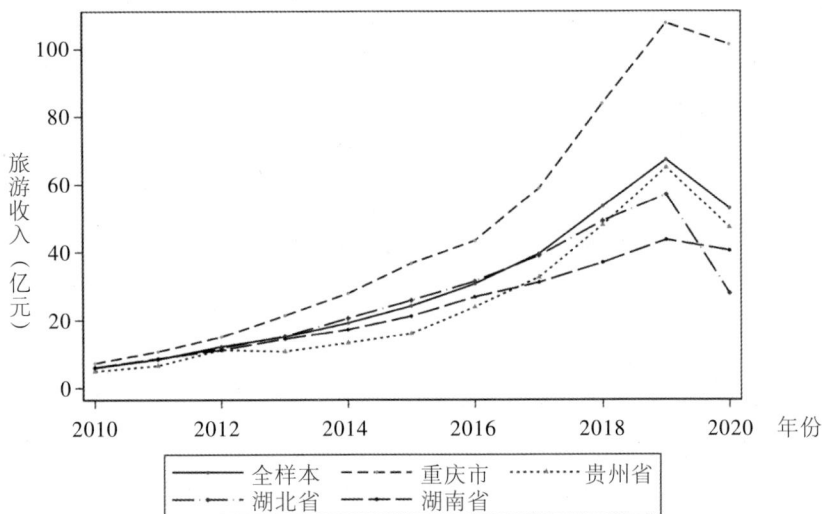

图 4-1　湘鄂渝黔接壤地区的旅游发展趋势

（1）缓慢增长阶段（2010—2014 年）

该阶段湘鄂渝黔接壤地区的旅游收入虽然在不断增长，但总体而言增长速度较慢。其原因在于：

第一，该阶段交通、通信、酒店和旅游基础设施建设发展较慢，供应相对不足。

第二，信息网络基础设施建设投入力度薄弱，无法发挥互联网的宣传和推广作用，该地区的旅游资源未能得到充分的曝光。

第三，政策支持不足，该阶段缺乏专门的旅游发展政策。

（2）快速增长阶段（2015—2019 年）

在这一阶段旅游发展水平有了较为明显增长，从 2015 年的 24 亿元上涨至 67 亿元。其主要原因在于自 2015 年开始我国进入全面的脱贫攻坚战，为了促进旅游业的发展，地方政府和社区多措并举投入了更多资源，加快完善基础设施建设、提高服务质量、开发更多的旅游产品。此外，2017 年后旅游发展再次提速，得益于乡村振兴战略的实施。乡村振兴与旅游产业协同发展，本地旅游市场规模持续扩大、产业链条不断延展、综合带动作用日渐显著，形成了一大批本地旅游重点村镇、精品线路、集聚区域。

（3）波动下降阶段（2020年）

受全球疫情的影响，2020年湘鄂渝黔接壤地区的旅游业遭受了显著的冲击，旅游需求和旅游收入急剧下降。这主要是由旅行限制、健康安全顾虑以及经济不确定性等因素导致的。在这一年，旅游业面临的挑战包括游客数量的大幅减少、旅游企业收入的下降以及未来旅游市场恢复的不确定性。

2）区域发展趋势

图4-1展现了湖南省、湖北省、重庆市和贵州省接壤地区的旅游发展趋势，对比分析来看，表现为以下两个特征：

（1）重庆地区旅游示范引领

重庆市地区旅游业发展的速度最快，自2015年开始不断与其他3省拉开差距。这得益于重庆市对本地旅游的重视。截至2022年年末，重庆市共拥有41个全国乡村旅游重点村、6个重点镇、139个市级乡村旅游重点村、8个市级乡村旅游重点镇；12个全国休闲农业和乡村旅游示范县，23个全国休闲农业和乡村旅游示范点，168个市级休闲农业和乡村旅游示范乡镇、471个示范村（社区）、666个示范点；同时还拥有国家A级旅游景区272个，其中5A级旅游景区11个，4A级旅游景区140个，3A级旅游景区83个。[①]各县特色产业与旅游分类推进，初步形成四大类本地旅游产品，即以武隆仙女山、石柱黄水、城口亢谷等为代表的乡村避暑纳凉产品；以铜梁安居、荣昌万灵为代表的古镇古村产品；以南川大观园、潼南陈抟花海、垫江乐天花谷为代表的现代农业观光产品；以奉节脐橙、梁平平顶柚采摘为代表的采摘产品。

（2）湖南地区旅游韧性较强

2020年，湖南省的旅游业受冲击较小，与2019年相比，2020年旅游收入仅小幅度下降。其原因在于：第一，湖南省采取了较为有效的防控措施；第二，湖南省湘西为外出务工流出区域，大量外出务工人员返乡后受特殊经济形势影响而滞留农村，为当地旅游业发展带来巨大消费潜力。

3）县域变化差异

利用ArcGIS10.8的自然断点分级法将区域内旅游发展水平数据划分为低水平、较低水平、中等水平、较高水平与高水平5个等级。按照旅游发展阶段，

---

① 重庆市文化和旅游发展委员会. 2022年重庆市旅游业统计公报［EB/OL］.（2023-05-05）［2024-12-06］. http://whlyw.cq.gov.cn/wlzx_221/sjfb/202305/t20230505_11935196.html.

选取2010年、2014年、2019年和2020年4个时间节点数据，揭示湘鄂渝黔接壤地区各县域的旅游发展水平演变特征（见表4-3）。从湘鄂渝黔接壤地区旅游发展的时序特征来看，2010年50个贫困县的旅游发展水平以低水平为主，共23个，占比46%；较高水平的仅重庆市的万州区与湖南省的石门县两地，高水平的仅有湖北省的神农架林区。2014年，区域内旅游业发展缓慢，低水平旅游发展地共16个，占比32%。而武隆区从较低水平跃至高水平，镇远县从中等水平升至较高水平，凤凰县、恩施市从中等水平升至高水平。到2019年，低水平旅游发展地降低至24%；较高和高发展水平地从2014年的11个增加到19个，占比达38%；高发展水平地包括武隆区、彭水县、黔江区、万州区、习水县、桐梓县、恩施市和凤凰县。2020年受特殊经济形势影响，旅游业发展有所下降。42个县旅游发展水平处于中等水平以下，占比达84%；较高和高旅游发展水平地仅有9个，它们是神农架林区、武隆区、石柱县、彭水县、黔江区、习水县、玉屏侗族自治县、镇远县和凤凰县。

表4-3　　　　　　　　　　各县旅游发展水平的演变

序号	省（直辖市）	地　名	2010年	2014年	2019年	2020年
1		道真仡佬族苗族自治县	低水平	低水平	较低水平	较低水平
2		锦屏县	较低水平	较低水平	较低水平	中等水平
3		黎平县	较低水平	较低水平	中等水平	中等水平
4		三穗县	低水平	低水平	低水平	中等水平
5		松桃苗族自治县	较低水平	中等水平	较高水平	中等水平
6		天柱县	低水平	低水平	低水平	较低水平
7	贵州省	桐梓县	中等水平	中等水平	高水平	中等水平
8		万山区	低水平	低水平	低水平	较低水平
9		务川仡佬族苗族自治县	低水平	低水平	较低水平	较低水平
10		习水县	较低水平	较低水平	高水平	较高水平
11		沿河土家族自治县	较低水平	中等水平	较高水平	较低水平
12		印江土家族苗族自治县	较低水平	中等水平	较高水平	中等水平
13		玉屏侗族自治县	较低水平	较低水平	中等水平	较高水平

续表

序号	省（直辖市）	地　名	2010年	2014年	2019年	2020年
14	贵州省	镇远县	中等水平	较高水平	较高水平	较高水平
15		正安县	低水平	低水平	低水平	较低水平
16	湖北省	巴东县	中等水平	较高水平	较高水平	较低水平
17		恩施市	中等水平	高水平	高水平	较低水平
18		鹤峰县	低水平	低水平	低水平	低水平
19		建始县	中等水平	较低水平	较低水平	低水平
20		来凤县	低水平	低水平	低水平	低水平
21		利川市	中等水平	较高水平	较高水平	低水平
22		神农架林区	高水平	中等水平	中等水平	高水平
23		五峰土家族自治县	低水平	较低水平	较低水平	较低水平
24		咸丰县	较低水平	较高水平	中等水平	较低水平
25		宣恩县	低水平	低水平	低水平	低水平
26		竹山县	低水平	低水平	较低水平	较低水平
27		竹溪县	低水平	低水平	低水平	较低水平
28	湖南省	保靖县	低水平	低水平	低水平	较低水平
29		凤凰县	中等水平	高水平	高水平	高水平
30		花垣县	低水平	低水平	较低水平	中等水平
31		会同县	低水平	低水平	低水平	较低水平
32		靖州苗族侗族自治县	低水平	低水平	低水平	较低水平
33		龙山县	较低水平	较低水平	中等水平	较低水平
34		麻阳苗族自治县	低水平	低水平	低水平	低水平
35		桑植县	较低水平	较低水平	较低水平	较低水平
36		石门县	较高水平	较高水平	中等水平	较低水平

续表

序号	省（直辖市）	地　名	2010年	2014年	2019年	2020年
37	湖南省	通道侗族自治县	低水平	较低水平	较低水平	中等水平
38		新晃侗族自治县	中等水平	中等水平	较低水平	中等水平
39		芷江侗族自治县	较低水平	中等水平	较低水平	较低水平
40	重庆市	奉节县	中等水平	较高水平	较高水平	中等水平
41		彭水苗族土家族自治县	低水平	较高水平	高水平	较高水平
42		黔江区	较低水平	中等水平	高水平	较高水平
43		石柱土家族自治县	中等水平	中等水平	较高水平	较高水平
44		万州区	较高水平	较高水平	高水平	较低水平
45		巫山县	中等水平	中等水平	较高水平	较低水平
46		巫溪县	低水平	较低水平	较低水平	较低水平
47		武隆区	较低水平	高水平	高水平	高水平
48		秀山土家族苗族自治县	低水平	较低水平	中等水平	中等水平
49		酉阳土家族苗族自治县	低水平	中等水平	较高水平	较低水平
50		云阳县	低水平	较低水平	较高水平	较低水平

4.2.2　县域旅游发展水平的空间差异

1）空间分布格局

分析图4-2至图4-5，再结合湘鄂渝黔4省（直辖市）的地图，可以观察到该区域50个贫困县的旅游发展水平在空间分布上的显著特征。总体而言，这些县域的旅游发展水平呈现出"西强东弱，北高南低"的格局。具体来说，2010年，在4省（直辖市）交会处形成了一个明显的中部"洼地"，反映出该区域当时的旅游发展水平相对滞后。然而，随着时间的推移，旅游资源逐渐向4省（直辖市）交会处聚集，最终演变为一个旅游"高地"，显示出该区域旅游经济的显著提升和空间集聚效应的增强。

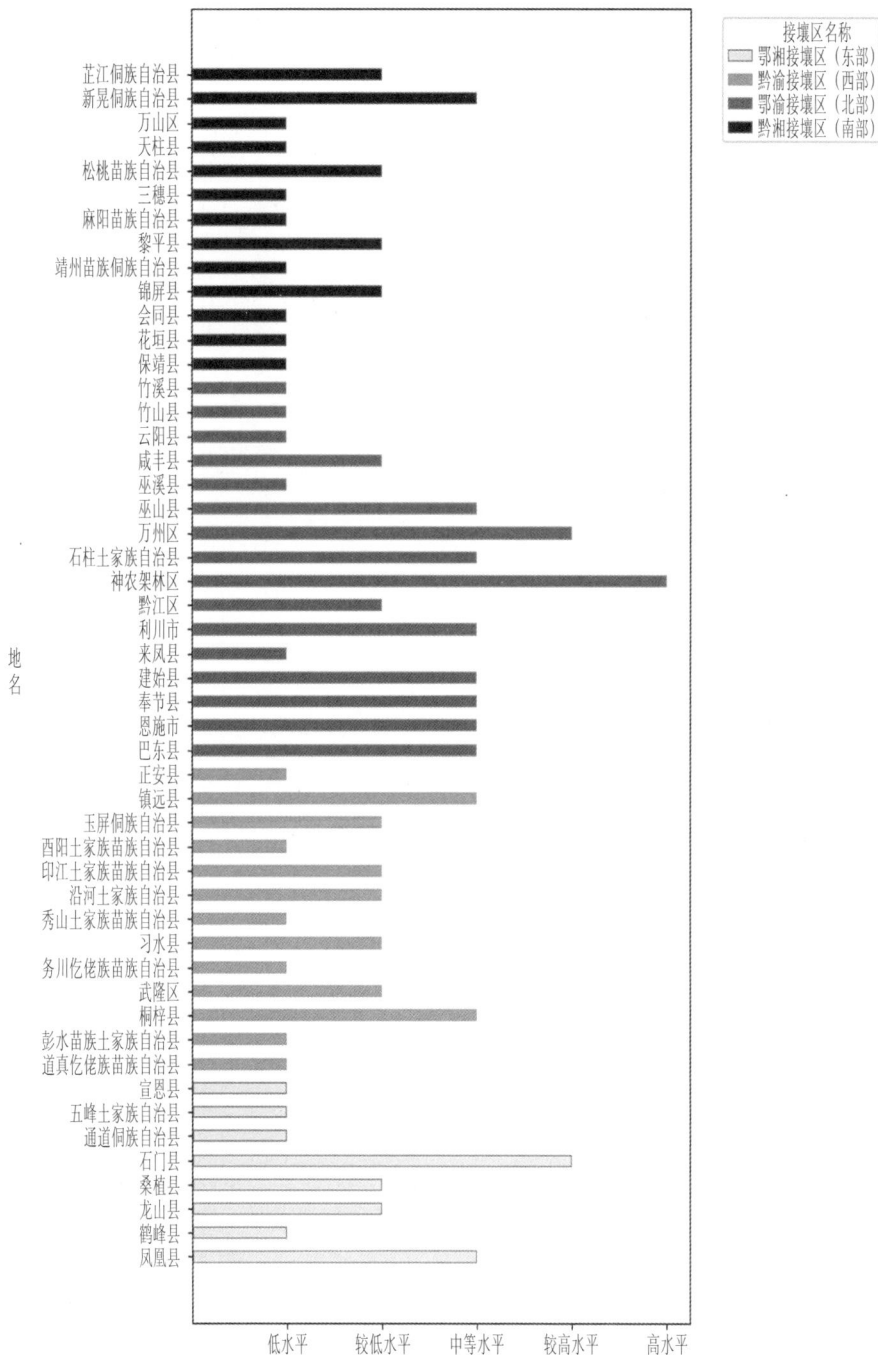

图 4-2　2010 年各县域旅游发展水平

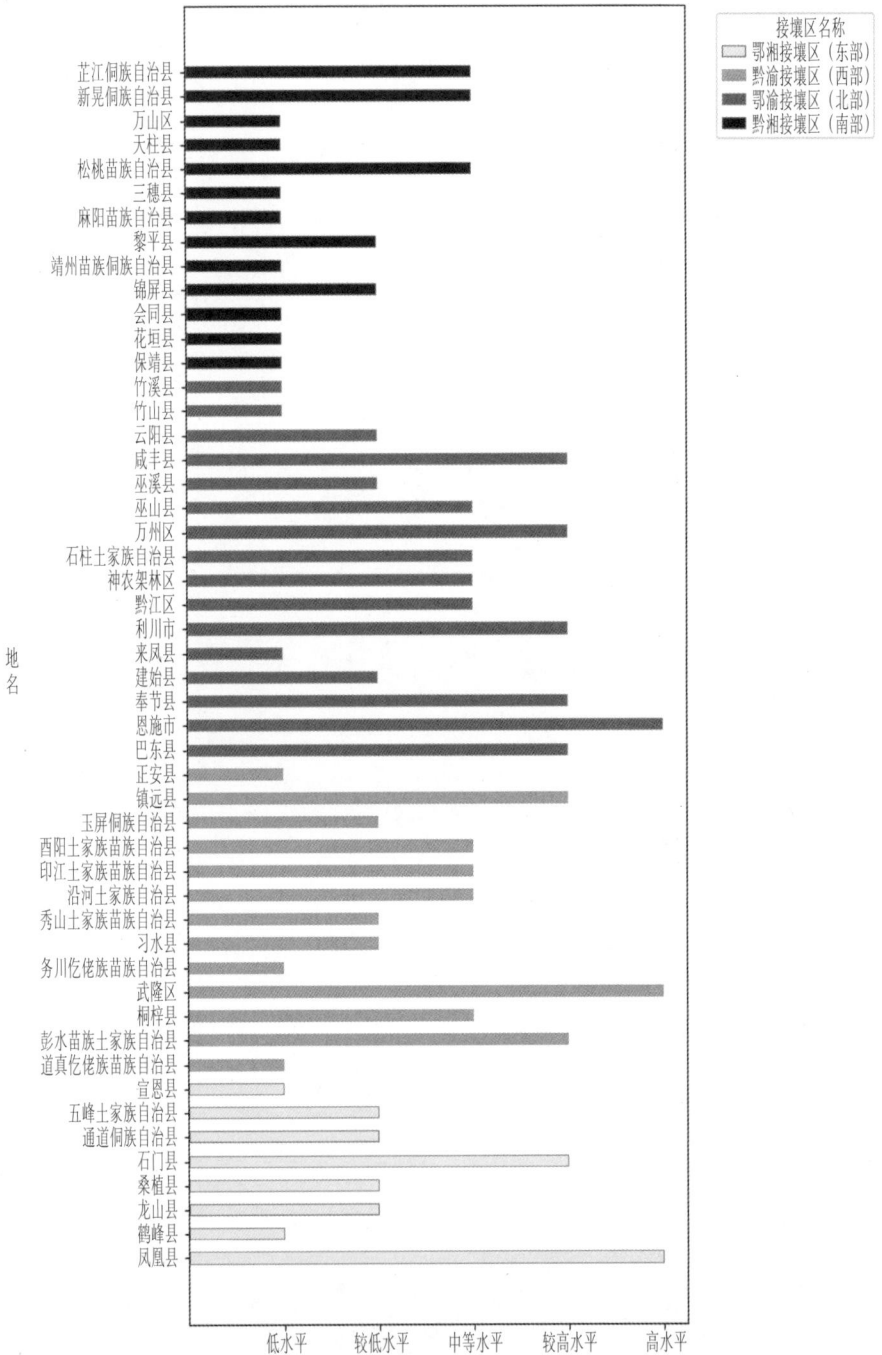

图4-3　2014年各县域旅游发展水平

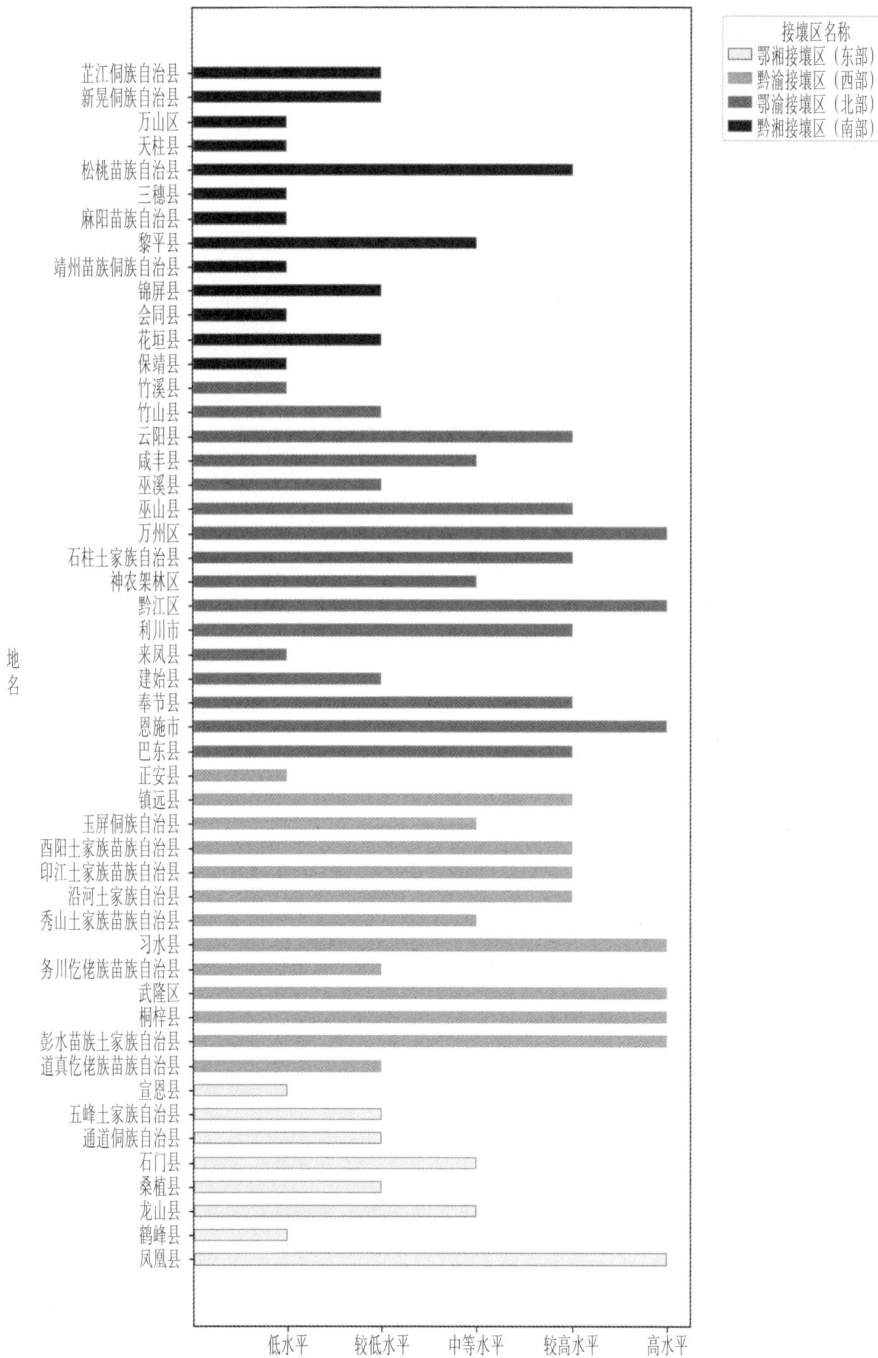

图 4-4　2019 年各县域旅游发展水平

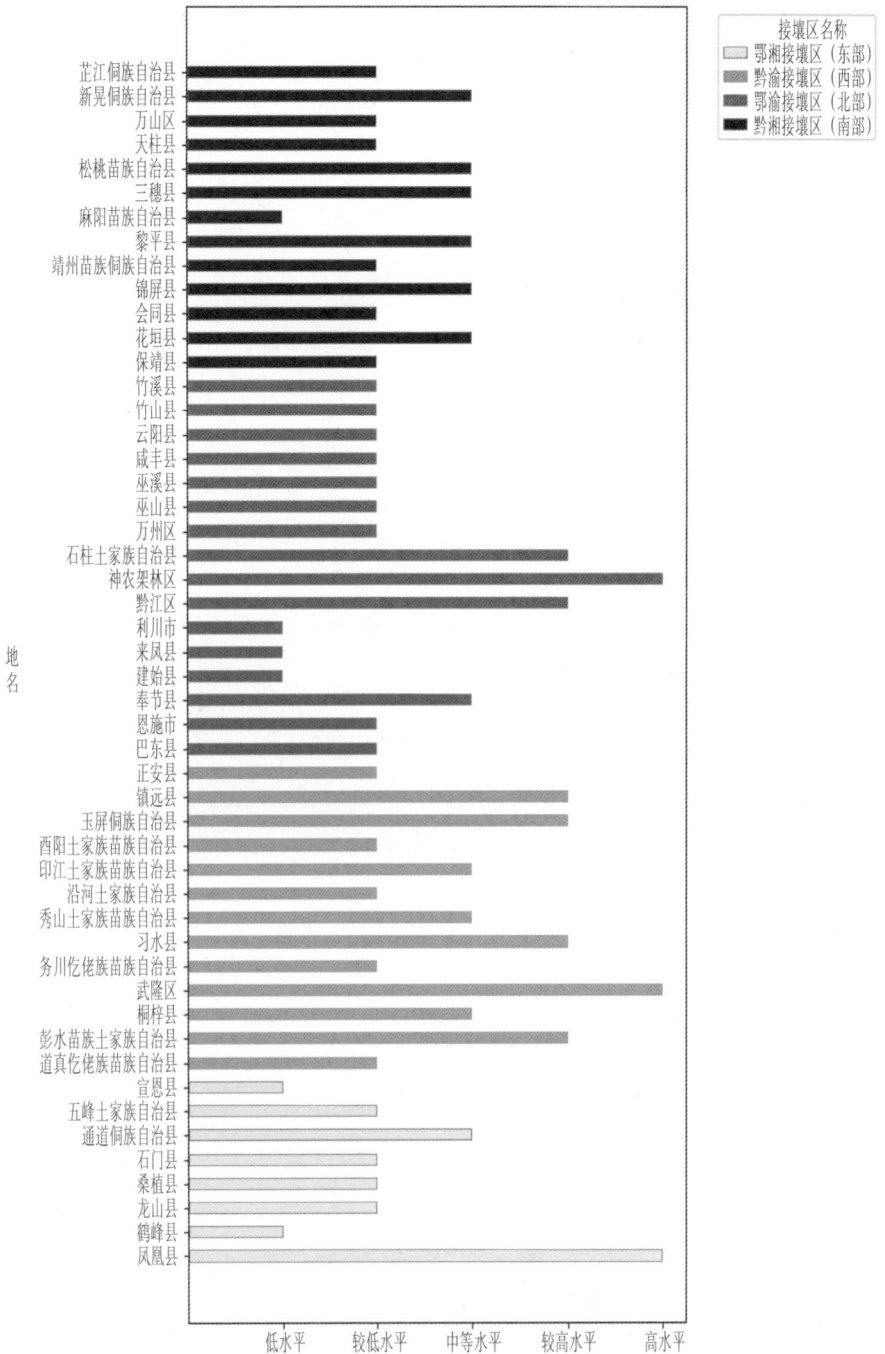

图 4-5　2020 年各县域旅游发展水平

在此过程中，黔江区、彭水县和武隆区等重庆贫困县，以及湖南省的凤凰县，逐渐成为两大主要的旅游发展中心。同时，秀山县、酉阳县、沿河县、印江县、松桃县等地形成了连接这些中心的中间地带，构成了该区域的旅游发展格局。这一变化趋势表明，通过凤凰县、黔江区、彭水县和武隆区等核心地区的引领、示范与辐射效应，周边地区的旅游经济得到了显著的带动，从而形成了一个连带的旅游发展新格局。这一空间格局的演变不仅反映了区域内旅游资源的重新配置与优化，还揭示了旅游发展政策与区域合作在促进贫困地区经济增长中的重要作用。通过核心旅游地区的辐射效应，整个湘鄂渝黔接壤地区的旅游发展呈现出一种由点及面、由中心向外围扩散的动态过程，为区域经济的协调发展提供了有力支撑。

2）行政边界视角下的空间分布

结合4省（直辖市）的省际行政边界的角度分析：

（1）鄂湘接壤地区（东部）

在鄂湘接壤地区，县域旅游发展水平总体呈现下降趋势。例如，湖南省石门县的旅游发展水平从2010年的较高水平逐渐下降至2019年的中等水平和2020年的较低水平，反映出该区域旅游经济的相对衰退。

（2）黔渝接壤地区（西部）

黔渝接壤地区的旅游发展表现出明显的区域差异。尽管贵州省的习水县与桐梓县在旅游增长方面表现突出，但道真县、务川县和正安县的旅游发展水平在12年间未见显著提升。相比之下，重庆的武隆区和彭水县的旅游发展水平在2014年和2019年分别上升至高水平，显示出较强的旅游发展潜力，但其对外的溢出效应并不显著。

（3）黔湘接壤地区（南部）

黔湘接壤地区的旅游业发展并未形成湖南与贵州两省的合力，而是以贵州省为主导。贵州省的天柱县、锦屏县与黎平县的旅游发展水平均有不同程度的提升，表明该区域的旅游经济发展正在逐步增强。

（4）鄂渝接壤地区（北部）

鄂渝接壤地区初步形成了旅游发展的合力格局，尤其是重庆奉节县与湖北恩施市两地的旅游发展表现较为突出，显示出跨省（直辖市）合作的潜力。

(5) 湘黔渝接壤地区 (中部)

在湘黔渝三地接壤的中部地区，以酉阳县为中心，形成了包括沿河县、印江县、松桃县、凤凰县、花垣县、秀山县、黔江区、彭水县在内的密集旅游发展区域。该区域的旅游发展呈现出协同增长的趋势，表明跨省（直辖市）边界的旅游合作正在逐步加强，形成了较为紧密的旅游经济带。

4.3　湘鄂渝黔接壤地区多维贫困评价

4.3.1　湘鄂渝黔接壤地区总体贫困情况

根据4.1.3节的公式计算，可以得出各县不同时间段的县域多维贫困指标。表4-4给出了总体的县域多维贫困情况。总体来看，在2010—2020年50个县共计550个样本中，仅10个样本处于非多维贫困，大部分县面临多维贫困困境，10个样本处于极度多维贫困中。

表4-4　　　　　　　　　　　县域多维贫困总体情况

多维贫困程度	多维贫困剥夺分值	数量
非多维贫困	[0～0.2]	10
轻度多维贫困	(0.2～0.4]	113
中度多维贫困	(0.4～0.6]	291
重度多维贫困	(0.6～0.8]	126
极度多维贫困	(0.8～1.0]	10

4.3.2　湘鄂渝黔接壤地区各省（直辖市）贫困差异

表4-5为湘鄂渝黔接壤地区分省（直辖市）的县域多维贫困情况。从样本的绝对数来看，贵州省的多维贫困状况较为严重，其次是湖南省，再次是湖北省，最轻的为重庆市。从样本的组间相对数来看，依然是贵州省的接壤地区存在较严重的多维贫困，其次为湖南省，再次为湖北省，最后是重庆市。从多维

贫困程度来看，重庆市多属轻度多维贫困和中度多维贫困，其次为重度多维贫困；湖北省多属中度多维贫困，其次为重度多维贫困和轻度多维贫困；湖南省多属中度多维贫困，其次为轻度多维贫困和重度多维贫困；贵州省多属中度多维贫困，其次为重度多维贫困，同时占有所有的 10 个极度多维贫困样本。

表4-5　　　　　　　　分省（直辖市）县域多维贫困情况

多维贫困程度	重庆市	湖北省	湖南省	贵州省
非多维贫困	2（1.65%）	5（3.78%）	3（2.27%）	0（0.00%）
轻度多维贫困	44（36.36%）	21（15.91%）	30（22.27%）	18（10.90%）
中度多维贫困	44（36.36%）	73（55.30%）	72（54.54%）	102（61.82%）
重度多维贫困	31（25.62%）	33（25.00%）	27（20.45%）	35（21.21%）
极度多维贫困	0（0.00%）	0（0.00%）	0（0.00%）	10（6.06%）
合　计	121	132	132	165

4.4　湘鄂渝黔接壤地区旅游脱贫效益评价

4.4.1　县域旅游脱贫效益

为了从统计学角度判断旅游与贫困的关系，对模型（4-6）进行线性回归估计，结果见表4-6。列1是简单的旅游发展对多维贫困的影响，旅游发展的系数为-0.018，且在1%的水平上显著，表明旅游发展与多维贫困之间存在显著的相关关系。进一步剔除其他因素对模型估计的影响，在考虑模型内生性问题下，列2添加了地区生产总值、产业结构和人口规模。结果表明，旅游发展与多维贫困的系数为-0.015，在5%的水平上显著负相关，意味着旅游收入每增长1%，当地多维贫困系数下降0.015。从该结果来看，无论是统计学还是经济学含义，旅游的扶贫效益都是显著的。使用旅游人数来衡量旅游发展程度以提高旅游发展与多维贫困的估计稳健性。替换解释变量后，对列1和列2再次估计，结果见列3和列4。实证估计结果表明，旅游发展依然会显著降低当地的多维贫困状况，旅游人数每增长1%，多维贫困指数下降0.028。

表4-6 旅游发展与多维贫困的关系

项 目	列 1	列 2	列 3	列 4
	多维贫困			
旅游发展	−0.018***	−0.015**	−0.026***	−0.028***
	(0.004)	(0.006)	(0.004)	(0.007)
地区生产总值		−0.009		−0.006
		(0.018)		(0.017)
产业结构		−0.015***		−0.011**
		(0.005)		(0.005)
人口规模		0.055***		0.063***
		(0.018)		(0.018)
时间固定效益	控制	控制	控制	控制
县固定效益	控制	控制	控制	控制
截距项	0.554***	0.498***	0.653***	0.537***
	(0.013)	(0.173)	(0.026)	(0.168)
观测值	600	600	600	600
R^2	0.036	0.157	0.051	0.172

注：***、**和*分别表示在1%、5%和10%的水平上显著，括号中为稳健标准误。

4.4.2 县域旅游脱贫效益时间演变

1）旅游脱贫效益总体变动情况

对各年旅游的扶贫效益进行估计，估计系数报告如图4-6所示。从图中可以看出，总体而言，2010—2021年，湘鄂渝黔接壤地区的旅游脱贫效益呈现U形增长趋势。2011年旅游对扶贫的估计系数接近0.01，即扶贫效益达到最低点，于2015年攀升至最高点。其原因可能在于：2013—2014年我国开始展开脱贫工作，2015年打响全面脱贫攻坚战，在政府转移支付、基础设施建设、产业脱贫与公共服务方面加强供给，以促进贫困县经济发展，而这些政策与旅游脱贫相协同，放大了旅游脱贫效益。同时，将旅游发展作为湘鄂渝黔接壤地区脱贫攻坚的关键策略。"十三五"时期，国家发改委通过组织实施文化旅游提升工程，累计安排中央预算内投入284亿元，极大地推动了贫困地区旅游业的发展。例如，重庆武隆区凭借旅游发展策略，于2017年成功退出国家扶贫开发工作重点县名单，贫困发生率由2014年建档时的14.8%锐减至0.03%，贫困人口人均可支配收入则由2014年的2 215元增长至10 027元。在旅游脱贫期间，为了将特色生态资源转化为脱贫攻坚的发展优势，武隆区根据当地实际情况，制定了"深耕仙女山、错位拓展白马山、以点带面发展本地旅游"的战略，以仙女山、白马山、芙蓉江等区域为核心，统筹规划并开发了全区691处旅游资源。同时，结合各地的生态优势，设计推出了避暑康养游、古寨风情游、慢享时光游等五种不同特色的本地旅游精品线路，这些线路串联起185个乡村，激活了原本"沉睡"的乡村生态资源。

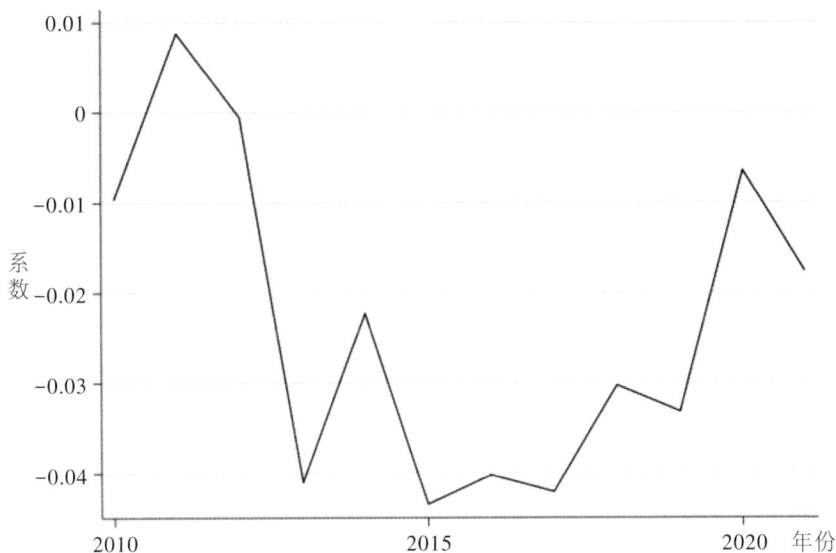

图4-6 各年份旅游脱贫效益

2015—2017年进入旅游脱贫效益逐渐平缓阶段，但总体而言系数依然为负，旅游持续发挥减少贫困的效益。到了2018年和2019年，湘鄂渝黔接壤地区的旅游脱贫效益开始下降，原因是前期阶段旅游脱贫效益过大，大部分地区的贫困有所改善，因此旅游脱贫效益下降。不过得益于前期交通、信息和基础设施建设与特色产业发展，旅游脱贫效益依然显著。该阶段政府工作重点在于实施乡村振兴战略，各地积极探索、主动创新，全面推动本地旅游基础设施建设、提高本地旅游服务质量，促进本地旅游与相关产业融合发展，形成多种特色发展模式，激活本地旅游发展的内生动力。旅游与扶贫相结合，以旅游带动脱贫致富，旅游脱贫得以提质增效。2020年受特殊经济形势影响，旅游脱贫效益急剧下降；2020年后有所改善。

2）旅游脱贫效益区域变动情况

4.4.1节从统计学上证明了旅游脱贫效益显著，本部分将使用地理加权回归来分析旅游脱贫效益的时空演化。选取2010年、2014年、2019年和2020年每个县的旅游脱贫效益，来探讨湘鄂渝黔接壤地区的旅游脱贫效益差异。根据旅游脱贫的系数大小，将旅游脱贫效益分为4类：

一是显著减贫型（$\beta \leqslant -0.02$）。该地区旅游发展对减贫的效益较高，旅游收入每提高10%，可以降低该地区至少2个贫困维度。

二是一般减贫型（$-0.02 \leqslant \beta < -0.01$）。该地区旅游发展对减贫的效益一般，旅游收入每提高10%，可以降低该地区1个贫困维度。

三是轻微减贫型（$-0.01 \leqslant \beta < 0$）。该地区旅游发展对减贫的效益很小，在经济学上并不存在显著关系。

四是权衡制约型（$\beta > 0$）。这类旅游收入的提高不仅不能促进县域经济增长，实现农户脱贫，在当地产业结构不完善、旅游产业规划不合理、外部政策剥夺、市场失效、利益损失的情况下，还会使县域贫困程度加重。

从表4-7可以看出，湘鄂渝黔接壤地区所有县的旅游脱贫效益都于2020年达到了一般减贫型和显著减贫型。其中，湖北省的旅游脱贫效益较为稳定，即使在特殊经济形势的冲击下，其效益大小也维持在显著减贫型，这很有可能是因为湖北最先遭受冲击，其防范效果较好。

以2019年为参考，重点讨论各区域旅游减贫效益的时间变化。2010年，仅湖北省和重庆市部分县的旅游脱贫效益处于一般减贫型，大多数县的旅游发展难以起到显著的减贫效益。到2014年，湖南省的石门县和桑植县，以及湖北省的鹤峰县和五峰县旅游脱贫效益达到了显著减贫型，而贵州省的所有地区均进入权衡制约型，旅游脱贫效益不突出。2019年，贵州省有60%的地区进入显著减贫型，湖北省有58%的地区为显著减贫型，重庆与贵州北部大部分县为一般减贫型，各地旅游脱贫效益明显上涨，贵州省旅游脱贫效益提升显著。

针对2014年结果的变化，官员晋升锦标赛理论为此提供了一种理解地方政府行为和政策结果的框架，特别是在中国的脱贫攻坚和经济发展政策背景下。该理论认为，上级官员主要根据地方经济增长来考核和提拔下级官员。因此，地方政府在招商引资和经济发展方面竞争激烈，地方政府官员积极

表4-7　　　　2010—2020年湘鄂渝黔接壤地区旅游脱贫效益类型

序号	省（直辖市）	地名	2010年	2014年	2019年	2020年
1	贵州省	道真仡佬族苗族自治县	轻微减贫型	权衡制约型	一般减贫型	一般减贫型
2	贵州省	锦屏县	轻微减贫型	权衡制约型	显著减贫型	一般减贫型
3	贵州省	黎平县	轻微减贫型	权衡制约型	显著减贫型	一般减贫型
4	贵州省	三穗县	轻微减贫型	权衡制约型	显著减贫型	一般减贫型
5	贵州省	松桃苗族自治县	轻微减贫型	权衡制约型	显著减贫型	一般减贫型
6	贵州省	天柱县	轻微减贫型	权衡制约型	显著减贫型	一般减贫型
7	贵州省	桐梓县	轻微减贫型	权衡制约型	一般减贫型	一般减贫型
8	贵州省	万山区	轻微减贫型	权衡制约型	显著减贫型	一般减贫型
9	贵州省	务川仡佬族苗族自治县	轻微减贫型	权衡制约型	一般减贫型	一般减贫型
10	贵州省	习水县	轻微减贫型	权衡制约型	一般减贫型	一般减贫型
11	贵州省	沿河土家族自治县	轻微减贫型	权衡制约型	一般减贫型	一般减贫型
12	贵州省	印江土家族苗族自治县	轻微减贫型	权衡制约型	显著减贫型	一般减贫型
13	贵州省	玉屏侗族自治县	轻微减贫型	权衡制约型	显著减贫型	一般减贫型
14	贵州省	镇远县	轻微减贫型	权衡制约型	显著减贫型	一般减贫型
15	贵州省	正安县	轻微减贫型	权衡制约型	一般减贫型	一般减贫型
16	湖北省	巴东县	一般减贫型	一般减贫型	显著减贫型	显著减贫型
17	湖北省	恩施市	轻微减贫型	一般减贫型	一般减贫型	显著减贫型
18	湖北省	鹤峰县	轻微减贫型	显著减贫型	显著减贫型	显著减贫型
19	湖北省	建始县	一般减贫型	一般减贫型	显著减贫型	显著减贫型
20	湖北省	来凤县	轻微减贫型	一般减贫型	一般减贫型	一般减贫型
21	湖北省	利川市	轻微减贫型	轻微减贫型	一般减贫型	显著减贫型
22	湖北省	神农架林区	一般减贫型	一般减贫型	显著减贫型	显著减贫型
23	湖北省	五峰土家族自治县	轻微减贫型	显著减贫型	显著减贫型	显著减贫型
24	湖北省	咸丰县	轻微减贫型	轻微减贫型	一般减贫型	显著减贫型
25	湖北省	宣恩县	轻微减贫型	一般减贫型	一般减贫型	显著减贫型

续表

序号	省（直辖市）	地名	2010年	2014年	2019年	2020年
26	湖北省	竹山县	一般减贫型	轻微减贫型	显著减贫型	显著减贫型
27	湖北省	竹溪县	一般减贫型	轻微减贫型	显著减贫型	显著减贫型
28	湖南省	保靖县	轻微减贫型	轻微减贫型	显著减贫型	一般减贫型
29	湖南省	凤凰县	轻微减贫型	轻微减贫型	显著减贫型	一般减贫型
30	湖南省	花垣县	轻微减贫型	轻微减贫型	显著减贫型	一般减贫型
31	湖南省	会同县	轻微减贫型	轻微减贫型	显著减贫型	一般减贫型
32	湖南省	靖州苗族侗族自治县	轻微减贫型	轻微减贫型	显著减贫型	一般减贫型
33	湖南省	龙山县	轻微减贫型	一般减贫型	一般减贫型	一般减贫型
34	湖南省	麻阳苗族自治县	轻微减贫型	轻微减贫型	显著减贫型	一般减贫型
35	湖南省	桑植县	轻微减贫型	显著减贫型	显著减贫型	显著减贫型
36	湖南省	石门县	轻微减贫型	显著减贫型	显著减贫型	显著减贫型
37	湖南省	通道侗族自治县	轻微减贫型	轻微减贫型	显著减贫型	一般减贫型
38	湖南省	新晃侗族自治县	轻微减贫型	权衡制约型	显著减贫型	一般减贫型
39	湖南省	芷江侗族自治县	轻微减贫型	轻微减贫型	显著减贫型	一般减贫型
40	重庆市	奉节县	一般减贫型	轻微减贫型	一般减贫型	显著减贫型
41	重庆市	彭水苗族土家族自治县	轻微减贫型	权衡制约型	一般减贫型	一般减贫型
42	重庆市	黔江区	轻微减贫型	轻微减贫型	一般减贫型	一般减贫型
43	重庆市	石柱土家族自治县	轻微减贫型	轻微减贫型	一般减贫型	一般减贫型
44	重庆市	万州区	轻微减贫型	轻微减贫型	一般减贫型	显著减贫型
45	重庆市	巫山县	一般减贫型	一般减贫型	显著减贫型	显著减贫型
46	重庆市	巫溪县	一般减贫型	轻微减贫型	显著减贫型	显著减贫型
47	重庆市	武隆区	轻微减贫型	权衡制约型	一般减贫型	一般减贫型
48	重庆市	秀山土家族苗族自治县	轻微减贫型	权衡制约型	显著减贫型	一般减贫型
49	重庆市	酉阳土家族苗族自治县	轻微减贫型	权衡制约型	一般减贫型	一般减贫型
50	重庆市	云阳县	一般减贫型	轻微减贫型	一般减贫型	显著减贫型

发展经济，以谋求政治上的升迁（周黎安，2007）。2014年，中国加大了脱贫攻坚的力度，这在地方政府层面激发了对政绩的追求，尤其是在经济和社会发展指标上的表现。这种竞争环境可能导致了以下问题，从而影响了湘鄂渝黔接壤地区的旅游脱贫效益：

第一，竞争导致的合作减少。由于各地方政府需要在政绩考核中突出自身成就，可能减少了与其他地区的合作，更倾向于推动本地区的自给自足和独立发展。这种减少跨地区合作的做法可能导致了规模经济的损失和效率的低下，特别是在需要区域合作的旅游行业，如跨省（直辖市）旅游线路的开发和市场推广等方面。

第二，外部性效益的缺失。在减少与其他省（直辖市）合作的情况下，如贵州等地可能难以获得其他地区旅游发展的正面外部效应，如共同的市场推广、品牌建设、客源分享等。在这种情况下，旅游资源虽然丰富，但由于缺乏有效的区域联动和合作推广，难以吸引更广泛的游客群体。

4.4.3　县域旅游脱贫效益空间演变

根据表4-7、图4-7至图4-10，结合4省（直辖市）地图可知：2010—2020年湘鄂渝黔接壤地区旅游脱贫效益空间分异特征显著，整体呈现出"湖北>湖南>重庆>贵州"的趋势，"鄂湘接壤区（东部）和鄂渝接壤区（北部）>黔渝接壤区（西部）和黔湘接壤区（南部）"的空间态势具有一定的延续性和空间惯性。

湖北省高级别旅游景区数量多、吸引力强，同时积极学习沿海地区先进的旅游发展技术和管理经验，出台了许多旅游产业发展政策，最终使旅游脱贫效益更高。

湖南省西部拥有丰富的旅游资源，其中以凤凰古城为代表的旅游景点不仅享誉国内外，而且吸引力强，旅游基础设施也相对完善。此外，以怀化为中心的"湘黔滇门户"高铁枢纽极大地推动了湖南西部的旅游发展，加速了区域内外的人流和物流，为当地旅游业带来了新的生机和活力。

重庆市的旅游资源分布存在不均现象，且受限于交通和承载能力的局限，其旅游基础设施相对较落后。特别是在多山多水的区域，旅游资源的开发成本显著增加。此外，重庆曾经盛行的"旅游+地产"开发模式不仅消耗了大量原本用于旅游开发的资金，还对生态环境造成了不小的破坏，导致旅游业的内生发展动力受到削弱。如武隆仙女山懒坝禅境艺术小镇、仙山里国际文旅生活小镇及白马山休闲度假小镇等旅游项目，虽有其独特魅力，但在综合发展上仍显不足。

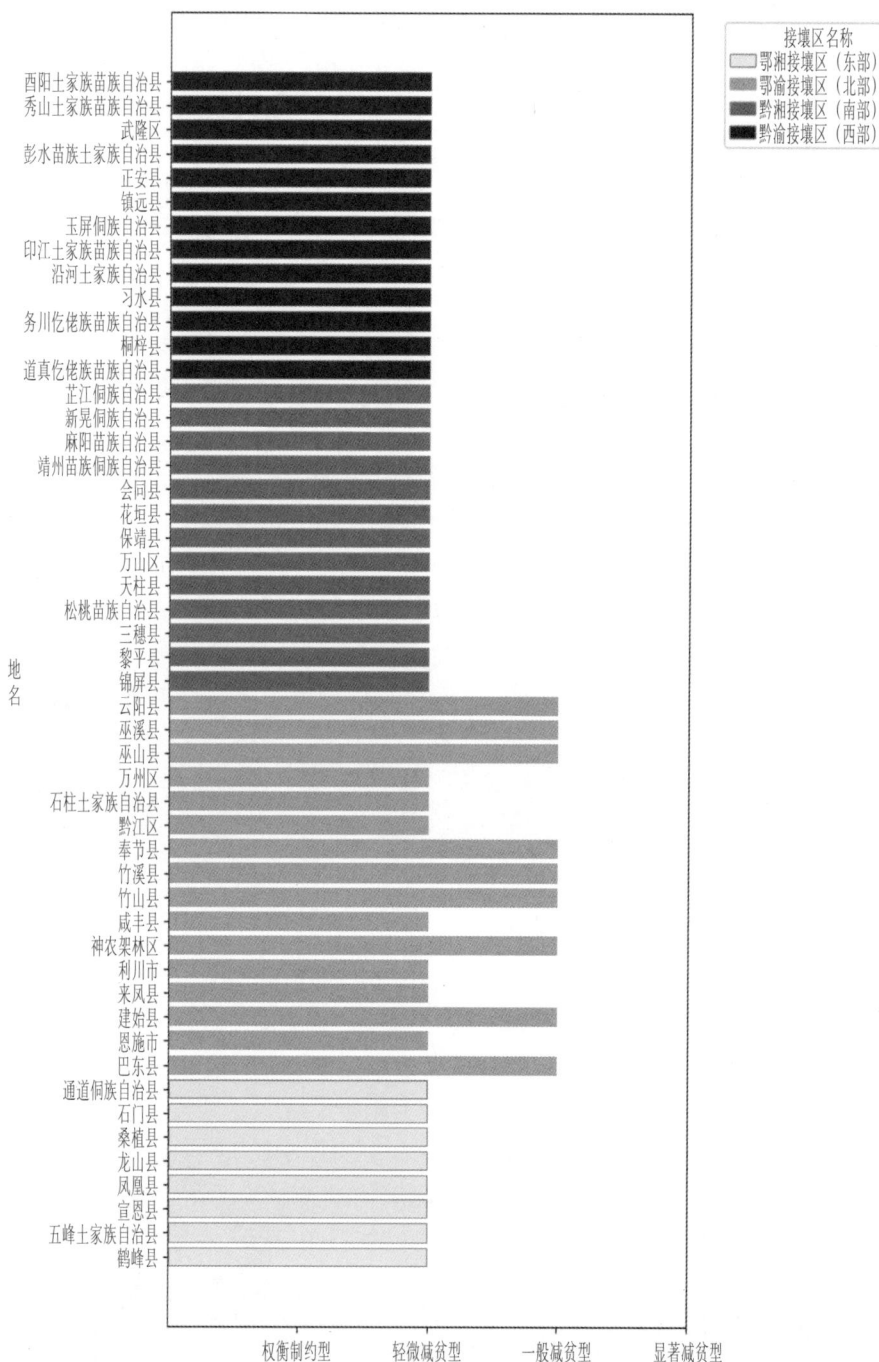

图4-7 2010年旅游脱贫效益类型

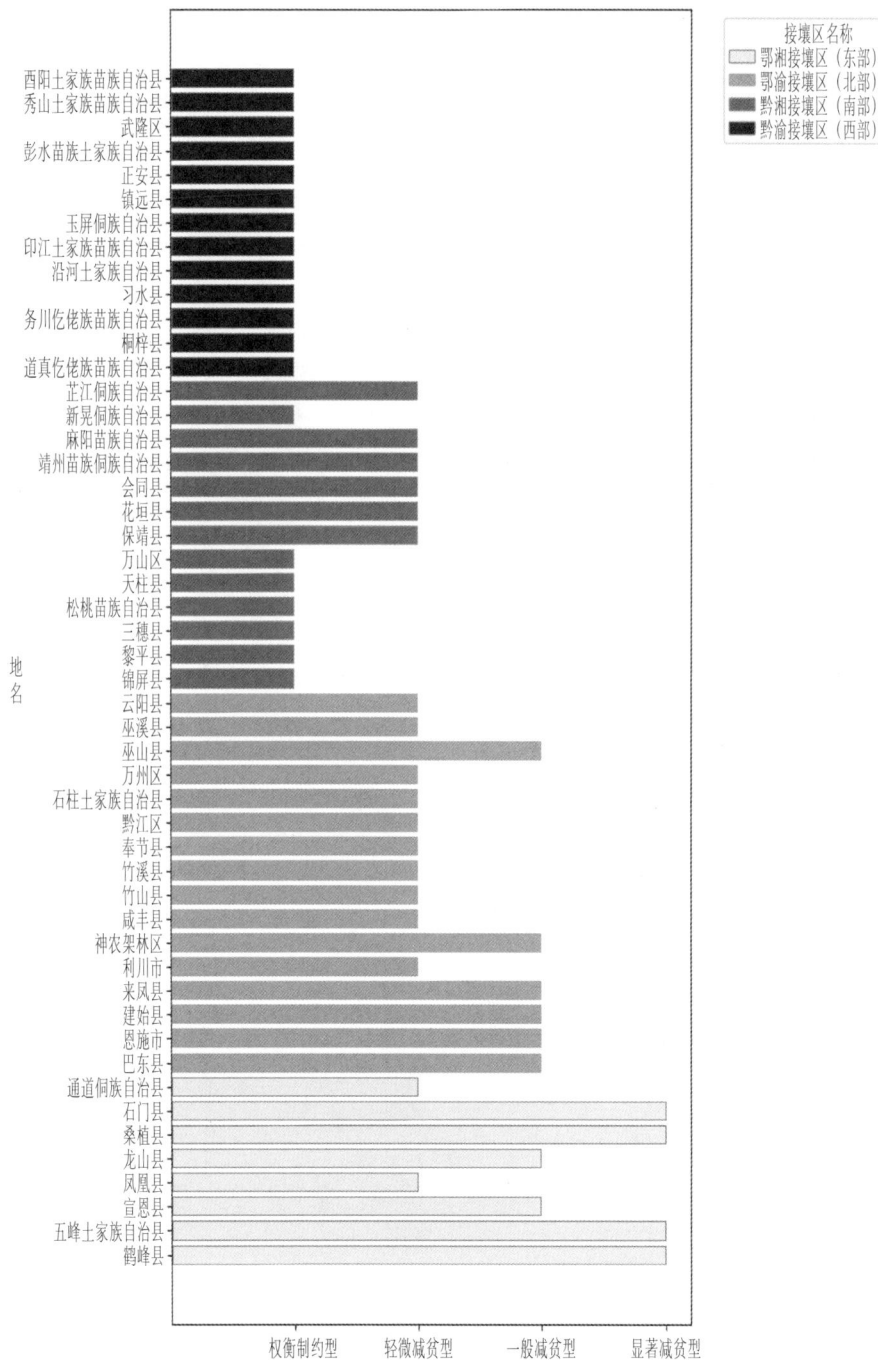

图4-8　2014年旅游脱贫效益类型

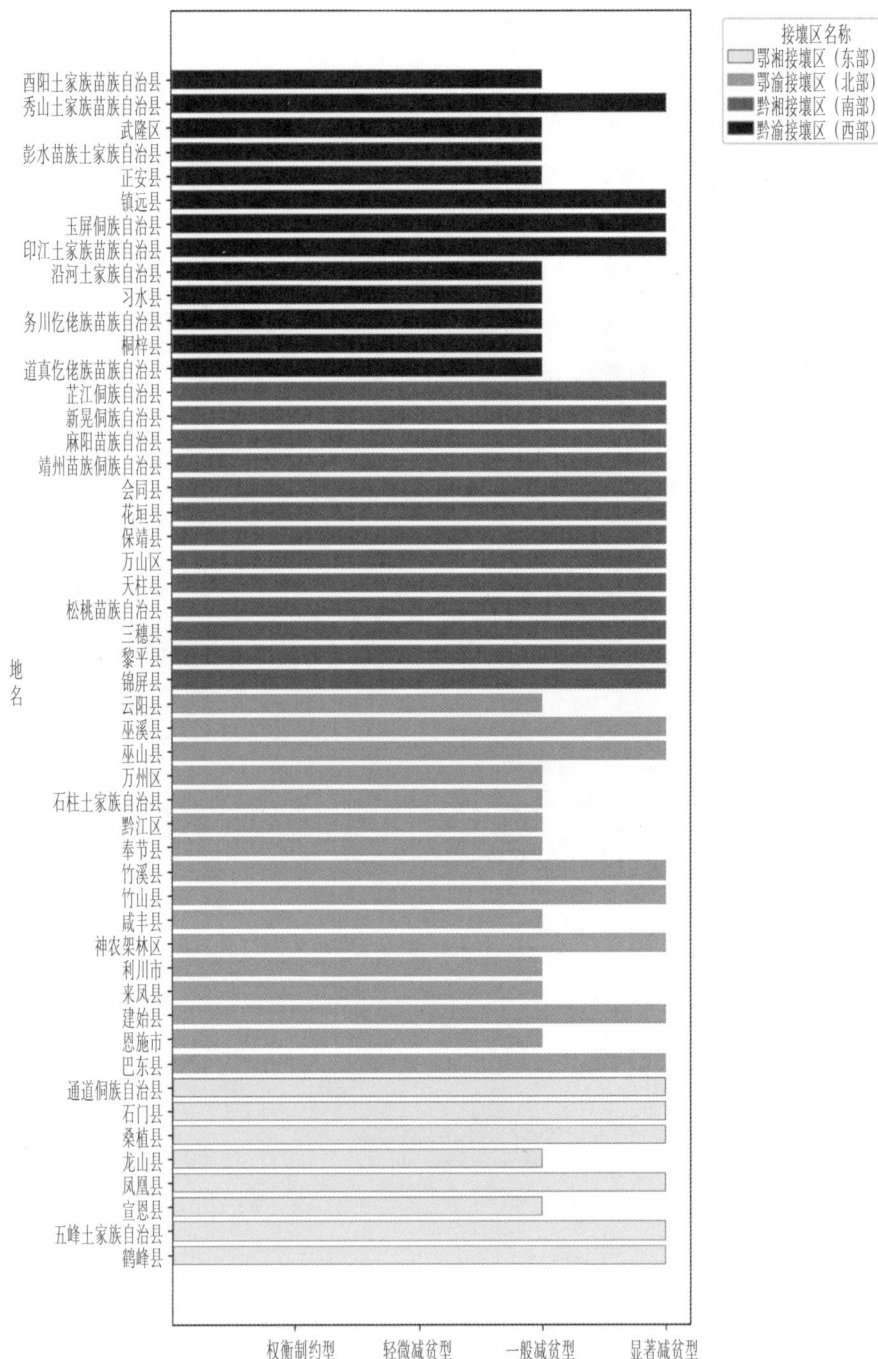

图4-9　2019年旅游脱贫效益类型

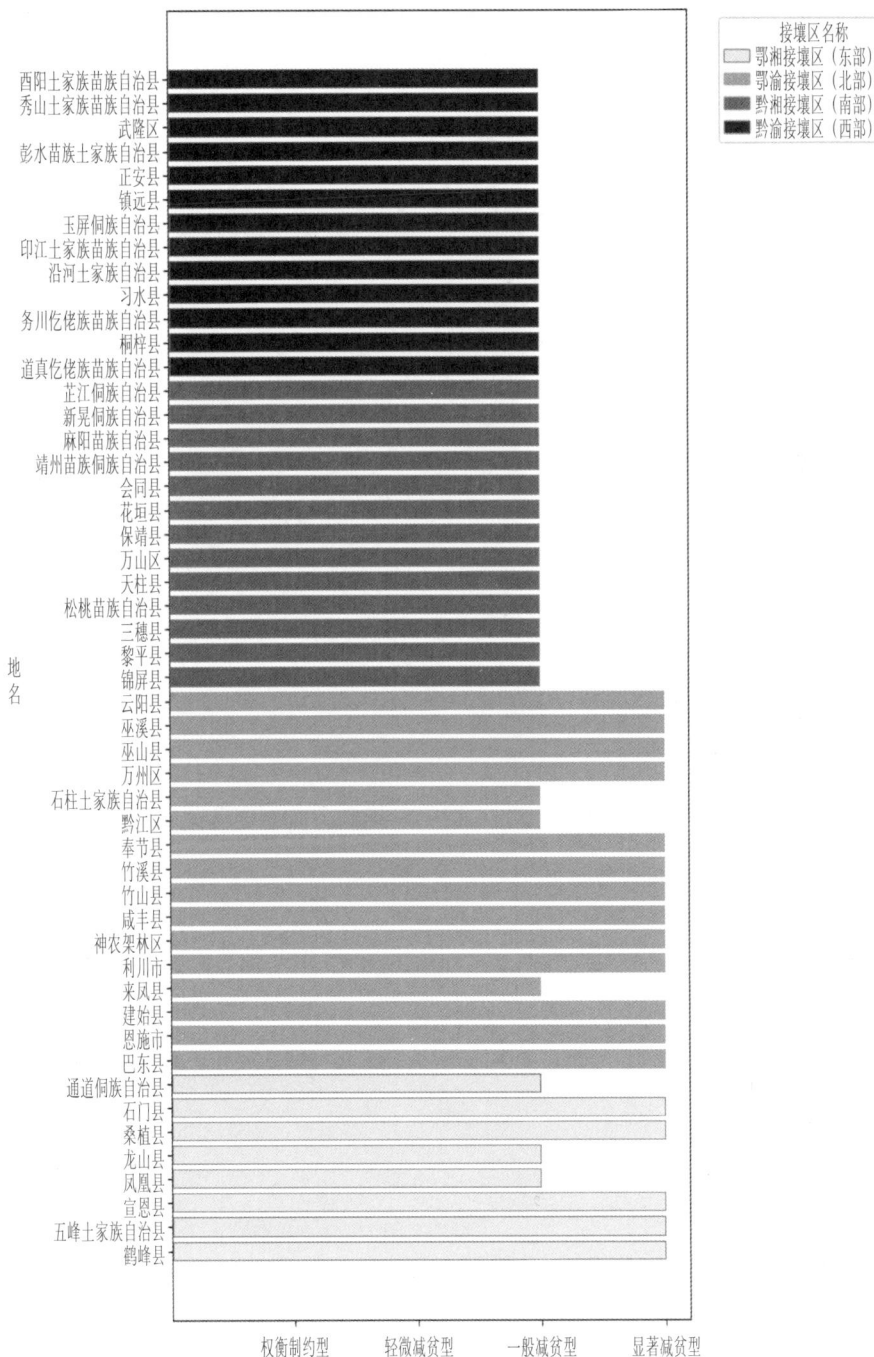

图4-10　2020年旅游脱贫效益类型

贵州省同样面临旅游资源稀缺和多山地貌的挑战，这使得旅游开发难度加大，旅游配套设施和产业开发潜力有限。尽管该地区内的旅游发展并未形成明显的集聚效应，但从总体趋势来看，存在一定的由东北向西南方向扩散和辐射趋势，这表明区域旅游业尚有发展和优化的空间。

综上所述，湖南省西部与重庆、贵州接壤地区在旅游资源开发和利用方面面临着各自独特的挑战和机遇。通过更加合理的规划和资源配置，这些区域有潜力进一步促进其旅游业的可持续发展。

从省（直辖市）际行政区界的角度来看，这些地区从"竞争"向"共赢"转变的特征非常明显。例如，2014年湘鄂渝黔接壤地区在旅游减贫效益上呈现出明显的行政区界限，其中一般减贫型、轻微减贫型与权衡制约型在各交会点呈现出清晰的分野。然而，到了2019年，4省（直辖市）交会处表现出了较为明显的共赢特征，特别是湖南与贵州的接壤县均达到了显著减贫型。重庆与贵州的接壤县也从均衡制约型跃升为一般减贫型。这种转变与4省（直辖市）之间在旅游资源共享与合作上的努力密切相关。2018年，湘鄂渝黔4省（直辖市）政协签署了《湘鄂渝黔旅游产业扶贫合作框架协议》，旨在全面构建"湘鄂渝黔黄金旅游经济圈"。协议中提出，将具有独特资源、发展潜力、市场前景、群众意愿及扶贫带动力强的贫困地区作为旅游产业扶贫开发的重点，通过打破行政区划壁垒和跨区域交通的障碍，利用武陵山片区具有品牌影响力的优势旅游资源，进行整体包装和营销，以开发新型旅游产品，带动周边旅游扶贫产品的开发。具体措施包括推出针对旅游产业扶贫的奖励支持政策，通过电视媒体互推、广告资源互换和旅游官网互联等方式宣传旅游，建立共享平台互推客源市场，推动区域联动，维护市场秩序，以及整合湘鄂渝黔地区旅游人才资源，建立专家智库和旅游优质师资共享平台等。[1]这些措施旨在促进区域内旅游业的共同发展，从而实现了更广泛的地区协同高质量发展。

4.5　湘鄂渝黔接壤地区旅游减贫的边界效应探索

在中国经济的高质量发展进程中，区域经济均衡发展成为国家战略的重要组成。行政边界地区，尤其是多省（直辖市）接壤的湘鄂渝黔区域，因其特殊的地理位置和行政划分，长期面临发展相对滞后的问题。这些地区的发展不仅

---

① 唐亚新，陈昂昂. 湘鄂渝黔旅游产业扶贫合作达成框架协议［EB/OL］. (2018-11-01)［2024-07-11］. https://hnrb.voc.com.cn/article/201811/201811010744127532003.html.

关系到国民经济大循环的顺畅，也是促进区域经济高质量发展的关键。因此，研究如何利用旅游业促进这些地区的经济发展，对缩小区域发展差异、推动共同富裕具有重要的现实意义。

行政边界区域的发展落后主要受到地理障碍和行政分割的双重影响。地理上，这些地区往往位于不利于经济交流的山脉、河流之间，自然条件相对恶劣；行政上，由于分属不同的行政单位，政策协同难度增大，资源配置效率低下。这些因素共同作用，形成了所谓的"边界效应"，不仅阻碍了地区经济的内生增长，也限制了外部投资和资源的流入。湘鄂渝黔接壤贫困地区之所以长期处于经济发展的劣势位置，主要是因为它们远离政治经济文化发达的城市中心，地理位置上的边缘化导致这些地区难以获得促进经济发展的政策支持。同时，行政边界的存在增加了基础设施建设、生产要素和服务体系的流动成本，加剧了物流等要素流动的困难，这不仅造成了当地经济发展的阻碍，也影响了这些地区自身的内生性发展能力，从而导致了长期的整体性贫困。

在解决行政边界区域发展滞后问题的诸多策略中，旅游业因其独特的优势而成为一种有效的经济发展手段。湘鄂渝黔接壤贫困地区在逆境中具有强大的发展潜力和机遇。这些地区山水相连，如酉水、沅江、武陵山等，共享相似的语言、民族和风俗，如土家族、苗族、侗族等。旅游资源在这些地区不仅具有同型性，如武陵山区的自然山水风光、民族风情，黔东与湘西的夜郎古国文化、古镇古城风情，而且具有互补性，如黔东的铜仁梵净山自然山水与湘西的吉首、凤凰古城人文景观的互补。因此，通过区域合作发展旅游，不仅可以有效利用这些自然和人文旅游资源，还能促进区域经济的共同增长。

本书采用卫星灯光数据作为经济活动的代理指标，探讨了旅游业发展对湘鄂渝黔等多省（直辖市）接壤区经济增长的具体影响。通过对这些独特区域的深入分析，我们发现旅游业对于促进经济增长具有显著的正面效应，特别是在与多个省（直辖市）接壤的区域，这种效应更为明显。本书将进一步探讨旅游业如何通过跨界合作与共赢的策略，为这些边界区域带来经济上的转型和社会上的进步，最终实现"脱真贫、真脱贫"的目标。

4.5.1 研究数据与研究设计

1）县级行政边界地区的经济发展

考察旅游业发展对行政边界地区经济发展的影响，首先必须有合适的数据来刻画边界地区和非边界地区的经济发展。传统指标如经济总量和人口数量，尽管提供了区域经济的宏观概览，但在描绘经济活动的空间分布上却显得力不从心。这主要是因为这些指标通常以地区总和的形式出现，难以在行政与非行政区域之间作出明确划分。相对而言，夜间卫星灯光数据摆脱了这种限制，能够提供更为细致的信息，从而成为研究行政边界区域经济发展的优选数据源（Pinkovskiy，2017）。事实上，这类数据已被经济学界广泛采纳，不仅作为经济发展的代理指标（Henderson，Storeygard，and Weil，2012），而且频繁应用于探讨城市内部的空间结构（刘修岩、李松林、秦蒙，2016；秦蒙、刘修岩、李松林，2019）、城市群的布局（刘修岩、李松林、秦蒙，2017）以及城乡区域界线的精确勾勒（Guo et al.，2022）方面。因此，本书选择夜间灯光数据作为分析行政边界区域经济发展的主要工具。

在选择夜间灯光数据作为衡量城市行政边界区域经济发展水平的工具后，接下来的挑战便是精确界定行政边界区域的范围。通常，这些区域被定义为从城市各个市级边界线向内部延伸一定宽度的带状区域，沿着边界线纵向展开。然而，确定这一特定宽度并非易事，因为缺乏一个客观的标准来设定其精确宽度。为了确定边界地区的宽度，本书参考郭峰等（2023）的研究采用了一种基于数据的方法，即将全国所有边界镇的质心到市边界的平均距离乘以2（8.5千米）作为衡量标准（如图4-11所示）。以区域A为对象，浅灰色区域称为边界区，深灰色区域称为接壤地区。

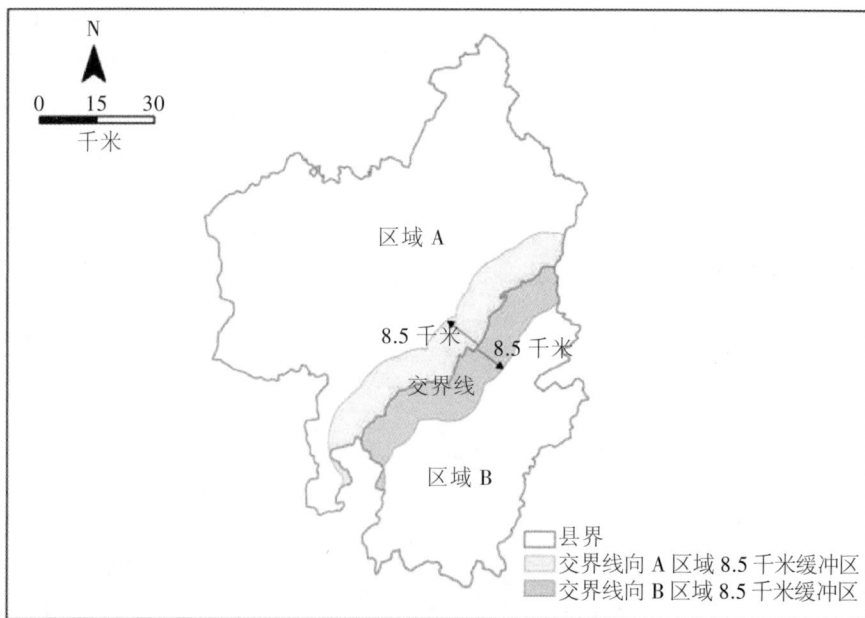

图 4-11　接壤边界区示意图

这种做法基于假设将镇视为形状规则的圆形，则其直径（即质心的双倍宽度）能够代表边界镇的实际宽度。考虑到不同地区边界镇的大小存在显著差异，选取全国平均值作为边界地区宽度的定义既合理又具有代表性。根据研究样本范围，本书选取了50个县，每年选取210个县与县的接壤地区样本，共计2 100个接壤地区样本，其中两省（直辖市）及以上接壤的有960个，同省（直辖市）的县与县接壤地区有1 140个。

本书使用接壤地区夜间灯光数据平均值来衡量当地的经济发展水平，通过比较省（直辖市）内接壤与多省（直辖市）接壤的两组接壤地区样本，能较好地探究旅游业发展跨界合作与共赢。

2）旅游业发展与控制变量

本部分的解释变量为旅游业发展水平，延续上文的做法，使用县级旅游收入对数衡量。同时，控制变量选取产业结构与人口，考虑到政府行为是导致行政边界地区发展落后于非边界地区的重要因素，同时政府行为也深刻影响城市经济发展和经济空间分布，但全面刻画政府行为是非常困难的，为此本书以县级财政支出占县级财政收入的比重来衡量地方政府的能力。

4.5.2 模型构建

在本书中，重点分析的是县级行政边界地区的经济发展状况，为了探究旅游业发展对县级行政边界地区的经济影响，我们建立了以下实证分析模型：

$$Spa_{it} = \alpha_0 + \beta_1 tourism_{it} + X_{it} + \phi_i + \gamma_t + \varepsilon_{it} \tag{4-8}$$

式中：Spa 为用灯光数据衡量的边界经济发展水平；$tourism$ 为旅游发展程度；X 为各种控制变量，包括与灯光数据、旅游发展无直接关系的变量；下标 t 为年份，i 为接壤边界区样本；ϕ 为县固定效益；γ 为时间固定效益；ε 为随机误差项；β_1 为旅游脱贫效益，其系数表示旅游发展程度与县域多维贫困的关系程度，即旅游发展程度每变动1个单位，边界经济发展水平相应变动 β_1 个单位。

4.5.3 实证结果分析

1）基准结果分析

表4-8报告了旅游业发展对行政边界地区经济发展的估计结果。列1为简

单的OLS估计，列2为在控制遗漏变量、个体固定效益与时间固定效益后的估计结果。不难看出，旅游业发展能显著促进行政边界地区的经济发展，这与我们的预期相符。列2的结果表明从总体上来看，旅游业发展能促进行政边界地区的经济增长。这表明湘鄂渝黔接壤地区通过整合不同地区的自然与人文旅游资源，促进区域旅游业协同发展，从而实现了旅游跨界合作与共赢。为更好地揭示省（直辖市）际行政接壤地区的差异，列3和列4将样本分组为省（直辖市）内接壤县与省（直辖市）际接壤县。

表4-8　　　　　　　　　　　　　　　基准估计

项　　目	列1	列2	列3	列4
	全样本		省（直辖市）内接壤县	省（直辖市）际接壤县
旅游发展	3.443**	6.622***	3.136	10.803***
	（1.374）	（2.079）	（2.417）	（3.631）
地区生产总值		−30.974***	−17.615*	−42.134***
		（6.691）	（9.440）	（9.497）
产业结构		23.457***	18.894***	27.514***
		（3.025）	（4.103）	（4.465）
人口规模		−26.667***	−33.121***	−23.393**
		（7.804）	（11.290）	（11.349）
地方财政压力		−2.897**	−5.429***	−0.272
		（1.290）	（1.691）	（1.976）
人口流动程度		33.977	36.300	34.048
		（27.032）	（33.719）	（44.103）
时间固定效益	未控制	控制	控制	控制
县固定效益	未控制	控制	控制	控制
观测值	2 100	2 100	1 140	960
R^2	0.002	0.129	0.120	0.149

注：***、**和*分别表示在1%、5%和10%的水平上显著，括号中为稳健标准误。

结果显示，旅游业发展仅对省（直辖市）际边界的经济增长具有显著的促进效应，而对省（直辖市）内接壤的边界地区不具有显著作用，尽管相关系数为正。究其原因：

（1）政策扶持有差异

武陵山集中连片特困区是湘鄂渝黔接壤地区的核心地带，早在 2010 年国家制定的《武陵山片区区域发展与扶贫攻坚规划（2011—2020）》中就提出，充分利用该区丰富独特的山水生态和民族文化旅游资源优势，推进省（直辖市）际生态文化旅游协作，建成国内外具有重大影响力的生态文化旅游区。2016 年国务院发布的《"十三五"旅游业发展规划》中再次强调，全面推进跨区域资源要素整合，加快旅游产业集聚发展，构筑新型旅游功能区。在一系列文件和政策的支持下，湘鄂渝黔 4 省（直辖市）不断推动接壤地区的基础设施互联互通、产业发展协同合作、公共服务共建共享，以及旅游政策互惠、信息互通、客源互送和资源共享。因此，省（直辖市）际边界区域比省（直辖市）内接壤地区在政策扶持上享受到了更多投资激励措施、税收优惠政策、旅游推广策略等。最终导致省（直辖市）际边界区域旅游脱贫效益更为显著。

（2）多元化差异化旅游需求与潜在市场规模不同

省（直辖市）际边界区域通常可以吸引两个省（直辖市）的旅游客源市场，不仅能为旅客提供两个省（直辖市）的多元化差异化旅游需求，并且潜在市场规模更大。与此相反，省（直辖市）内边界的旅游市场可能仅限于较小的地理范围的客源市场，因此对经济增长的影响较小。

（3）竞争与合作

事实上，行政区边缘经济理论认为，受官员晋升考核体系的影响，省（直辖市）内的接壤县之间存在经济增长与省（直辖市）内排名的"逐底竞争"，因此对于边界这种具有很强外部性扩散效应地区，在资源分配过程往往被忽视。而相邻省（直辖市）之间的接壤边界区并不存在这种来自晋升行为的竞争关系，反而会在省（直辖市）际边界区域形成更加明显的合作关系，以共同吸引更多游客和投资。

2）稳健性检验

为确保上述结果是稳健的，本书设置了一系列方法来证明基准回归结果的稳健性，具体如下：

（1）旅游发展度量的稳健性

本部分使用旅游收入（万元）/旅游人数（万人）以及旅游收入占地区生产总值的比重来衡量该地区的旅游发展水平。估计结果见表4-9的列1和列4。结果表明，使用两种方法替换旅游发展水平变量后，旅游发展依然能显著促进边界经济发展。同样，将样本分为省（直辖市）内接壤与省（直辖市）际接壤进行回归估计，结果依然支持旅游业发展能显著促进湘鄂渝黔接壤区经济发展（列2和列3，列5和列6）。

表4-9   稳健性检验

项　目	列1	列2	列3	列4	列5	列6	列7
	全样本	省（直辖市）内接壤	省（直辖市）际接壤	全样本	省（直辖市）内接壤	省（直辖市）际接壤	相对灯光
旅游发展	0.042***	−0.003	0.061***	27.434***	18.735	37.034**	0.569***
	(0.011)	(0.006)	(0.023)	(8.932)	(16.547)	(14.552)	(0.076)
控制变量	控制	控制	控制	控制	控制	控制	控制
时间固定	控制	控制	控制	控制	控制	控制	控制
县固定	控制	控制	控制	控制	控制	控制	控制
观测值	2 100	1 140	960	2 100	1 140	960	2 100
R^2	0.134	157	0.155	0.124	0.120	0.135	0.051

注：***、**和*分别表示在1%、5%和10%的水平上显著，括号中为稳健标准误。

（2）边界经济发展度量的稳健性

为了更好比较相对于省（直辖市）内接壤边界，省（直辖市）际接壤边界的经济发展是否更易受旅游业发展的影响，本部分重新定义边界经济发展。具体而言，使用省（直辖市）际接壤灯光均值/省（直辖市）内接壤灯光均值来衡量。列7给出了更换被解释变量后的结果。结果显示，旅游业发展显著提高了相对灯光均值，即更好地促进了省（直辖市）际接壤边界的发展。

3）旅游脱贫的边界溢出效应

以上结果初步证实旅游业发展能推动省（直辖市）际接壤地区的经济增

长，有利于脱贫。本部分尝试从边界溢出效应的角度来分析省（直辖市）际接壤地区的经济增长究竟是源自本县的内生发展还是受益于接壤地区的旅游业发展。具体而言，我们以"边界内的灯光均值/边界外的灯光均值"作为因变量，如果回归系数为负数则表明本地旅游业发展能提高接壤地区的经济增长。表4-10列1的结果表明，总体而言本地旅游发展对接壤地区的经济增长不存在显著的溢出效应，但回归系数为负，这可能受限于辛普森悖论，即可能只有部分县的旅游发展存在溢出效应。考虑到不同省（直辖市）旅游资源存在差异，不同省（直辖市）间旅游发展溢出效应也存在差异。列2至列5分别就不同省（直辖市）旅游发展的经济溢出效应做进一步讨论。结果表明，仅有重庆市县域边界的旅游业发展能显著促进接壤地区的经济发展。其原因在于：相比于湖北省、湖南省和贵州省，重庆市的旅游基础设施较为完善，当地旅游人口规模较大，收入较高，旅游需求旺盛，而湖北省、湖南省与贵州省旅游资源较多，从而能从重庆旅游市场中获取有效资源。因此，从结果来看，重庆市旅游业发展在湘鄂渝黔中具有重要的溢出效应，这与本书的理论分析是一致的。

表4-10 湘鄂渝黔接壤地区旅游脱贫的边界溢出效应

项 目	列1	列2	列3	列4	列5
	全样本	重庆市	湖北省	湖南省	贵州省
旅游发展	−0.266	−0.761**	1.265	−0.295	2.006
	(0.194)	(0.335)	(1.684)	(0.638)	(3.235)
控制变量	控制	控制	控制	控制	控制
时间固定	控制	控制	控制	控制	控制
县固定	控制	控制	控制	控制	控制
观测值	960	280	230	240	210
R^2	0.379	0.669	0.212	0.200	0.591

注：***、**、*分别表示在1%、5%和10%的水平上显著，括号中为稳健标准误。

4.6 本章小结

本章对湘鄂渝黔接壤地区旅游脱贫效益进行了分析，从时空演化方面总结了规律。具体而言：

第一，湘鄂渝黔接壤地区的旅游发展形成了以重庆黔江区、彭水县和武隆区以及湖南省凤凰县为主的两个旅游中心，以秀山县、酉阳县、沿河县、印江县、松桃县为中间地带的旅游发展格局。

第二，湘鄂渝黔接壤地区的旅游脱贫效益显著，旅游业发展显著地降低了当地多维贫困，旅游收入每增长1%，当地多维贫困系数下降0.015。

第三，在时间变动趋势上，旅游脱贫效益总体呈现U型变化，2015年旅游脱贫效益最高。

第四，在空间分布上，旅游脱贫效益整体呈现"湖北>湖南>重庆>贵州"和"东北部>西南部"的空间态势，且具有一定的延续性和空间惯性，此外还呈现出"竞争→共赢"的变化态势。

第五，在县域旅游脱贫的影响机制分析中，旅游业对经济效益、社会效益和发展效益都具有较显著的影响，与旅游扶贫存在相似的时间演化特征。

第六，利用2010—2020年的卫星灯光数据对湘鄂渝黔接壤地区旅游业的经济影响进行了深入分析。研究结果表明，省（直辖市）际边界地区不存在边界效应，反而存在合作共赢效益，而省（直辖市）内的边界地区存在边界效应。特别是重庆市，作为四地接壤的关键节点，其旅游业的发展不仅提升了本地经济，而且对周边省（直辖市）产生了积极的溢出效应，推动了整个区域经济的共同繁荣。

第 5 章　微观视角下湘鄂渝黔接壤地区旅游脱贫效益居民感知与态度分析

　　旅游扶贫是一项综合性的区域发展战略,旨在通过旅游业的兴起带动经济增长,最终实现贫困地区的可持续发展。湘鄂渝黔接壤地区作为中国中西部地区的重要组成部分,旅游资源丰富,具有独特的地理和文化优势。国家统计局统计数据显示,2013—2020年,我国农村贫困人口累计减少9 899万人,其中贫困地区农村贫困人口减少6 039万人,占全国农村减贫总量的61.0%。2020年11月23日,贵州省的紫云县、沿河县和从江县等9个县宣布退出贫困县名单,标志着我国832个贫困县全部脱贫摘帽,现行标准下农村贫困人口全部脱贫,消除了区域性整体贫困和绝对贫困,中国脱贫攻坚取得了举世瞩目的成绩。近年来湘鄂渝黔接壤地区脱贫实践表明,发展旅游业能够有效推动农村经济发展,其在脱贫工作中发挥着中流砥柱的作用。虽然湘鄂渝黔接壤地区经济获得巨大发展,但经济基础仍较为薄弱,巩固脱贫成果、防止返贫、接续推进乡村振兴,成为今后各级部门的重要任务。在此背景下,基于居民视角,评价旅游脱贫感知效益,并提出改进策略,对旅游产业助力脱贫攻坚、接续推进乡村振兴有重要参考价值。目前学者对于旅游脱贫效益的评价主要分为宏观评价和微观评价两种。本书在上一章已从宏观层面对湘鄂渝黔接壤地区的旅游脱贫效益进行了客观评价,但宏观评价对贫困人口的现状描述还不够全面、具体①，而微观评价则强调从居民个人角度来感知旅游脱贫的效益。②通过对居民的访谈、问卷调查和观察，能够获得关于旅游脱贫效益的微观感受，如居民对于旅游发展带来的生活变化感受、旅游收益分配公平性以及旅游活动对当地社会环境的影响等。这种微观角度评价，有助于全面了解旅游脱贫的社会效果，尤其是对当地居民生活水平和社会福利的实际影响。③湘鄂渝黔接壤地区的旅游脱贫工作，应该更多地考虑居民的获得感，以此推动旅游业可持续发展，让其不仅成为减轻贫困的有效途径，更能切实提升居民的幸福感。因此，将居民感知评价纳入旅游脱贫效益评价体系，提出旅游防止返贫策略会更加符合当地实际情况，也更加贴近当地居民的实际需求和期望。④

5.1 研究设计

5.1.1 评价指标体系的构建

传统的贫困理论认为贫困主要由收入引起，诺贝尔经济学奖获得者阿马蒂亚·森则提出了不同看法，他认为贫困的真正含义是贫困人口创造收入能力和机会的贫困⑤，经济贫困只是贫困的一个方面，贫困还包括机会获得困难，即消费水平、社会因素、风险因素及政治稳定因素的影响，其中涵盖了文化素质、无发言权、缺乏工作能力等各方面问题。因此，贫困是一个多维概念，包涵经济、社会、文化等方面。在很长一段时间内学者对脱贫效益的研究主要集中在经济层面上，重点以人均国内生产总值、人均收入、恩格尔系数等作为参

① 郭生鹏. 后扶贫时代居民感知旅游脱贫效益研究——以新疆新和县加依村为例 [D]. 阿拉尔：塔里木大学，2023.

② 曾代伟，万亿. 多民族混居区域传统法文化与和谐社会构建——以渝湘鄂黔相邻地区为对象的考察 [J]. 贵州民族研究，2009，29（5）：25-31.

③ 胡志美，刘嘉纬. 基于居民视角的旅游扶贫感知调查研究——以怒江州片马镇为例 [J]. 旅游研究，2021，13（2）：17-31.

④ 韩磊，乔花芳，谢双玉，等. 恩施州旅游扶贫村居民的旅游影响感知差异 [J]. 资源科学，2019，41（2）：381-393.

⑤ 森. 贫困与饥荒——论权利与剥夺 [M]. 王宇，王文玉，译. 北京：商务印书馆，2001.

考指标来衡量旅游脱贫的效益。然而旅游业不同于其他产业，它是一个综合性、带动性强的产业，其效益不仅表现在经济方面，还表现在社会文化、生态环境等一系列非经济方面。旅游扶贫的开展一方面对农村各项事业发展有积极影响，但也存在过度开发、贫富不均等消极影响。[1]鉴于此，本书引入多维贫困理论，从经济、社会文化、环境等方面，全面地了解当地居民对旅游脱贫效益的感知，由于性别、年龄、居住地到景区的距离等都会对多维贫困产生影响，故在进行旅游脱贫效益居民感知评价时会进行人口统计学差异分析。[2]

本书基于大量国内外旅游脱贫效益感知评价的相关文献，并结合湘鄂渝黔接壤地区旅游脱贫实际情况，筛选出33项指标（见表5-1）作为湘鄂渝黔接壤地区居民旅游脱贫效益感知评价指标，并系统编制了调查问卷。[3]

表5-1　　　　　　　旅游脱贫效益居民感知评价指标体系

目标层	指标层1	指标层2	
旅游脱贫效益感知评价（A）	经济效益（B1）	提高经济收入	（C1）
		增加居民就业	（C2）
		只有少数人受益	（C3）
		提高生活水平	（C4）
		物价上涨和生活成本增加	（C5）
		贫困户旅游收益少	（C6）
		引起贫富差距	（C7）
	社会效益（B2）	保护和传承当地文化	（C8）
		提高当地知名度	（C9）
		促进居民思想进步	（C10）
		提高普通话水平	（C11）

---

① 黄国庆. 居民旅游扶贫效应感知、参与能力及参与意愿测量量表的编制［J］. 安徽农业科学，2012，40（6）：3439-3441.

② ［1］邹薇，方迎风. 关于中国贫困的动态多维度研究［J］. 中国人口科学，2011（6）：49-5.［2］张全红，周强. 中国多维贫困的测度及分解：1989—2009年［J］. 数量经济技术经济研究，2014（6）：88-101.

③ 高帅，毕洁颖. 农村人口动态多维贫困：状态持续与转变［J］. 中国人口·资源与环境，2016（2）：76-83.

续表

目标层	指标层1	指标层2	
旅游脱贫效益感知评价（A）	社会效益（B2）	吸引外出打工居民返乡	（C12）
		加强居民与外界交流	（C13）
		扰乱日常生活	（C14）
		导致居民之间关系紧张	（C15）
	环境效益（B3）	美化生活环境	（C16）
		改善交通条件	（C17）
		提高居民环保意识	（C18）
		改善当地基础设施	（C19）
		带来噪声污染	（C20）
		降低空气质量	（C21）
		破坏生态环境	（C22）
		交通拥挤和车位紧张	（C23）
	居民参与旅游脱贫的意愿和满意度（B4）	对本地旅游发展的态度	（C24）
		对旅游脱贫的满意度	（C25）
		对本地旅游拉动经济增长的评价	（C26）
		对本地旅游发展整体利弊关系的评价	（C27）
		从事旅游相关工作的意愿	（C28）
		对本地旅游脱贫政策的了解程度	（C29）
		旅游脱贫政策与本地实际状况的契合度	（C30）
		参与旅游经营过程中是否获得相关资金支持	（C31）
		对政府制定的本地旅游补贴标准和政策的满意度	（C32）
		参加当地组织的旅游脱贫教育培训活动的意愿	（C33）

旅游脱贫的经济效益主要指旅游带动经济发展在消除经济贫困方面的作用，这种作用有正有负，正面作用为经济收益，负面作用则为经济成本。由于旅游脱贫包含"旅游"和"脱贫"两个核心要素，故经济效益既包括对当地旅

游经济发展的影响和作用，也包括对当地贫困人口受益和发展的影响和作用。前者是指旅游脱贫的宏观经济效益，后者是指旅游脱贫的微观效益，微观效益也是旅游脱贫居民感知调查关注的核心问题。因此，此次问卷调查的旅游脱贫经济效益感知指标包括提高经济收入（C1）、增加居民就业（C2）、只有少数人受益（C3）、提高生活水平（C4）、物价上涨和生活成本增加（C5）、贫困户旅游收益少（C6）、引起贫富差距（C7）。

社会效益是指一项工程对当地就业、公共设施改善、生活水平提高等社会福利方面所做的各种贡献的总称。其是从社会宏观角度来考察旅游脱贫的效果和利益。社会效益虽然无法为贫困人口带来直接的经济利益，但可以为经济利益提供安全保障。旅游脱贫的正面社会效益集中在对外合作交流、基础设施建设、人口素质提升、人地和谐共处等方面，负面社会效益则包括文化遗产破坏、社会文化冲突等。因此，此次问卷调查的旅游脱贫社会效益感知指标包括保护和传承当地文化（C8）、提高当地知名度（C9）、促进居民思想进步（C10）、提高普通话水平（C11）、吸引外出打工居民返乡（C12）、加强居民与外界交流（C13）、扰乱日常生活（C14）、导致居民之间关系紧张（C15）。

生态环境是指影响人类生存与发展的水资源、土地资源、生物资源以及气候资源数量与质量的总称，是关系到社会和经济持续发展的复合生态系统。旅游脱贫的环境效益是指旅游助力脱贫中资源利用、劳动消耗与所产生的生态环境有益成果之间的对比关系，其本质还是投入与产出的对比关系。已有研究证明，旅游过度开发会导致生态环境的破坏和资源的浪费，目前已经开展旅游助力脱贫的地区多为偏远山区，优质的生态环境是其最大的优势，以旅游助力脱贫攻坚对其生态环境的影响程度制约了经济的可持续发展，因此环境效益评价势在必行。此次调查的旅游脱贫的环境效益感知指标包括美化生活环境（C16）、改善交通条件（C17）、提高居民环保意识（C18）、改善当地基础设施（C19）、带来噪声污染（C20）、降低空气质量（C21）、破坏生态环境（C22）、交通拥挤和车位紧张（C23）。

居民参与旅游脱贫的意愿和满意度，对本地旅游业的健康发展以及综合效益的发挥有着直接影响。本次问卷调查，将重点聚焦于居民对本地旅游发展的态度（C24）、对旅游脱贫的满意度（C25）、对本地旅游拉动经济增长的评价（C26）、对本地旅游发展整体利弊关系的评价（C27）、从事旅游相关工作的意愿（C28）、对本地旅游脱贫政策的了解程度（C29）、旅游脱贫政策与本地实际状况的契合度（C30）、参与旅游经营过程中是否获得相关资金支持（C31）、对政府的本地旅游补贴满意度（C32）、参加当地组织的旅游脱贫教育培训活动的意愿（C33）。通过收集居民对当前旅游脱贫的参与意愿和满意度数据，深入揭示旅游脱贫政策设计与实施过程中的优势与不足，为后续政策的调整和优化提供科学依据，确保旅游脱贫工作的有效性。

5.1.2 问卷设计与发放

湘鄂渝黔接壤地区旅游脱贫效益调查问卷主要包括贫困地区居民对旅游发展带动当地经济、社会文化和环境三方面的感知评价，同时包含居民参与旅游脱贫的意愿和满意度。[①]调查问卷的第一部分是居民的人口统计学特征，这些数据可以帮助了解受访者的个人特征和背景，分析不同群体对旅游脱贫的看法是否存在差异；第二部分是居民对旅游脱贫的经济、社会文化、环境效益的感知测试，通过分析这些数据可以了解旅游发展对当地经济、社会和环境的影响程度；第三部分是居民参与旅游脱贫的意愿和满意度的调查，包括受访者对各级政府出台的关于旅游脱贫政策的了解程度、对旅游脱贫政策的满意度等，为今后本地旅游持续助力乡村振兴提供政策参考。每个部分都有若干问题，第二部分和第三部分采用李克特量表五级评分法测量受访者对旅游脱贫效益感知情况，从1分到5分别代表非常不同意到非常同意的感知态度变化。

为了保证调研数据的可靠性，调查问卷的发放采取选择性抽样问卷调查与访谈相结合的方法进行。实地调查时间选择旅游淡、旺季相结合，具体时间为2019年10月—11月，2021年7月—10月，2022年3月—4月、7月—9月、10月—11月，2023年5月—6月、10月—11月，调研跨度4年，共发放调查问卷360份，收回有效问卷329份，有效率为91.39%。

5.2 研究方法与数据分析

5.2.1 研究方法

根据旅游脱贫效益感知的相关理论和前人相关研究成果，使用SPSS 21.0

---

① [1] 郑晶晶. 问卷调查法研究综述 [J]. 理论观察，2014 (10)：102-103. [2] 张志华，章锦河，刘泽华，等. 旅游研究中的问卷调查法应用规范 [J]. 地理科学进展，2016，35 (3)：368-375.

软件对数据进行分析，研究方法包括描述性分析、信度和效度分析、主成分分析、探索性因子分析、方差分析等，通过统计分析得出湘鄂渝黔居民对旅游脱贫效益感知的相关结论。

5.2.2　数据分析

1）人口统计学特征分析

人口统计学特征分析是统计学中的一种重要方法，主要用于描述人口学变量的分布情况。通过这种分析方法，可以了解研究人群的基本特征和特点，从而为后续的研究提供基础和支持。人口学变量的数值特征反映了本次被调查对象的分布情况，其中均值代表了集中趋势，标准差代表了波动情况。从表5-2各个变量的频率分析结果可以看出，男性比例为43.47%，女性比例为56.53%，说明本次调查男女比例较为均衡。湖南、重庆、贵州、湖北4省（直辖市）被调查人数相对均匀，人数占比分别是22.49%、29.79%、22.80%和24.92%，说明问卷覆盖范围广，能全面地反映不同片区居民对于旅游脱贫效益的感知与态度，有利于后续对比不同片区之间的差异与共性。从民族分布来看，汉族和土家族所占比例较多，分别为48.94%和42.86%；瑶族、回族、侗族占比较少。人口年龄主要分布在45~60岁，占被调查人数的39.82%；其余各个年龄段均有分布，17岁以下人群分布最少，为2.13%。从学历分布来看，被调查者中只有小学及以下学历的占比最高，占35.26%，其余从多到少依次是初中学历、高中/中专/技校学历、大学本科/大专学历，以及硕士研究生及以上学历，硕士研究生及以上占比只有0.3%，由此可见调查者的学历普遍较低。此外，从居民居住地到景区的距离分布来看，超过半数的居民居住地距离景区小于2千米，而距离景区2~10千米的居民占比30.39%，10千米以上的占比16.11%。上述调查结果充分说明调查问卷有很强的代表性。

表5-2　　　　　　　　　　　样本的人口统计学特征

变　量	选　项	人数（人）	百分比（%）
性别	男	143	43.47
	女	186	56.53
省（直辖市）	湖南	74	22.49
	重庆	98	29.79

续表

变　量	选　项	人数（人）	百分比（％）
省（直辖市）	贵州	75	22.80
	湖北	82	24.92
民族	汉族	161	48.94
	土家族	141	42.86
	苗族	17	5.17
	瑶族	1	0.30
	回族	1	0.30
	侗族	8	2.43
年龄	17岁及以下	7	2.13
	18~24岁	26	7.90
	25~34岁	38	11.55
	35~44岁	74	22.49
	45~60岁	131	39.82
	61岁及以上	53	16.11
学历	小学及以下	116	35.26
	初中	98	29.79
	高中/中专/技校	66	20.06
	大学本科/大专	48	14.59
	硕士研究生及以上	1	0.30
居住地到景区的距离	小于2千米	176	53.50
	2~5千米	59	17.93
	5~10千米	41	12.46
	10千米以上	53	16.11

2）信度分析

克隆巴赫 Alpha（Cronbach's Alpha）是 SPSS 中用于衡量量表或测验信度的一种统计量。它是一套常用的测验可靠性的方法，依据一定公式估量测验的内部一致性，作为信度的指标。[①]而基于标准化项的克隆巴赫 Alpha 系数与常规的克隆巴赫 Alpha 系数不同之处在于，它考虑了每个测验题目在量表或测验中的方差。因此，基于标准化项的克隆巴赫 Alpha 系数能够更好地反映测验的整体信度。当 Cronbach's α 系数高于 0.8，则说明信度高；Cronbach's α 系数介于 0.7~0.8 之间，则说明信度较好；Cronbach's α 系数介于 0.6~0.7 之间，说明信度可接受；Cronbach's α 系数小于 0.6，说明信度不佳。利用 SPSS 21.0 软件对调查问卷进行信度检验（见表5-3）。该问卷整体模型的 Cronbach's α 系数为 0.831，基于标准化项的克隆巴赫 Alpha 系数为 0.847，说明调查问卷的信度高。[②]

表5-3　　　　　　　　　　调查问卷的信度检验

Cronbach's α 系数	基于标准化的 Cronbach's α 系数	项数
0.831	0.847	33

3）效度分析

效度（Validity）即有效性，它是指测量工具或手段能够准确测出所需测量的事物的程度，测量结果与考察的内容越吻合效度越高；反之则效度越低。本书应用 SPSS 软件的探索性因子分析对各维度的效度进行检验。使用因子分析进行效度分析前，要检验数据是否满足因子分析的条件：

一是调查数据的 KMO 值大于 0.7，这表示变量间的相关程度较高，适合进行因子分析；

二是 Bartlett's 球形检验的显著性应小于 0.05，这意味着观测变量之间存在较强的相关性，满足因子分析的前提要求。[③]

由表5-4可知，调查数据的 KMO 检验值为 0.850，大于 0.7；且 Bartlett's 球

① 曾五一，黄炳艺. 调查问卷的可信度和有效度分析［J］. 统计与信息论坛，2005，20（6）：13-17.

② 李灿，辛玲. 调查问卷的信度与效度的评价方法研究［J］. 中国卫生统计，2008（5）：541-544.

③ 汪侠，甄峰，沈丽珍，等. 基于贫困居民视角的旅游扶贫满意度评价［J］. 地理研究，2017，36（12）：2355-2368.

形检验的显著性概率为0，小于0.05，说明该调查问卷的数据适合进行因子分析。

表5-4　　　　　　　　　　　KMO和Bartlett's 球形检验

检测对象	检测内容		取值
旅游脱贫效益感知量表	KMO		0.850
	Bartlett's	近似卡方	6 338.58
		自由度	0.530
		显著性	0

4）探索性因子分析

运用主成分分析法提取公因子，通过方差最大法进行正交旋转，选取特征值大于1的8个公因子，其累积方差解释率达到了69.39%（见表5-5），说明因子对变量的解释能力在合理范围内。

表5-5　　　　　　　　　　主成分分析类方差贡献率

名称	特征值	方差解释率（%）	累积方差解释率（%）	权重（%）
1	8.83	26.77	26.77	56.84
2	3.90	11.81	38.58	25.08
3	2.81	8.51	47.09	18.08
4	1.77	5.37	52.46	—
5	1.64	4.98	57.44	—
6	1.51	4.59	62.03	—
7	1.32	4.00	66.03	—
8	1.11	3.36	69.39	—

由表5-6可知，公因子1包含美化生活环境、改善交通条件、提高居民环保意识和改善当地基础设施4个题项，描述贫困地区居民对于旅游发展在环境效益层面所呈现出的积极感知，命名为环境正面效益。公因子2包含带来噪声污染、降低空气质量、破坏生态环境、交通拥挤和车位紧张、扰乱日常生活5个题项，描述贫困地区居民对于旅游发展在环境效益层面所呈现出的消极感知，命名为环境负面效益。公因子3包含贫困户旅游收益少、只有少数人受益

和引起贫富差距 3 个题项，描述贫困地区居民对于旅游发展在经济效益方面的消极感知，因此命名为经济负面效益。公因子 4 包含保护和传承当地文化、提高当地知名度、促进居民思想进步和加强居民与外界交流 4 个题项，描述贫困地区居民对于旅游发展在社会文化层面所呈现出的感知，命名为社会文化效益。公因子 5 包含提高普通话水平、吸引外出打工居民返乡、对本地旅游脱贫政策的了解程度、参与旅游经营过程中是否获得相关资金支持 4 个题项，描述贫困地区居民对旅游扶贫政策感知情况，命名为政策感知效益。公因子 6 包含提高经济收入、增加居民就业和提高生活水平 3 个题项，描述贫困地区居民对于旅游发展在社会效益层面所呈现出的积极感知，因此命名为经济正面效益。公因子 7 包含对本地旅游发展的态度、对本地旅游拉动经济增长的评价、从事旅游相关工作的意愿和参加当地组织的旅游脱贫教育培训活动的意愿 4 个题项，描述贫困地区居民参与旅游扶贫的意愿度，命名为旅游扶贫意愿度。公因子 8 包含导致居民之间关系紧张、对旅游脱贫的满意度、旅游脱贫政策与本地实际状况的契合度 3 个题项，描述贫困地区居民参与旅游扶贫的满意度，命名为旅游扶贫满意度。由于旅游发展引起了物价上涨和生活成本增加（C5）、对本地旅游发展整体利弊关系的评价（C27）和对政府制定的本地旅游补贴标准和政策的满意度（C32）3 个题项的因子载荷小于 0.4，因此从整个因子分析中删除。

表5-6 　　　　　　　　　　旋转后因子载荷系数表

序号	指标序号	题项	成分							
			1	2	3	4	5	6	7	8
1	C16	美化生活环境	0.70							
2	C17	改善交通条件	0.81							
3	C18	提高居民环保意识	0.70							
4	C19	改善当地基础设施	0.61							
5	C20	带来噪声污染		0.88						
6	C21	降低空气质量		0.86						
7	C22	破坏生态环境		0.79						
8	C23	交通拥挤和车位紧张		0.59						
9	C14	扰乱日常生活		0.60						

续表

序号	指标序号	题项	成分							
			1	2	3	4	5	6	7	8
10	C6	贫困户旅游收益少			0.85					
11	C3	只有少数人受益			0.79					
12	C7	引起贫富差距			0.84					
13	C8	保护和传承当地文化				0.75				
14	C9	提高当地知名度				0.75				
15	C10	促进居民思想进步				0.55				
16	C13	加强居民与外界交流				0.57				
17	C11	提高普通话水平					0.61			
18	C12	吸引外出打工居民返乡					0.64			
19	C29	对本地旅游脱贫政策的了解程度					0.64			
20	C31	参与旅游经营过程中是否获得相关资金支持					0.68			
21	C1	提高经济收入						0.82		
22	C2	增加居民就业						0.79		
23	C4	提高生活水平						0.78		
24	C24	对本地旅游发展的态度							0.51	
25	C26	对本地旅游拉动经济增长的评价							0.57	
26	C28	从事旅游相关工作的意愿							0.79	
27	C33	参加当地组织的旅游脱贫教育培训活动的意愿							0.69	
28	C15	导致居民之间关系紧张								-0.64
29	C25	对旅游脱贫的满意度								0.56
30	C30	旅游脱贫政策与本地实际状况的契合度								0.59

5.3　研究结果分析

5.3.1　居民致贫原因及参与旅游扶贫情况分析

1）居民致贫原因

如表 5-7 所示，居民的致贫原因主要包括病、残、自然灾害等 9 类。其中，约 30% 的受访者认为疾病是导致家庭贫困的原因；10.64% 的受访者认为家庭成员残疾是导致贫困的原因，残疾导致劳动能力受限或丧失，从而影响家庭收入；10.33% 的受访者认为自然灾害是导致贫困的原因之一，自然灾害导致农作物受损、房屋损坏等，给家庭经济带来严重损失；31.31% 的受访者认为较低的教育水平是导致贫困的原因之一，教育程度低可能影响就业机会和收入水平；15.81% 的受访者认为缺乏土地是导致贫困的原因之一，在以农业为主的地区，土地资源的缺乏可能限制了家庭的经济来源；5.47% 的受访者认为缺乏水资源是导致贫困的原因之一，水资源对于农业生产和其他经济活动至关重要，缺乏水资源可能导致经济困难；26.44% 的受访者认为家庭劳动力不足是导致贫困的原因之一，劳动力缺乏可能影响家庭的劳动生产力和收入水平；58.97% 的受访者认为缺乏资金是导致贫困的原因之一，这表明资金短缺是许多家庭无法参与旅游扶贫的主要问题。通过上述分析可以发现，湘鄂渝黔接壤地区大部分居民致贫的原因是缺资金、少技术和学历低，其他致贫原因所占比例较小。

表5-7　　　　　　　　　居民致贫原因

致贫原因变量	选项	频率（次）	百分比（%）
因病	否	228	69.30
	是	99	30.09
因残	否	292	88.75
	是	35	10.64
因自然灾害	否	293	89.06
	是	34	10.33

续表

致贫原因变量	选项	频率（次）	百分比（%）
因学历	否	224	68.09
	是	103	31.31
缺土地	否	275	83.59
	是	52	15.81
缺水资源	否	309	93.92
	是	18	5.47
缺技术	否	177	53.80
	是	150	45.59
缺劳动力	否	240	72.95
	是	87	26.44
缺资金	否	133	40.43
	是	194	58.97

2）居民参与旅游扶贫的条件及障碍分析

居民参与旅游扶贫的条件（见表5-8）在一定程度上反映了当地旅游脱贫攻坚的进展程度。

表5-8 **居民参与旅游扶贫的条件**

变量	选项	人数（人）	百分比（%）
有旅游合作社	是	142	43.16
	否	187	56.84
从事旅游行业	是	163	49.54
	否	166	50.46

首先，从当地旅游合作社的情况来看，当地村镇有旅游合作社的占比达到了43.16%，而没有旅游合作社的占比为56.84%。尽管无旅游合作社的占比稍高，但有旅游合作社存在的比例已经接近50%，表明当地对旅游业非常重视，也说明当地旅游产业扶贫取得了明显成效。

其次，从受访者从事旅游行业的比例来看，49.54%的受访者正在从事旅游行业，接近半数，也表明旅游业发展给当地带来了大量的就业岗位。

由图5-1可知，湘鄂渝黔接壤地区居民参与旅游扶贫的主要障碍因素有5个方面：

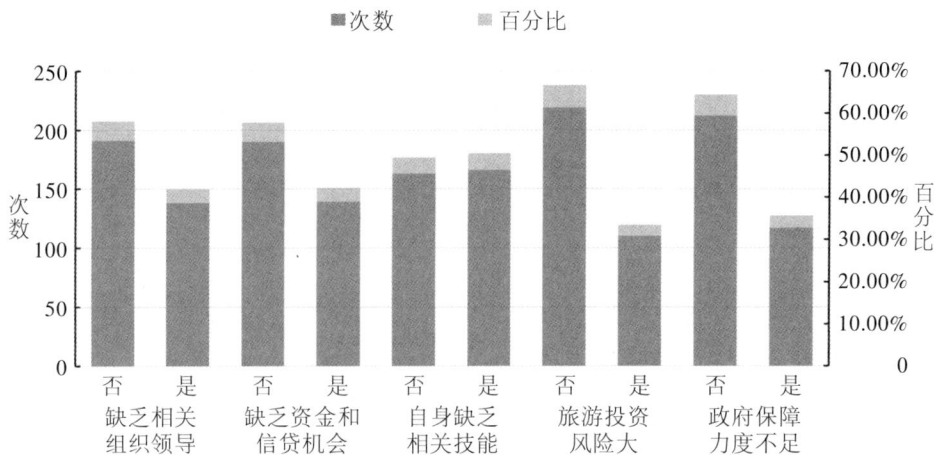

图5-1 居民参与旅游扶贫的障碍因素

第一，41.9%的受访者认为缺乏相关组织领导是参与旅游的主要障碍，这表明在旅游业的发展过程中，有效的组织领导对于协调各方面资源和促进旅游业发展至关重要。

第二，42.2%的受访者认为资金和信贷问题是参与旅游的主要障碍，缺乏资金和信贷机会限制了家庭在旅游业上的投资和发展，进而影响其参与旅游业的积极性和效果。

第三，50.5%的受访者认为自身缺乏相关技能是参与旅游的主要困难因素，因为在旅游经营中只有具备相关的服务技能和知识，才能提高旅游服务质量。

第四，33.4%的受访者认为旅游投资风险大是影响其参与旅游的主要障碍因素，由于旅游经营投资数额多且回报周期较长，因此投资风险阻碍了一些居民参与旅游业的积极性。

第五，35.6%的受访者认为政府保障力度不足是参与旅游的主要障碍，政府在旅游扶贫参与政策支持、基础设施建设等方面发挥着重要作用，如果保障力度不足，将影响居民参与旅游的积极性。

综上所述，湘鄂渝黔接壤地区居民参与旅游扶贫的主要障碍因素包括缺乏相关组织领导、缺乏资金和信贷机会、自身缺乏相关技能、旅游投资风险大和政府保障力度不足等，因此，为了促进当地旅游业的发展，政府和相关部门应针对这些问题采取有效措施，帮助居民更好地参与到旅游业中来并从中获益。

5.3.2 旅游开发前后居民收入分析

1）收入变化

由图5-2可知，当地旅游开发前后受访者的家庭收入有明显的差异。旅游开发前当地居民年收入在5 000元以下的人数远远高于其他收入人数，约占总人数的47.0%，收入在20 000元以上的人数占比仅有13.7%。而旅游开发后，年收入在5 000元以下的居民所占比例大幅减少，仅占总人数的15%，减少了近32%，这意味着旅游开发后，有近32%的居民摆脱了低收入水平；同时年收入在20 000元以上的人数大幅增加，占比达到了34%，对比开发前增长了20.3%，这一变化表明，旅游开发对当地家庭收入产生了明显的正面影响，帮助大量居民脱离了低收入群体，并显著提高了居民生活水平，为当地经济发展注入了新活力。

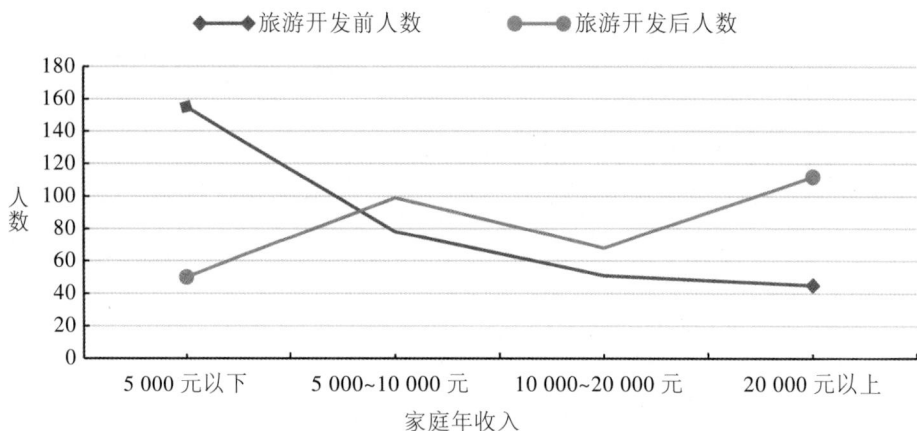

图5-2 旅游开发前后居民家庭年收入

2）收入来源

通过对图5-3的分析可知，在旅游开发之前，有37.1%的家庭将农作物种植作为主要收入来源，然而在旅游开发之后，该比例出现了大幅度下降，降至13.7%。这一数据变化清晰地揭示出旅游发展促使居民收入来源发生了改变。与之类似，在旅游开发前，约10%的家庭主要依靠畜牧业获取收入，而开发后这一比例下降至5.8%，这进一步表明旅游发展在一定程度上对传统农业产生了替代效应。调查结果还显示，旅游开发前，高达58.7%的家庭主要依赖外出打工来获得收入，而在旅游开发后，外出打工比例降至34.7%。这一现象有力地说明了旅游开发为当地创造了更多的就业机会，进而使得部分居民无须再选择外出打工这一获取收入的方式。

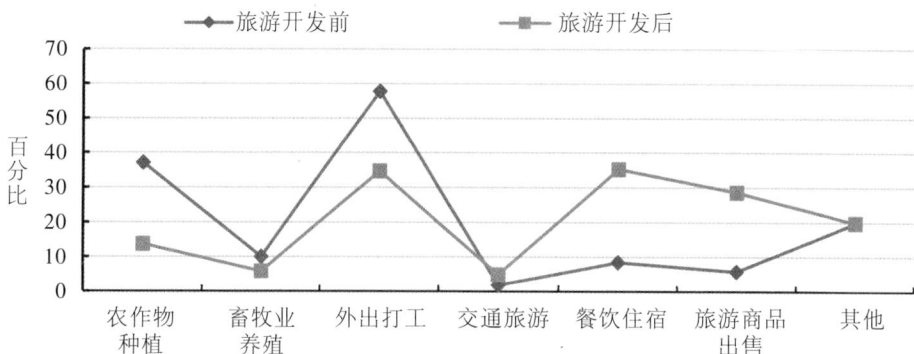

图5-3　旅游开发前后居民家庭收入来源图

从旅游收入方面来看，在旅游开发前，仅有1.8%的家庭依靠交通旅游获得收入，而开发后该比例上升至4.9%，这一变化彰显了旅游开发对当地交通旅游相关行业所产生的积极影响。此外，旅游开发前，有8.5%的家庭以餐饮住宿作为主要收入来源，开发后这一比例则大幅攀升至35.3%，充分表明旅游发展对当地餐饮住宿行业起到了显著的带动作用，并且为众多家庭提供了丰富的就业机会。另外，旅游开发前，有5.8%的家庭将旅游商品出售作为收入来源，开发后该比例上升至28.6%，由此可见，旅游商品出售已然成为当地居民家庭的一项重要收入来源。

综上所述，旅游发展对湘鄂渝黔接壤地区家庭收入的提升产生了极为显著的影响。具体表现为：传统的农业和畜牧业收入在整体经济中所占比重呈下降趋势，与之相对应的是，与旅游业密切相关的行业，诸如餐饮住宿、旅游商品出售等，其收入在整体经济中所占比重明显上升。尽管外出打工目前依旧是诸多家庭获取收入的重要途径之一，但其所占比例已有所降低。上述种种变化充分印证了旅游业的发展为当地创造了更多的就业机会，拓展了收入来源渠道，对地区经济发展和居民生活改善起到了积极的推动作用。

5.3.3　旅游脱贫效益居民感知分析

借鉴蒋莉和黄静波（2015）的研究成果，李克特量表等级评分均值在[1.0，2.4]之间表示反对，在[2.5，3.4]之间表示中立，在[3.5，5.0]之间表示赞成。下面从经济、社会和环境效益三个方面，详细评价居民对当地旅游脱贫效益的感知态度。

1）经济效益感知分析

由表5-9可知，受访者对旅游脱贫的经济正面效益均表示赞成。其中，对旅游发展提高生活水平认同度最高，评分达到了3.80，且认同率达到了73.56%；对提高经济收入也表示赞同，认同率达到了67.09%；对增加居民就业也表示认同，评分为3.50，认同率为59.27%。这说明大部分受访者认为旅游业在促进当地经济发展和提高贫困居民生活水平方面发挥了正面影响，旅游业对湘鄂渝黔接壤地区的经济增长作出了重要贡献。

表5-9　　　　　　　　居民对旅游脱贫的经济效益感知

因子	调查项目	平均值	标准差	结果	认同率	不认同率
经济正面效益	提高经济收入	3.67	1.02	认同	67.09%	13.98%
	增加居民就业	3.50	1.06	认同	59.27%	17.93%
	提高生活水平	3.80	0.93	认同	73.56%	8.81%
经济负面效益	贫困户旅游收益少	3.58	1.16	认同	58.66%	20.67%
	只有少数人受益	3.70	1.12	认同	62.92%	17.33%
	引起贫富差距	3.58	1.22	认同	55.32%	21.58%

居民对旅游脱贫攻坚中几种常见的负面影响，如"贫困户旅游收益少"、"只有少数人受益"和"引起贫富差距"3个选项均表示认同，评分都大于3.5，认同率都超过了50%。这种负面感知可能源于旅游业在发展过程中存在的一些问题，如利益分配不均、物价上涨、市场竞争加剧等，这些问题影响了部分居民的经济利益。在访谈中少数居民反馈，本地旅游开发后土地被征用，一次性的经济补偿影响了他们的长久生计。因此，各级政府部门为了充分发挥旅游业的带动作用，使本地旅游在接续推进乡村振兴中发挥更大作用，就应继续完善和调整本地旅游相关扶持政策。

2）社会效益感知分析

在社会效益感知方面，湘鄂渝黔接壤地区居民对旅游发展所带来的社会效益持正面评价。表5-10显示，居民对旅游发展能保护和传承当地文化、提高当地知名度、促进居民思想进步、加强居民与外界交流等4项正面效益表示认同，评分均高于3.9，认同率均高于80%。社会文化负面效益没有通过因子检验，说明居民对旅游发展是否扰乱了他们的日常生活没有达成一致看法。调研中发现，受2020年开始的特殊经济形势的影响，近年来本地旅游地的旅游者数量急剧减少，再加上乡村住宿条件简陋，旅游者绝大多数会在白天游玩，晚上则会去附近的城镇住宿，旅游者数量远没有达到旅游地的承载量。另外，居民对旅游发展是否致使居民间关系紧张保持中立态度，在访谈中有些居民认为在本地旅游发展中由于村委会对旅游经济收益分配不均，导致村民之间还是存在一些争端。鉴于此，各级政府应加大本地旅游的宣传和营销力度，通过多种渠道吸引旅游者到本地旅游，并引导本地旅游地通过开发特色旅游产品吸引更多的旅游者。

表5-10 **居民对旅游脱贫的社会效益感知**

因子	调查项目	平均值	标准差	结果	认同率	不认同率
社会文化正面效益	保护和传承当地文化	4.13	0.76	认同	82.67%	2.13%
	提高当地知名度	4.14	0.90	认同	81.46%	6.38%
	促进居民思想进步	3.96	0.71	认同	80.55%	3.34%
	加强居民与外界交流	3.94	0.77	认同	81.46%	5.17%

3) 环境效益感知分析

如表5-11所示，居民对旅游"美化生活环境""改善交通条件""提高居民环保意识""改善当地基础设施"等正面环境效益非常赞同，李克特评分在3.90以上，认同率均超过了80%；对于旅游"带来噪声污染""破坏生态环境""交通拥挤和车位紧张"的现象保持了中立态度；对"降低空气质量"现象表示认同，李克特评分在3.82，认同率高达71.50%。整体来说，湘鄂渝黔地区的旅游发展改善了当地的交通等基础设施，美化了生活环境，不仅给游客带来良好的旅游体验，也给当地居民带来了便利。但随着本地旅游的不断发展，乡村环境保护压力也逐渐增大。在深度访谈中，居民对本地旅游发展给当地生态环境带来的如"噪声污染、空气质量降低、生态环境破坏"等负面影响也表示出了担忧，旅游旺季堵车严重也给居民造成了困扰。因此，各级政府在强力推动本地旅游发展的同时，仍要继续加强环境保护工作，确保旅游发展与生态环境之间和谐共生。

表5-11　　　　　　　　　　居民对旅游脱贫的环境效益感知

因子	调查项目	平均值	标准差	结果	认同率	不认同率
环境正面效益	美化生活环境	4.22	0.79	认同	84.19%	3.65%
	改善交通条件	4.16	0.90	认同	84.80%	6.38%
	提高居民环保意识	3.98	0.77	认同	81.16%	4.56%
	改善当地基础设施	4.05	0.80	认同	84.80%	5.47%
环境负面效益	带来噪声污染	2.55	0.94	中立	16.41%	55.62%
	降低空气质量	3.82	1.00	认同	71.50%	11.50%
	破坏生态环境	2.57	1.00	中立	18.84%	56.53%
	交通拥挤和车位紧张	2.83	1.10	中立	28.57%	48.02%
	扰乱日常生活	2.37	0.98	反对	11.85%	62.92%

5.3.4　旅游脱贫效益居民感知差异分析

旅游脱贫效益居民感知差异分析见表5-12。

表5-12　　　　　　　　　　旅游脱贫效益居民感知差异分析

人口统计学特征	感知效益	项目分类	N	平均值	标准差	T	F	P
性别	经济效益	男	143	24.76	3.89	-0.35		0.73
		女	186	24.93	3.99			
	环境效益	男	143	23.88	3.93	-0.14		0.89
		女	186	23.94	3.23			
	社会效益	男	143	27.75	4.30	0.67		0.50
		女	186	27.42	4.05			
年龄	经济效益	17岁及以下	6	18.83	6.15		4.38	0.001***
		18～24岁	23	26.13	3.68			
		25～34岁	34	25.12	3.30			
		35～44岁	60	24.75	4.34			

续表

人口统计学特征	感知效益	项目分类	N	平均值	标准差	T	F	P
年龄	经济效益	45～60岁	110	25.3	3.58		4.38	0.001***
		61岁及以上	49	23.94	3.78			
	环境效益	17岁及以下	6	24.83	5.85		1.10	0.364
		18～24岁	23	24.52	2.83			
		25～34岁	34	24.82	3.88			
		35～44岁	60	23.63	4.14			
		45～60岁	110	23.92	3.24			
		61岁及以上	49	23.24	3.07			
	社会效益	17岁及以下	6	28.83	7.22		3.40	0.005***
		18～24岁	23	29.96	3.98			
		25～34岁	34	28.91	4.39			
		35～44岁	60	27.12	4.50			
		45～60岁	110	27.3	3.87			
		61岁及以上	49	26.47	3.22			
是否从事旅游行业	经济效益	从事旅游行业	139	25.52	3.55	2.82		0.005***
		不从事旅游行业	143	24.21	4.20			
	环境效益	从事旅游行业	139	24.09	3.37	0.79		0.433
		不从事旅游行业	143	23.76	3.70			
	社会效益	从事旅游行业	139	27.69	4.06	0.52		0.604
		不从事旅游行业	143	27.43	4.26			
居民居住地到景区的距离	经济效益	小于2千米	152	24.43	4.54		1.36	0.24
		2～5千米	46	25.11	3.1			
		5～10千米	36	25.58	3.33			
		10千米以上	48	25.4	2.78			

续表

人口统计学特征	感知效益	项目分类	N	平均值	标准差	T	F	P
居民居住地到景区的距离	环境效益	小于2千米	152	23.63	3.62		1.40	0.24
		2~5千米	46	24.11	2.68			
		5~10千米	36	24.94	4.28			
		10千米以上	48	23.88	3.34			
	社会效益	小于2千米	152	27.44	4.09		2.09	0.10*
		2~5千米	46	27.96	3.35			
		5~10千米	36	28.81	4.67			
		10千米以上	48	26.63	4.49			

注：***、**、*分别代表在1%、5%、10%的水平上显著。

差异性检验是通过独立样本T检验，卡方检验和单因素方差分析等检验方法，研究变量在不同维度上的差异情况。根据数据特性，主要运用独立样本T检验和单因素方差分析，对研究区域的旅游脱贫效益感知进行差异分析。

第一，不同性别的居民对于旅游脱贫效益的感知评价差异不显著。

第二，不同年龄组的居民对经济和社会效益的感知存在显著差异，对环境效益的感知差异不显著，其中18~24岁和25~34岁居民对旅游脱贫的经济和社会效益的感知普遍较强，这主要是因为此年龄阶段的居民在旅游发展中更容易找到合适的工作，或者通过自主经营获得更多收益，因此李克特评分值显著高于其他年龄组。

第三，从事旅游行业和不从事旅游行业的居民对旅游脱贫的经济效益感知存在显著差异，但对环境和社会效益的感知不存在显著差异。根据社会交换理论[1]，从事旅游行业的居民在本地旅游发展中获得的经济利益超过了付出的社会文化和环境成本，对旅游脱贫的经济正面效益感知较强。

第四，居民居住地到景区的距离不同，对旅游脱贫的社会效益感知存在差异，对经济效益和环境效益的感知不存在差异。其中2~5千米和5~10千米范围内的居民对旅游脱贫的社会效益感知较强。2千米范围内居民的土地大部分被征收，日常生活又被游客打扰，对旅游脱贫的社会正面效益感知较弱。而由于本地旅游发展改善了当地交通等基础设施，处于2~10千米范围内的居民能

---

① 黄燕玲. 基于旅游感知的西南少数民族地区农业旅游发展模式研究 [D]. 南京：南京师范大学，2008.

显著感受到旅游脱贫带来的社会效益。

5.3.5 居民参与旅游脱贫的意愿和满意度分析

居民对旅游脱贫的态度和参与意愿，直接影响着本地旅游的健康发展和综合效益的发挥。近年来，在国家有关政策的支持下，湘鄂渝黔接壤地区本地旅游发展迅速，居民对旅游脱贫非常认可，参与意愿很高。由表5-13可知，92.40%的居民支持本地旅游发展，李克特评分高达4.52；68.10%的居民认为旅游脱贫促进经济增长；78.12%的居民愿意从事本地旅游相关工作，74.47%的居民愿意参加旅游教育培训。这说明本地旅游为湘鄂渝黔接壤地区农村经济发展作出了巨大贡献。另外，从居民对旅游脱贫的满意程度来看，53.50%的居民对当地旅游脱贫表示满意，认同旅游发展提高了居民的普通话水平。但对旅游脱贫政策与本地实际状况的契合度、对本地旅游脱贫政策的了解程度、吸引外出打工居民返乡、参与旅游经营过程中获得相应资金支持、导致居民之间关系紧张等持中立态度。其中52.89%的居民表示对旅游脱贫政策不了解，52.58%的居民表示没有足够的资金支持参与本地旅游经营，这也影响了他们对旅游脱贫的满意度，44.68%的居民表示本地旅游发展不能吸引外出打工居民返乡。

表5-13 **居民参与旅游脱贫的意愿和满意度**

因子	调查项目	平均值	标准差	结果	认同率	不认同率
居民参与旅游脱贫的意愿	对本地旅游发展的态度	4.52	0.69	认同	92.40%	1.52%
	对本地旅游拉动经济增长的评价	3.73	1.03	认同	68.10%	14.89%
	从事旅游相关工作的意愿	4.01	0.89	认同	78.12%	7.00%
	参与当地组织的助力旅游脱贫教育培训活动的意愿	3.96	0.95	认同	74.47%	8.21%
居民参与旅游脱贫的满意度	对旅游脱贫的满意度	3.37	1.22	认同	53.50%	26.75%
	提高普通话水平	3.75	0.83	认同	70.52%	7.90%
	旅游脱贫政策与本地实际状况的契合度	2.95	1.15	中立	34.95%	35.62%
	对本地旅游脱贫政策的了解程度	2.95	1.13	中立	22.50%	52.89%
	吸引外出打工居民返乡	2.84	1.29	中立	34.65%	44.68%

续表

因子	调查项目	平均值	标准差	结果	认同率	不认同率
居民参与旅游脱贫的满意度	参与旅游经营过程中是否获得相关资金扶持	2.56	1.15	中立	23.71%	52.58%
	导致居民之间关系紧张	2.51	1.09	中立	17.63%	56.53%

在访谈中很多居民对调研者的身份有顾虑，对某些问题的反馈有所保留，但仍有少数居民表达了不满，认为在旅游助力脱贫过程中，村委会在合理使用国家旅游脱贫攻坚扶持资金和政策方面，存在一定程度上滥用职权，导致利益分配不均的现象。鉴于此，各级政府应加大本地旅游政策的宣传力度，通过多种渠道让居民了解国家及本地旅游发展政策，鼓励他们积极参与到本地旅游的发展中来；同时对国家旅游脱贫攻坚扶持资金和乡村振兴补助资金的使用应加强监管，持续提高财政衔接推进乡村振兴的质量和效果。

5.4 本章小结

5.4.1 居民认可旅游发展带来的经济、社会和环境效益的正面效益

截至 2020 年年底，湘鄂渝黔接壤地区所有贫困村都退出了贫困序列，其中很多贫困村通过发展本地旅游实现了脱贫，旅游脱贫效益显著。从居民感知视角来看，受访者认同本地旅游提高了居民的经济收入、增加了就业、提高了生活水平，对农村经济发展有明显的促进作用；同时居民高度认可本地旅游发展美化了生活环境、提高了居民环保意识、改善了交通条件和当地的基础设施；居民也普遍认为本地旅游保护和传承了当地文化、提高了当地知名度、促进了居民思想进步、加强了居民与外界的交流。总之，居民对旅游脱贫的经济、社会和环境正面效益感知明显，表明旅游发展在助力乡村振兴方面的确起到了良好的效果。

5.4.2 居民对旅游发展造成的经济和环境负面效益表示担忧

湘鄂渝黔接壤地区居民认同旅游发展中贫困户收益少、只有少数人受益、引起贫富差距等经济负面效益，也认同旅游发展降低了空气质量。虽然整体来看居民对旅游发展带来噪声污染、破坏生态环境、造成交通拥挤和车位紧张表示中立，但有20%左右的居民对旅游发展带来的环境污染表示出了担忧。当地居民对旅游发展的负面感知效益应该引起政府相关部门的高度重视，今后在开展本地旅游助力乡村振兴工作中，应不断探索和改进本地旅游管理模式，以全面带动乡村居民共同富裕，同时合理利用乡村资源，做到本地旅游开发与环境保护并行并重，从而推动乡村经济可持续发展。

5.4.3 居民参与旅游脱贫的意愿强烈，但参与方式和渠道单一

湘鄂渝黔接壤地区居民参与旅游脱贫的意愿极为强烈，对本地旅游发展的支持率高达94.20%，其中愿意从事旅游工作、参加旅游教育与培训的居民众多，其中愿意参与本地旅游工作的人数占比达78.12%。这充分彰显出旅游发展在该地区脱贫进程中起到的重要作用，也为后续利用旅游推进乡村振兴奠定了良好基础。

然而，当前该地区居民参与旅游脱贫的方式和渠道却较为单一。在实际情况中，虽然旅游扶贫政策为贫困居民开辟了一定的增收途径，但多数脱贫居民仅靠提供如农家乐、民宿这类简单服务获取收入，缺乏多元化、高附加值的收入来源，参与旅游促进乡村振兴的层次较低，难以实现持续稳定增收。此外，当地旅游开发产业链存在短板。一方面，产业链短，可持续发展后劲不足，即便在景区建设和旅游资源开发上有一定成绩，但整体尚未形成完善链条，缺少高端旅游产品与服务，难以吸引更多资金投入，致使旅游业发展水平受限，乡村振兴效果不显著。另一方面，旅游业未形成支柱产业，在大部分地区，其与其他产业融合度不高，未能全面带动和辐射乡村经济，经济效益也未达理想状态。

5.4.4 居民对旅游脱贫的满意度不高，影响了人才的留存与引进

在湘鄂渝黔接壤地区，居民对旅游脱贫的满意度尚有提升空间，当前评分为3.37分，显示出对政策了解不足及利益分配不均的担忧。这不仅影响了居民参与旅游的积极性，还导致了本地人才流失和外地人才难以引进的问题，成为

旅游可持续发展的瓶颈。居民反映，资金和技术缺乏是参与旅游经营的主要障碍，这表明在旅游脱贫中存在剥夺贫困居民参与权的现象。[①]因此，提升居民参与旅游的能力，减少相对剥夺感[②]，是防止返贫的关键。

地理位置偏远的旅游景点难以吸引高学历旅游专业人才，影响了景区的核心竞争力。由于交通不便、生活水平不高，这些地区缺乏吸引专业人才的硬件和软件环境。与此同时，本地旅游景区的发展资源有限，无法提供足够的职业发展机会和优越的工作条件，使得高学历旅游专业人才更倾向于在城市就业。此外，由于缺乏专业人才，当地村民兼职从事旅游服务的现象普遍，导致服务质量不一、管理混乱，影响了旅游业的可持续发展。

5.4.5　旅游脱贫显著改善了交通等基础设施，但配套设施仍需加强

湘鄂渝黔接壤地区居民认为旅游发展极大地改善了本地的交通条件和基础设施，认同率高达84.80%。但配套设施仍不完善，这些都限制了当地旅游的高质量发展。

第一，交通设施建设滞后是湘鄂渝黔接壤地区旅游发展的主要障碍。该地区地处中西部，多为革命老区、民族地区和贫困地区，位置偏僻，远离发达城市。虽然有丰富的自然和人文旅游资源，但因交通不便，导致游客进入成本高，限制了资源开发利用。如偏远乡村旅游景点道路条件差，游客需要耗费大量时间和精力抵达，降低了旅游意愿和体验感。同时，交通不便也影响了旅游商品运输销售，限制了居民增收渠道。

第二，住宿环境欠佳制约当地旅游发展。本地旅游住宿以农家乐、乡村民宿为主，人居环境和基础设施差，存在卫生不达标、设施陈旧、服务不规范等问题，严重影响游客住宿体验和满意度。因此，各地区应依托当地优美的自然资源和传统古村落，打造特色精品民宿，以推动本地旅游转型升级。

第三，旅行社接待服务水平亟待提升。部分县旅行社管理经验不足，很多导游由村民兼任，他们未接受专业培训，专业性不强，讲解不规范，服务意识不到位，整体导游服务水平不高。这影响了游客对本地旅游的印象，降低了重游意愿，使本地旅游难以实现长远可持续发展。综上所述，湘鄂渝黔接壤地区需针对交通、住宿和旅行社服务等方面的问题，采取有效措施加以改善，以促

①　卢世菊，江婕，余阳. 民族地区旅游扶贫中贫困人口的相对剥夺感及其疏导研究——基于恩施州5个贫困村的调查 [J]. 学习与实践，2018（1）：111-118.

②　谢双玉，李琳，冯娟，等. 贫困与非贫困户旅游扶贫政策绩效感知差异研究——以恩施为例 [J]. 旅游学刊，2020，35（2）：80-92.

进当地旅游的可持续发展。

5.4.6 旅游脱贫显著促进了乡村文化的传承，但文化展现方式亟须创新

湘鄂渝黔接壤地区以其独特的地理环境与丰富的自然资源，成为旅游脱贫攻坚的重点区域。调研数据显示，当地居民普遍认为旅游发展有效保护和传承了当地文化，显著提升了地区知名度，认同率普遍超过 80.00%。然而，这一地区在旅游发展模式上呈现出固化现象，旅游产品缺乏新颖性，严重制约了旅游的高质量发展。

首先，该地区旅游发展模式单一，过度依赖自然景观，对文化资源的深度挖掘与开发不足。尽管该地区历史文化底蕴深厚，民俗风情独特，但文化景点和文化旅游活动匮乏，导致游客文化体验有限，景区类型同质化严重。这种单一化的旅游产品无法满足游客日益增长的多元化需求，减少了游客的停留时间、降低了游玩深度。

其次，景区旅游项目缺乏创新性和个性化，多为传统的观赏和生态农业体验，缺乏新颖的旅游项目。这不仅影响了游客的旅游体验，也降低了游客在景区内的参与感和满意度。创新旅游项目的缺乏，成为制约该地区旅游业进一步发展的关键因素。

最后，民俗文化旅游创意不足，未能充分利用当地丰富的民俗文化资源。这一地区少数民族聚居，民俗文化资源丰富，但在实际开发中，未能通过"文化+科技""文化+旅游"等创新模式进行深度挖掘和创意开发，导致旅游产品的创意性和体验感不足。游客在接触这些文化时，往往缺乏新鲜感和深度探索欲，影响了他们对本地旅游的兴趣和忠诚度。

综上所述，旅游脱贫在促进湘鄂渝黔接壤地区文化传承方面发挥了积极作用，但文化展现方式的创新不足成为其发展的瓶颈。为了突破这一瓶颈，该地区需要加强文化挖掘和保护工作，深入挖掘丰富的历史文化资源，打造具有独特魅力的文化旅游产品。同时，引入更多创新旅游项目，提升景区的吸引力和竞争力。通过不断创新和场景升级，满足游客的多元化需求，实现旅游业的可持续发展。

第6章 湘鄂渝黔接壤地区旅游防返贫 机制的动态优化与创新

2020年年底中国脱贫攻坚取得了举世瞩目的成绩，现行标准下9 899万农村贫困人口全部脱贫，832个贫困县全部摘帽，12.8万个贫困村全部出列，区域性整体贫困得到解决，完成了消除绝对贫困的艰巨任务。同时，习近平总书记也强调："'胜非其难也，持之者其难也。'我们要切实做好巩固拓展脱贫攻坚成果同乡村振兴有效衔接各项工作，让脱贫基础更加稳固、成效更可持续。"①因此，防止脱贫人口重新返贫成为新的重大现实问题。

在中国脱贫攻坚战中，湘鄂渝黔接壤地区以其独特的地理区位和丰富的自然资源，成为国家扶贫战略中的重要一环。这一区域地处中国中西部腹地，武陵山片区横亘其间，既是自然风光的宝库，也是脱贫攻坚的难点和重点。它是中国14个集中连片特困区之一，2014年12月，国务院扶贫开发领导小组办公室公布的全国832个贫困县中有148个隶属于该地区，其中有80%的贫困县位于4省（直辖市）的接壤地区。由于地理位置偏僻，远离政治、经济、文化发达城市，交通不便，经济较为落后。经过数年不懈努力，湘鄂渝黔4省（直辖市）政府携手并进，充分利用当地旅游资源，以旅游扶贫为突破口，成功带动了一大批贫困村和贫困户摆脱贫困，走上了富裕之路。这一成就不仅彰显了中国特色社会主义制度的优越性，也为全球减贫事业提供了宝贵经验。然而，随着精准扶贫战略向乡村振兴战略的深入转变，湘鄂渝黔接壤地区面临着新的挑战与机遇。如何巩固拓展脱贫攻坚成果，防止脱贫人口返贫，成为当前和今后一个时期的重要任务。特别

---

① 习近平. 在全国脱贫攻坚总结表彰大会上的讲话 [N]. 人民日报，2021-02-26 (2).

是在旅游扶贫领域，如何识别返贫风险，分析旅游扶贫动力，创新旅游防返贫机制，成为亟待解决的问题。因此，本章致力于深入剖析旅游脱贫后返贫风险的影响因素，细致探讨旅游扶贫动力机制的动态演变，并积极探索创新旅游防返贫机制的有效路径。通过全面而系统的分析，旨在为湘鄂渝黔接壤地区乃至全国范围内的相似区域提供具有实践指导意义、可广泛借鉴与复制的旅游防返贫经验，从而为乡村振兴战略的高效实施注入新的智慧与动能。

6.1 湘鄂渝黔接壤地区旅游脱贫后返贫风险识别

返贫是指某些地区或人群在脱贫之后再次陷入贫困的现象。湘鄂渝黔接壤地区实现区域性整体脱贫是多方主体共同参与和内外因素协同驱动的结果。旅游脱贫地区由于自身经济基础薄弱，抵御风险的能力较差，在不确定因素的影响下，容易再次掉入贫困陷阱。因此，识别返贫诱因是构筑返贫阻断长效机制的前提。

6.1.1 内部影响因素

1）部分脱贫群众"等、靠、要"思想，损耗了旅游扶贫内生动力

湘鄂渝黔接壤地区是武陵山集中连片特困区的所在地，也是最后一批脱贫摘帽贫困县的所在地，自然条件恶劣，基础设施落后，贫困人口受教育水平低，少数脱贫群众"等、靠、要"思想突出，成为巩固脱贫攻坚成果的最大障碍。因此，转变思想观念、激发脱贫内生动力，提升自我发展能力，才是防止返贫的重中之重。破解"等、靠、要"思想的关键是"扶智"，这就需要详细掌握每一户脱贫户的具体情况，针对不同情况量身定制教育帮扶措施，通过技能培训提高脱贫群众从事旅游经营和服务的本领，帮助他们拓宽旅游增收渠道，增强其自力更生的能力和信心，只有这样才能真正防止他们再次返贫。

2）旅游产品迭代更新慢，市场竞争力弱

目前湘鄂渝黔本地旅游主要以观光旅游为主，深度体验和休闲度假旅游所占比重不大。本地旅游同质化严重，常见的观赏风景、休闲垂钓、果蔬采摘、户外烧烤项目使旅游者感到枯燥乏味，影响了他们的旅游体验和兴趣。这种低

层次的旅游产品市场竞争力差，无法持续增加贫困地区的经济收益，返贫风险加大。其实湘鄂渝黔接壤地区自然旅游资源丰富，少数民族众多，土家族、苗族、侗族等多姿多彩的民族风情，为本地旅游高质量发展提供了有力支撑。近年来4省（直辖市）加大了对参与性、文化类旅游产品的开发。例如，重庆市石柱县推出土家农耕文化休闲游、酉阳县推出绝壁上的风情山水民俗风情走廊游[1]；湖北恩施推出了茶源土家、"氧生"福地精品旅游，五峰土家族自治县则充分利用当地深厚的土家文化、农耕文化、茶文化和红色文化、民俗文化打造了"微度假"旅游[2]；贵州则以避暑旅居、村超争霸为主题带火了本地旅游；湖南以民宿旅游为主题推出民宿"下地"乡村新玩法[3]，旅游者入住民宿后通过参与打谷子、割稻子、挖红薯、采棉花、挖花生等农事活动，体验农耕文化。这些本地旅游新产品提升了湘鄂渝黔本地旅游的竞争力，增加了贫困人口的受益面，为旅游助力乡村振兴奠定了基础。但湘鄂渝黔要想持续巩固旅游脱贫成效，创新本地旅游产品、增加旅游活动的参与性、体验性和趣味性是关键。

3）旅游产业融合度低、产业链短，可持续发展后劲不足

从目前湘鄂渝黔地区的旅游脱贫现状看，除了农业外，旅游与其他产业的融合并不紧密，本地旅游的主要形式集中在民俗观赏、农业观光及历史建筑参观方面，缺乏与新兴产业的融合发展，导致旅游收益持续下滑，脱贫人口返贫风险加大。从长远看，延伸旅游产业链，推动本地旅游与康养、文化创意、体育、冰雪、虚拟现实数字科技等的融合发展，形成以农业为基础、工业为支撑、新兴第三产业为亮点的"旅游+"产业格局，才能发挥旅游作为产业润滑剂的作用，促进脱贫地区依托旅游实现可持续增收。

6.1.2 外部影响因素

1）国家扶贫战略发生转向

2020年我国如期完成了消除绝对贫困的艰巨任务，但是我国反贫困工作任务还没有结束，工作重心将从消除绝对贫困转向解决相对贫困。[4]在此背景

---

① 陈维灯. 渝东南全力做好文旅融合大文章［N］. 重庆日报，2023-02-18（3）.

② 五峰县人民政府. "筑梦"山水间 五峰做强民宿经济打造微度假地［EB/OL］.（2022-11-24）［2024-07-10］. http://www.hbwf.gov.cn/content-44-476045-1.html.

③ 佚名. 民宿"下地"，乡村新玩法［N］. 湖南日报，2023-10-31.

④ 《中共中央 国务院关于抓好"三农"领域重点工作确保如期实现全面小康的意见》.

下，国家旅游扶贫政策在保持稳定的前提下，帮扶方向也应有所调整。在脱贫攻坚时期，湘鄂渝黔接壤地区旅游扶贫的推进主要依靠政府和社会力量的支持。政府通过拨款设立财政专项扶贫资金大幅改善了各贫困村的道路、停车场、厕所、应急救援、供水供电等服务基础设施，并通过人力和政策的倾斜帮助其开发旅游项目、输送客源、开拓市场、安置就业以及技能培训，在内外合力的联动下当地旅游产业初具规模，大批贫困人口依靠本地旅游摆脱了贫困。但从长远看，旅游产业的发展仅靠硬件条件改善是远远不够的，旅游项目的运营管理和开发创新更需要懂经营、善管理、会服务的管理者和服务人员。目前很多旅游扶贫村的旅游产业之所以能发展起来，是因为大多依靠旅游公司和驻村工作队，而当地工作人员和贫困人口作为经营和服务主体，经营管理能力和服务技能还远不能适应旅游业发展的需要，旅游产品竞争力疲软、市场营销宣传落后、旅游服务质量不高等问题普遍存在。因此，国家为了推动贫困地区旅游业可持续发展，会主动调整扶贫政策方向，帮扶重点也转向增强旅游发展的软实力。[①]因此，贫困地区旅游企业、村民委员会和村民，如何根据国家政策变化，采取有效措施加速把政策红利转化为旅游发展实效已成当务之急。

2）外部不确定因素持续增加

由于旅游业敏感性强，易受自然灾害、传染性疾病和经济趋势等因素的影响，所以与其他扶贫方式相比旅游扶贫的稳定性较差。疫情令蓬勃发展的旅游业遭受重创，根据图3-10，2020年湘鄂渝黔4省（直辖市）接待旅游人数从2019年的52 055.59万人次锐减到44 487.52万人次，旅游市场规模以腰斩式的状态萎缩。同时近3年湘鄂渝黔接壤地区的自然灾害也持续增加，再加上湘鄂渝黔接壤地区贫困人口受教育水平低、自我发展能力差、创收渠道单一，在旅游业遭受重创时无法快速调整和转型，导致潜在返贫风险加剧。

3）旅游需求市场日新月异

随着旅游业的快速发展、居民收入水平的不断提高，以及科学技术的快速更新迭代，人们对旅游新需求和新体验的追求日益高涨，传统本地旅游已经无法满足人们的需求，旅游者更关注旅游的过程体验和价值获得。当前，湘鄂渝黔接壤地区旅游地食宿条件差、交通不便、旅游服务质量低、旅游活动单一、管理不规范、医疗卫生设施不足等诸多问题依然存在，制约了旅游产业助力脱贫成果的巩固与持续拓展。因此，更新旅游发展理念、敏锐捕捉旅游者新需

---

① 张照新. 脱贫"摘帽"后转向增强"软实力"［N］. 光明日报，2020-12-11（2）.

求、充分利用科技和文化驱动旅游消费市场场景和内容创新①、全面推行旅游服务标准化提高服务质量、加快旅游公共服务设施建设进度、推进本地旅游智慧化发展、开发有创意的本地旅游产品迫在眉睫，只有这样才能增强本地旅游的核心吸引力和竞争力，为持续稳定脱贫提供有力保障。

除此之外，在实地调研中发现，区域旅游发展过程中利益分配不均、人才短缺、监督保障体系不健全等问题也是诱发脱贫人口返贫的主要因素。同时伴随着湘鄂渝黔接壤地区旅游扶贫实践由脱贫攻坚转向乡村振兴，优化和创新旅游扶贫动力机制成为巩固脱贫成效、解锁乡村振兴的"金钥匙"。

6.2 湘鄂渝黔接壤地区旅游扶贫动力分析

6.2.1 旅游扶贫动力机制的内涵

机制是一个系统各组成部分间的关系和相互作用方式，以及在特定环境下的运行模式。人们设计制定运行机制的目的是确保组织能够稳定运行和可持续发展。旅游扶贫系统是由政府、旅游企业、当地村民、旅游者和非政府组织等组成的社会经济帮扶系统。旅游扶贫系统运行目标是推动贫困地区利用丰富的旅游资源，发展当地旅游业，帮助贫困地区和贫困人口增强自我发展和持续增收能力，并充分借助当地旅游业实现脱贫致富。旅游扶贫动力机制是指政府、旅游企业、当地村民、旅游者和非政府组织参与旅游扶贫的作用力和其产生的机理，以及优化和升级这种机理的经济关系和组织制度等所构成的总和。②在脱贫攻坚时期，湘鄂渝黔接壤地区以旅游扶贫为重要抓手，通过发展本地旅游带动240万贫困人口实现了脱贫，旅游扶贫成效显著。脱贫摘帽后，扶贫工作重心转向防止返贫和解决相对贫困，建立返贫阻断长效机制，推动反贫困工作平稳转型是当务之急。而充分解析旅游扶贫动力源是创新动力机制的前提条件。

---

① 张婷. 春节假期旅游经济驱动力观察：新需求、新技术、新商业模式、新消费关系是关键［N］. 中国文化报，2021-02-27（1）.

② 王会战，于凌仪，周磊，等. 后扶贫时代背景下革命老区旅游扶贫动力机制创新研究［J］. 湖北农业科学，2022，61（17）：171-174.

6.2.2　旅游扶贫动力源解析

旅游扶贫系统是由旅游者、旅游企业、当地村民、地方政府和非政府组织五大动力源构成的彼此制衡、彼此作用的动态有机整体。在该系统中，旅游者的旅游需求是系统发展的根本推动力，是旅游扶贫的需求动力。[①]旅游企业是旅游扶贫系统发展的供给动力，它利用当地旅游资源和基础设施设计开发旅游产品，并向旅游者销售，以满足其旅游需求而获得经济利益。地方政府和非政府组织为其提供法律、政策、资金和人才等支持，是旅游扶贫系统的支持动力。当地村民作为旅游扶贫的对象，通过参与旅游经营或服务获得收入、摆脱贫困，他们参与本地旅游的积极性、主动性、创造性是旅游扶贫系统有效运转的内生动力。上述四种动力在不同时期和阶段相互协调、共同发力，才能推动旅游扶贫系统可持续发展。

6.2.3　旅游扶贫动力机制演化

虽然湘鄂渝黔接壤地区本地旅游起步较早，但是真正启动并实践旅游扶贫，则是在2013年11月3日习近平总书记到湘西土家族苗族自治州花垣县十八洞村考察调研，提出"精准扶贫"重要思想之后[②]。当地充分利用苗寨独有的自然资源、民俗风情和农耕文化，大力发展本地旅游，从而带动了整个村的村民脱贫致富。十八洞村的旅游精准扶贫经验也激励了周边贫困地区的脱贫工作，自此湘鄂渝黔地区的旅游扶贫工作如火如荼地开展起来，并最终带动了240万贫困人口实现脱贫。总结脱贫攻坚经验，反思不足发现问题，才能为下一步乡村振兴工作提供参考和指导。

旅游扶贫初期，各地主要依靠地方政府和非政府组织的支持发展旅游业。党的十八大以来，各级地方政府加大了农村交通等基础设施建设力度，为经济落后地区发展旅游业奠定了基础，通过引入外部投资、贷款支持、提供优惠政策、减少用地审批程序等扶持本地旅游企业发展，通过本地旅游培训提升村民旅游经营服务技能，全方位扶持旅游业的发展；非政府组织则充分发挥自身优势为旅游扶贫提供资金和人才支持[③]，旅游扶贫正是在这种强大的支持动力下得以迅速发展。根据中商

①　谢小庆. 乡村地区旅游扶贫机制及其效应研究［D］. 长沙：湖南师范大学，2016.

②　汪晓东，宋静思，崔璨. 历史性的跨越 新奋斗的起点［N］. 人民日报，2021-02-24（1）.

③　王会战，于凌仪，周磊，等. 后扶贫时代背景下革命老区旅游扶贫动力机制创新研究［J］. 湖北农业科学，2022，61（17）：171-174.

产业研究院提供的数据，2012—2019年我国本地旅游市场规模持续增加，本地旅游人数从2012年的7.2亿人次①增至2019年的30亿人次。本地旅游市场的高速增长和旅游者多样化的旅游需求为旅游扶贫发展提供了持续增长的需求动力。湘鄂渝黔接壤地区在旅游扶贫开发初期，旅游开发商、旅游景区、饭店和旅行社等企业在经济利益驱动下，充分利用本地区丰富的少数民族风情和优美的自然环境，依靠雄厚的资金和丰富的经验开发设计本地旅游产品，并向旅游者出售，通过吸纳当地村民和贫困人口就业解决劳动力问题，这样既提高了贫困人口收入，又满足了旅游者的需求，也为企业创造了经济利益。因此，旅游企业为旅游扶贫提供了中坚供给动力。当地村民和贫困人口是旅游扶贫的对象，他们参与旅游扶贫的积极性和自我发展能力是旅游扶贫的内生动力。在旅游扶贫初期，由于自身受教育水平低、缺乏旅游经营资金等，很多人无法从事旅游经营和服务，严重影响了旅游脱贫效果。随着工作的深入推进，各地都开展了村民旅游技能培训，积极吸引村民参与旅游经营和服务工作，最终使他们摆脱了贫困。通过剖析旅游扶贫四大动力，不难发现，旅游扶贫初期，湘鄂渝黔接壤地区政府的支持为旅游扶贫启动和发展提供重要支撑。因此，该阶段旅游扶贫属于政府主导型模式（如图6-1所示）。

随着湘鄂渝黔接壤地区旅游业的快速发展，村民和贫困人口逐渐尝到了"旅游饭"的甜头。以十八洞村为例，至2020年年底，全村有100多人在本地旅游公司就业，他们主要从事景区讲解员、保安、保洁、司机、餐厅服务员等工作，每月收入在2 000~3 000元。同时有些村民依靠自家院子经营农家乐、售卖土特产，还有群众充分挖掘当地非物质文化遗产——苗绣的商业潜力，依托当地旅游业做起了苗绣生意，经济收入更加丰厚。经过政府和村民的不懈努力，村民人均年收入由2013年的1 600多元增加到了2017年的8 000多元，并于2017年实现了全村脱贫。2019年年底，十八洞村村民人均年收入快速增长至14 668元，村集体经济收入突破了100万元②，旅游精准扶贫政策实施6年时间，十八洞村村民参与旅游的态度发生了巨大转变，从最初的政府动员少数村民参与到后来的踊跃参与，村民的内生动力得到了激活。十八洞村旅游扶贫在短短几年内实现了从政府主导型到社区主导型的转变，其主要原因在于：

第一，政府对基础设施进行全面建设。开发初期政府投入大量资金对村道、水渠、民房、村部等进行建设，并全面改进了水、电、路、通信等基础设

---

① 中商产业研究院. 乡村旅游市场前景广阔 五张图看懂我国乡村旅游发展现状［EB/OL］.（2018-08-14）［2024-07-10］. https://www.askci.com/news/chanye/20180814/1454591128806.shtml.

② 央视网. 十八洞村的脱贫路［EB/OL］.（2020-07-13）［2024-07-10］. https://politics.gmw.cn/2020-07/13/content_33988023.htm.

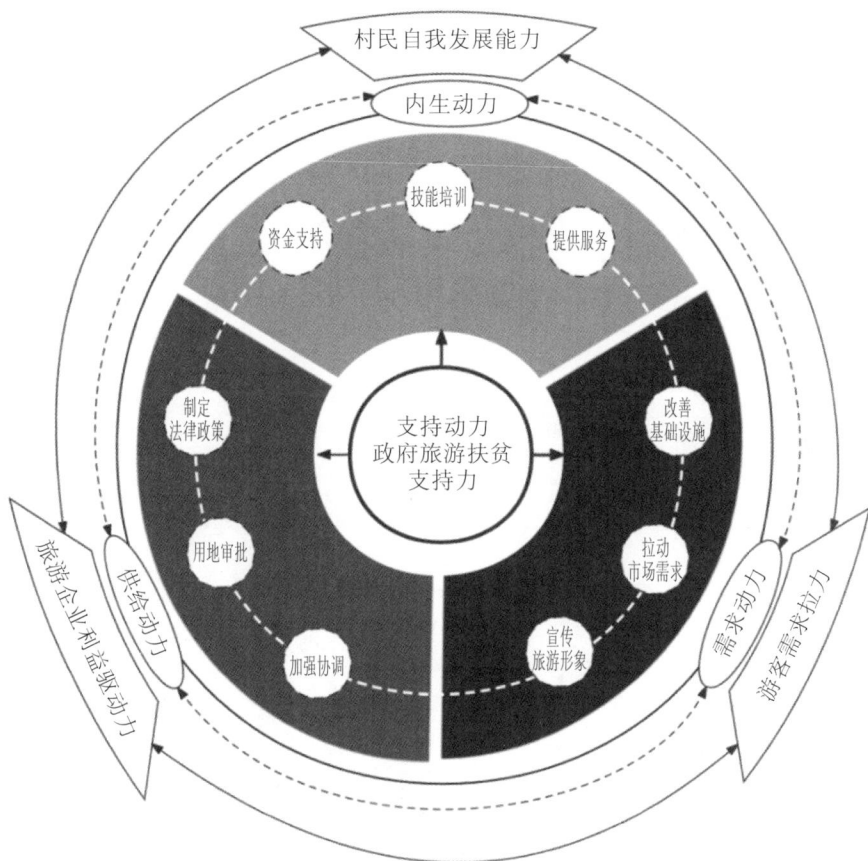

图6-1 政府主导型旅游扶贫模式

施，为当地旅游发展提供了良好条件。

第二，组建专业合作社。充分利用当地文化遗产组建了苗绣合作社，发挥能人带动示范效应，让农村妇女实现了在家就业致富。

第三，探索股份合作扶贫。为破解土地、资金、技术等问题，农民以土地入股，公司以资金和技术入股开展旅游相关经营活动，这样既保证了村民持续获益，又解决了旅游发展的资金和技术难题。①

第四，健全民主决策、民主管理和民主监督机制。旅游产业作为具有较强带动作用的综合性产业，旅游决策正确至关重要，十八洞村为了提高旅游决策的科学性，积极完善了民主决策、管理和监督机制，充分保障了村民在旅游扶贫中的话语权，为旅游扶贫的可持续发展奠定了基础。

---

① 罗明．湖南十八洞村是如何进行精准扶贫的？［EB/OL］．（2020-03-20）［2024-07-10］．https://www.163.com/dy/article/F857MAL90519D9DS.html．

　　从以上十八洞村旅游扶贫成功的经验可以看出，旅游扶贫各动力因子在不同阶段所发挥的效能有所不同，旅游扶贫初期政府支持动力发挥主导作用，后期逐渐演变为村民内生动力发挥重要作用，旅游扶贫由政府主导型转变为社区主导型（如图6-2所示）。

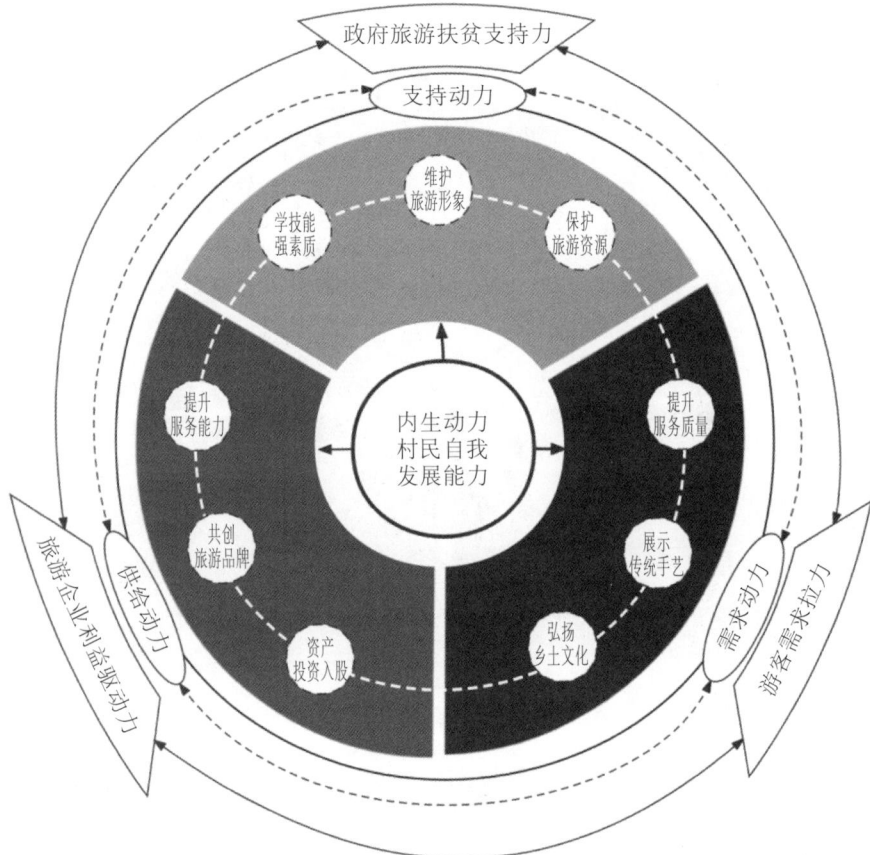

图6-2　社区主导型旅游扶贫模式

6.3　湘鄂渝黔接壤地区旅游防返贫机制的创新

　　为了深入贯彻习近平总书记在决战决胜脱贫攻坚座谈会上"摘帽不摘责

任、摘帽不摘政策、摘帽不摘帮扶、摘帽不摘监管"的重要讲话精神①，根据湘鄂渝黔接壤地区旅游扶贫实践和脱贫现实情况，锚定防返贫目标，构建了"一核四驱七机制"旅游防返贫机制模型（如图6-3所示）。"一核"即防止返贫核心目标，"四驱"即激发旅游扶贫发展的需求动力、供给动力、内生动力和支持动力等四大驱动力，"七机制"即多主体协调决策机制、多主体共同参与机制、利益共享分配机制、区域旅游协同发展机制、旅游产业升级长效机制、多渠道人才培养机制和全闭环监督保障机制等七大旅游防返贫机制，它们相互联系、相互作用，共同筑起旅游扶贫地区防返贫"防火墙"。

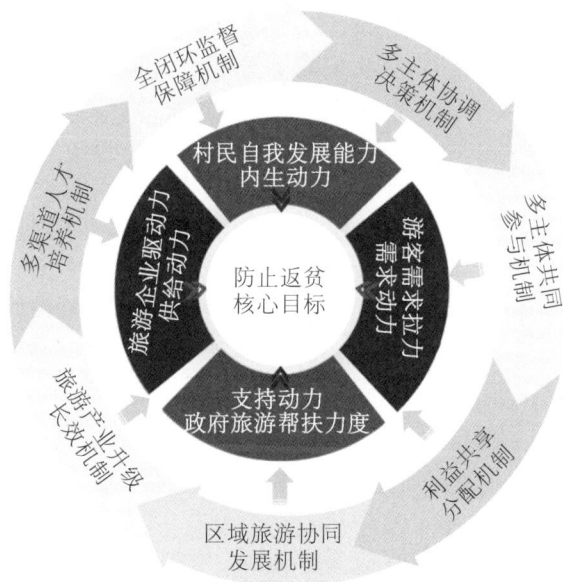

图6-3 "一核四驱七机制"旅游防返贫机制模型

旅游防返贫七大机制的运行规则和作用机理是极为复杂的，为了深刻地剖析这种复杂关系，在借鉴已有研究成果的基础上，构建了一个旅游防返贫机制作用机理图（如图6-4所示）。该作用机理主要包含"核心机制层"、"中间动力层"和"外围行为层"3个层次。"核心机制层"是为了保证湘鄂渝黔接壤地区旅游扶贫可持续发展，根据实际情况建立的七大机制，并描画了它们之间相互联系、相互作用的关系。"中间动力层"涵盖了四大驱动力，其中旅游企业是供给动力的主体，旅游者是需求动力的提供方，村民是内生动力的源泉，而政府和非政府组织为系统提供了支持动力。"外围行为层"是参与主体的正

---

① 艾菲. 摘帽"四不摘"脱贫不返贫［EB/OL］. （2019-03-09）［2024-07-10］. http://www.qstheory.cn/laigao/ycjx/2019-03/09/c_1124212602.htm.

面组织行为的集合，该集合越大，旅游防返贫动力源越充足。

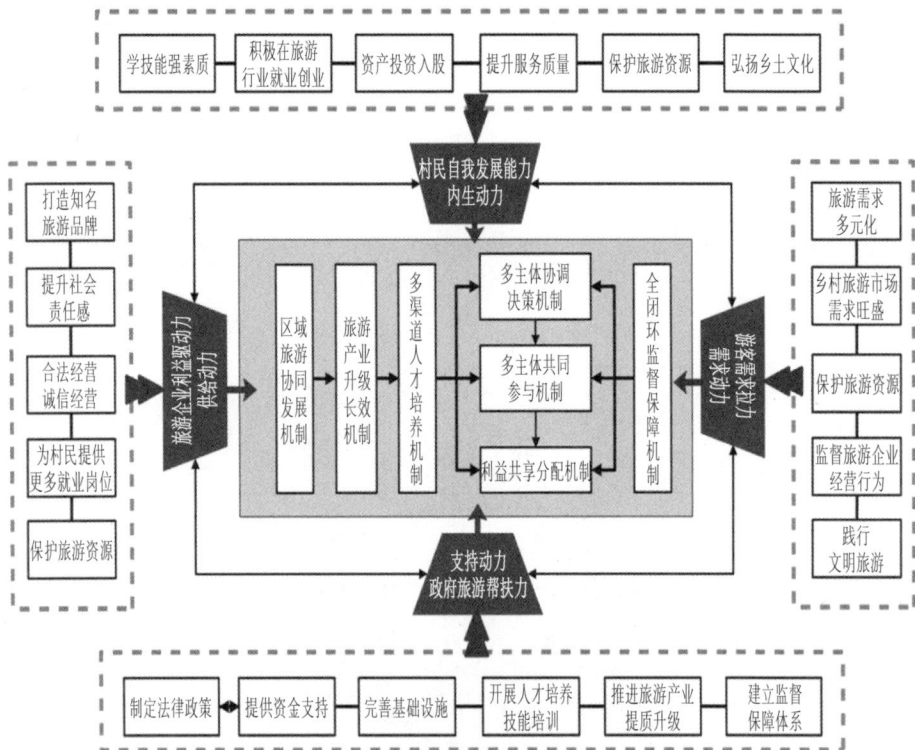

图6-4　旅游防返贫机制作用机理图

6.3.1　健全多主体协调决策机制

旅游开发决策机制是由地方政府、旅游企业、当地村民、旅游者等相关利益主体，以发展当地旅游业为目标导向，采取一定方式和流程参与旅游开发决策，最终达成一致目标的法定开发程序。其目标是推动贫困地区旅游业健康快速发展，最大程度带动当地贫困人口通过参与旅游实现脱贫致富。但目前湘鄂渝黔接壤地区旅游扶贫开发决策机制还存在诸多问题，主要表现为旅游扶贫开发与市场需求脱节、开发决策的程序化法治化程度低、决策主体缺位、当地村民的开发决策权被忽视等。在脱贫攻坚时期，由于旅游扶贫开发项目大部分是由政府相关职能部门主导完成的，在规划旅游扶贫开发项目过程中，没有旅游市场经营经验，导致选择的旅游开发项目不适应旅游市场需求，旅游产品竞争力差，不能带动当地旅游业可持续发展。

要推动旅游产业可持续发展，巩固脱贫攻坚成果接续推动乡村振兴，就应从以下方面完善旅游扶贫开发决策机制。

第一，决策主体由政府主导型向政府组织多方主体参与型转变。旅游扶贫开发的终极目标是充分利用贫困地区旅游资源和文化，开发出特色旅游产品，以吸引更多的旅游者来本地旅游，从而带动当地居民和贫困人口获得更多的经济收益。由多方主体参与的旅游扶贫开发决策机制能更好地适应日新月异的旅游市场，开发出的旅游产品也更能满足旅游者的需求，同时有效保障当地村民的利益诉求，从而实现旅游开发的经济、社会和生态效益的协调发展。

第二，强化旅游扶贫开发决策的程序化和法治化。为了切实保障旅游扶贫开发项目符合当地经济发展实际，并在投放旅游市场后吸引大量旅游者来旅游，国家相关部门应重视并完善旅游扶贫规划的法律制度建设。在相关法律中规定旅游扶贫项目开发必须履行立项、审批、编制、专家论证、公示、实施、评估和监督等程序，[①]并在法律制度中明确相关利益主体参与旅游开发决策的地位和形式，建立公众参与机制和信息公开制度。

第三，设立旅游规划监督部门。该部门应包含旅游行业协会、专家、企业、公众和政府，其主要职责为监督旅游开发规划是否符合法律程序，收集相关信息并向各方公开，协调相关主体的利益关系，监督保障旅游扶贫项目顺利实施等。

6.3.2　强化多主体共同参与机制

本地旅游扶贫只有在地方政府、旅游企业、当地村民、旅游者及社会各界相互协作、共同参与下才能实现共赢和持续健康发展。但从湘鄂渝黔接壤地区村民旅游扶贫感知效益实地调查中发现，村民在本地旅游发展中的主体地位被弱化、参与意识不强、利益被忽视，影响了村民对旅游扶贫的感知效益，对巩固脱贫攻坚成效极为不利。当地村民作为乡村的主人和扶贫对象，是本地旅游发展的动力源，只有建立有效的参与机制保障其参与本地旅游的权利，才能实现各利益主体间的利益平衡。

第一，增强村民主人翁意识。村民作为本地旅游的主人，本应在本地旅游发展中起决定作用，但由于自身文化水平低、资金少，参与意识不强，无法保证自身利益。因此，一是加强本地村民参与法律保障制度建设，通过法律途径保障村民参与旅游规划、管理和经营的权利和义务，树立村民参与信心，保障

---

① 高雪. 广东省中医药文化养生旅游开发中政府规划决策机制优化研究——以罗浮山项目为例 [D]. 广州：华南理工大学，2020.

参与权限；二是政府有关部门通过多种形式向村民宣传，要让村民知道本地旅游是建立在他们长期生产、生活形成的浓重乡村气息的基础上的，从而强化其主人翁意识，增强文化认同度；三是组织村民学习本地旅游的经营管理知识和技能，提高他们参与本地旅游的能力，保障他们在参与中获得更多的利益。

第二，拓宽村民参与渠道。在调研中，村民反映由于缺少经营资金和经验，无法参与本地旅游经营，只能从事一些收入低廉的服务和环境卫生工作，这影响了他们的受益权限。要解决这些问题：

首先，加强教育培训。村民受教育程度低，直接影响了他们的就业和经营，组织多种形式的技能培训能够有效提升他们的服务水平和经营能力。比如，通过外请专家组织村民进行现场技能培训，或充分利用互联网和智能手机，通过通俗易懂的视频案例教学提升服务意识和服务水平。

其次，政府相关部门出台政策重点帮助村民获取贷款支持，让更多村民通过自主创业参与到本地旅游发展中来，以享受旅游带来的巨大经济效益。

最后，拓宽参与渠道。[①]村民自主经营固然能够增加其经济收入，但由于每户村民的情况不同，有的长期患病，有的年龄偏大无法从事经营活动，因此可以通过成立村民互助旅游合作社、土地房屋等资产入股、公司与村民合营等多种方式[②]，因人而异自主选择参与渠道。

第三，提供更多就业岗位。本地旅游归根结底要靠当地村民来传承乡土文化，只有以纯净的环境、浓郁的风情、多元的文化、身临其境的农事活动、优美的村容村貌才能使旅游者流连忘返。故而，本地旅游地和旅游景区可以增设乡村文化展示工作岗位，聘请当地村民身穿传统服饰展示民风、民俗、传统艺术和传统手工艺，在文化节期间按照习俗营造传统节日氛围等，只有这样才能既满足旅游者"求异、求新、求知、求乐"的旅游需求，提升本地旅游的文化内涵，同时又能给更多的村民创造工作岗位增加收入，提升他们的幸福感，筑牢防止致贫返贫屏障。

6.3.3　完善利益共享分配机制

旅游扶贫利益分配是指旅游扶贫参与主体从旅游业产生的总收入或总利润中分得各自应得的利益份额。根据利益分配所属群体，分为村组织成员内部利

---

① 赵静. 乡村旅游核心利益相关者关系博弈及协调机制研究［D］. 西安：西北大学，2019.

② 田真. 乡村旅游社区参与模式与利益分配机制研究：以威海河口"胶东渔村"为例［D］. 济南：山东大学，2014.

益分配、村组织与外部主体的利益分配两种类型。①合理分配各主体之间的利益是旅游扶贫工作的难点，调研中村民抱怨最多的问题也是利益分配不均，阻碍了旅游扶贫工作的顺利进行。建立公平、有效、合理的利益分配机制是旅游扶贫系统良性运转的保障，也是防止贫困人口返贫的有效措施。

第一，政府制定旅游扶贫利益分配政策，指导乡村组织进行公平合理的利益分配。应明确规定村民通过自有资源投资入股本地旅游所产生的经济收入归资源拥有人所有，自有资源包括土地、林地经营权，以及房屋所有权。②如果村集体把帮扶资金用于投资入股，产生的旅游经济收入应归贫困人口所有，以保障丧失劳动力的贫困户享受本地旅游收益；同时为了缓和村民之间的矛盾，也可以在广泛征集群众意见和精准识别贫困人口的基础上，采取村民广泛受益与贫困户重点倾斜分配相结合的形式，以减少非贫困户的不满情绪。对于旅游企业给村集体的补偿金和公益基金，村民委员会在政府部门的指导下建立分配使用制度，一部分资金用于再次参与本地旅游投资获得长期收益，一部分资金用来为本村老人和贫困群众购买养老金和医疗保险，或者改善医疗条件，为弱势群体提供基本生活保障。利益分配要突出多劳多得原则，鼓励村民通过自主经营和劳动付出获得更多的经济收益。

第二，构建利益约束和均衡分配制度，杜绝"旅游飞地"现象产生。政府严格规范旅游开发和农村土地流转制度，旅游开发中尽量避免征地和拆迁等短视行为，即使无法避免也要赋予村民流转土地的决策权③；同时在与开发商签署合同中应尽量保证村民通过土地经营权入股从而获得长期补偿；景区建成后，周边商铺和餐馆等的经营权也要按比例交由村民和贫困群众开展经营，让当地村民能从旅游发展中获得更多收益。积极吸引外出务工青年回乡创业，为其提供贷款支持政策，并组织他们外出培训学习，鼓励他们设计生产出更多独具地方特色的文旅产品，增加本地旅游的吸引力。充分发挥政府协调作用，帮助旅游企业和贫困户形成帮扶关系，鼓励旅游企业尽量吸纳贫困人口就业，让贫困人口通过劳动获得收入，帮助他们脱贫，对于带动贫困户脱贫的旅游企业给予税务和金融政策支持等。

第三，建立利益分配公开和监督制度。为了增加村民参与旅游业的积极性、增强村集体观念、营造良好的本地旅游经营环境、减少利益分配不均、避免引发村民之间的矛盾升级，政府应组建由村民、企业、专家和政府等利益主体组

① 李萌. 旅游社区参与及利益分配规则公平研究［D］. 青岛：中国海洋大学，2015.

② 朱淑娟. 旅游扶贫中贫困人口受益机制研究［D］. 武汉：华中师范大学，2019.

③ 雷帅. "旅游飞地"对乡村旅游地区的影响及应对策［J］. 旅游纵览（下半月），2018（18）：57-58.

成的监督部门，该部门的主要职责是制定完善的本地旅游利益分配制度，明确各方责权和利益范围，确保利益分配合规、公开、透明；同时，建立绩效考核制度①，把绩效考核结果作为利益分配的主要依据之一；把政府的审计监督制度范围扩展到乡村，每年定期开展本地旅游集体收入分配审计工作，同时公布国家帮扶资金在村里的使用情况，切实发挥审计监督作用，更好保障旅游扶贫可持续发展。

6.3.4　探索区域旅游协同发展机制

区域旅游协同发展是指不同行政区为了充分发挥各地旅游资源优势，合作推出精品旅游线路、共拓客源市场，逐步形成吸引力强、特色鲜明、品牌形象突出的旅游地的一种经济行为。②湘鄂渝黔交界区域在行政上虽分属不同省（直辖市），但在地理与文化方面却有着紧密的联系。从地理层面来看，武陵山脉作为主轴贯穿其中，山脉延绵起伏，宛如区域的脊梁，赋予这片土地坚韧的骨架。同时，沅水、醴水、清江、乌江四大水系均发源于武陵山脉，它们纵横交错，像血脉一样滋养着大地，为这片区域带来了生机与灵动。在人文方面，这里是少数民族聚居地，民俗相近，风俗习惯中承载着独特的民族韵味，展现出民族文化的丰富内涵。此外，宗教文化、民族文化、红色文化以及建筑文化在这里相互交融，共同编织出神秘且特色鲜明的武陵文化，形成了中国独特的"文化沉积带"。这种地理与文化交织而成的独特魅力，让湘鄂渝黔交界区域成为我国旅游资源极为富集的地区之一，如同大自然与历史文化精心雕琢的瑰宝，为旅游业的蓬勃发展铸就了得天独厚的优势。长期以来，该区域因分属不同省（直辖市）管辖，旅游发展各自为政，区域旅游协同发展机制一直没有建立。但本书第5章研究结果显示，湘鄂渝黔接壤地区旅游业跨区域联合发展有利于实现区域均衡减贫和旅游消费集聚区的形成，因此探索区域旅游协同发展机制是促进湘鄂渝黔接壤地区旅游业高质量发展的重要保障，也是推动乡村振兴的助推器。

第一，共同制定湘鄂渝黔接壤地区本地旅游发展总体规划。成立由4省（直辖市）文旅部门参加的区域旅游协同发展机构，共同制定区域合作政策，

---

① 姚群. 乡村旅游发展中的多元主体利益协调机制研究——以崇州市凡朴生活圈为例［D］. 成都：西南财经大学，2020.
② 高明，刘俊杰. 环北部湾旅游圈协同发展动力机制探讨［J］. 桂林旅游高等专科学校学报，2008（1）：69-72；80.

编制湘鄂渝黔接壤地区旅游发展总体规划，打破行政区域界限①，把区内不同县的旅游资源进行分类整合，充分发挥各地旅游资源禀赋，通过"旅游+文化""旅游+特色产业"打造各具特色的旅游板块，以实现旅游错位发展，助力旅游业尽快跳出同质化发展的怪圈。

第二，共同打造区域本地旅游品牌。湘鄂渝黔4省（直辖市）要携手打造接壤地区本地旅游品牌，首先应整合区域内本地旅游形象。目前湘鄂渝黔接壤地区本地旅游品牌形象众多，"一县一品牌"格局由来已久，统一品牌形象、凝练品牌内涵是首要任务。湘鄂渝黔接壤地区是土家族、苗族、侗族等少数民族聚集区，民族风情异彩纷呈，非物质文化遗产众多，为凝练本地旅游品牌核心内涵提供了文化载体。同时区域内森林资源丰富，生物物种多样，拥有世界自然遗产地2处、世界生物圈保护区2处、国家地质公园7处、国家森林公园11处、国家级自然保护区10处，这些丰富的自然旅游资源，为塑造本地旅游品牌形象提供了主题素材。因此，湘鄂渝黔接壤地区应该以大健康产业为支撑，以良好的生态环境和丰富的民俗文化为基础，围绕"绿色生态、多元文化、乡村体育、康体养生、农耕文化"五个主题设计推出多条本地旅游精品线路，最终凝练形成湘鄂渝黔接壤地区"绿色健康休闲"本地旅游品牌。

第三，共同建设区域交通网络体系。近年来在国家扶贫政策的大力支持下，贫困地区的交通基础设施得到了很大程度的改善，但仍有很大的提升空间。在实地调研时发现，至今仍有很多县没有开通铁路，开通高铁的县就更少。因此，要想推动湘鄂渝黔接壤地区跨区域旅游协同发展，4省（直辖市）政府必须加快建设无缝对接的现代化立体交通网络体系，通过"3小时高铁圈"把湘鄂渝黔接壤地区分散的本地旅游点有效串联成精品旅游线路，并借助高铁庞大的客流量带动本地旅游的发展②，让本地旅游成为撬动湘鄂渝黔接壤地区旅游协同发展的有效支点。

6.3.5 推进旅游产业升级长效机制

虽然湘鄂渝黔接壤地区旅游扶贫工作取得了巨大成就，但在发展过程中仍存在本地旅游产品单调雷同、参与性不强、管理不规范等问题。稳步推进本地旅游产业提质升级，才能助推本地旅游实现高质量发展，筑牢防止致贫返贫屏

---

① 黄静波，李纯. 湘粤赣边界区域红色旅游协同发展模式 [J]. 经济地理，2015，35（12）：203-208.

② 李丙金，宋颖芳. 乡村"微旅游"产业韧性提升路径 [J]. 社会科学家，2023（3）：57-63.

障。具体措施如下：

第一，规划引领，错位发展①，推动本地旅游产业结构优化。虽然湘鄂渝黔接壤地区本地旅游发展同质化现象较为普遍，但4省（直辖市）丰富的旅游资源储备为旅游产业提质升级提供了物质基础。截至2022年7月，湘鄂渝黔地区拥有国家级旅游重点村591个、A级旅游景区3 428个（见表6-1）。后期各省（直辖市）旅游主管部门应对本地旅游村和A级旅游景区进行整体规划，以市场需求为导向，优化产业结构，鼓励旅游重点村和旅游景区走特色化、差异化的错位发展道路，进而提升湘鄂渝黔接壤地区本地旅游供给质量，加快本地旅游产业转型升级的步伐。

表6-1　　　　　　　　湘鄂渝黔地区旅游资源统计表　　　　　　　　单位：个

省（直辖市）	5A级旅游景区	4A级旅游景区	3A级旅游景区	1A、2A级旅游景区	国家级旅游重点村	合计
湖南省	11	152	367	828	140	1 498
湖北省	12	142	219	554	55	982
贵州省	9	133	378	238	274	1 032
重庆市	10	121	81	173	122	507
合计	42	548	1 045	1 793	591	4 019

资料来源：国家地理信息公共服务平台。

第二，文化引领、科技赋能，推动本地旅游产品迭代升级。特色旅游产品是本地旅游发展的内核驱动力，文化是旅游产品的灵魂。湘鄂渝黔是土家族、苗族、侗族、瑶族、布依族和彝族的聚集地，多姿多彩的少数民族文化为旅游产品的创新提供了沃土。②因此，可以把少数民族文化元素与服饰、玩具、装饰品以及日用品结合，打造特色旅游纪念品；还可以把少数民族传统节日与旅游结合打造民俗风情知名品牌；通过"非遗+游戏+旅游"打造非遗旅游体验基地等。同时充分利用科技创新为旅游产品创新赋能，比如借助新的信息、生物、能源技术开发科技含量高的旅游产品，采用新技术、新工艺、新材料等研

① 李丽. 供给侧改革下重庆乡村旅游转型升级有效机制研究［J］. 旅游纵览（下半月），2018（3）：152-153.

② 黄永林，邹蓓. 推动非遗与乡村旅游深度融合发展的基本规律与主要路径［J］. 文化遗产，2024（1）：1-8.

发特色本地旅游商品等①。最终通过科技创新驱动、文化内涵挖掘，扭转湘鄂渝黔接壤地区以传统观光旅游为主的局面，打造休闲度假、避暑康养、农耕体验、特色美食、文化享受、非遗研学、特色民宿等多元化特色化旅游产品共存新格局。以满足旅游者个性化、多层次的旅游需求，进而推动湘鄂渝黔接壤地区本地旅游产品转型升级，助力本地旅游高质量发展。

第三，数字改革、智慧管理，推动本地旅游服务提质提档。伴随着互联网科技的不断进步，旅游者对本地旅游基础环境和服务配套设施的要求越来越高，湘鄂渝黔接壤地区应以数字化改革为引领，紧抓智慧旅游建设，助力本地旅游服务提质升级。

首先，推动乡村景区全面建设智慧旅游系统。该系统能够实现线上预约、购票，旺季可进行限流和错峰管理，提高入门验票效率、减少排队时间；及时发现潜在安全隐患并报警、提高景区安全性；简化投诉流程、提高服务品质，充分保障旅游者旅游体验，提升其满意度。

其次，利用先进的AI数字人提升景区精准营销和服务质量。把AI数字人与景区智慧旅游系统有效对接，从而实现随时随地进行直播讲解、互动，为旅游者提供"吃住行游购娱"一站式咨询服务，新颖的营销场景会大大增加旅游者对本地旅游的兴趣。AI数字人"村播"也解决了本地旅游营销人才短缺的问题，且成本低、传播速度快、话术规范。

因此，本地旅游景区智慧化升级能有效激活本地旅游，筑牢本地旅游产业根基。

6.3.6 构建多渠道人才培养机制

调研发现，湘鄂渝黔接壤地区村民文化素质较低、自我发展能力有限，而高学历人才又"招不到、留不住"，严重制约了本地旅游的发展，加大了返贫风险。因此，创新本地旅游人才培养机制是防止返贫、促进本地旅游可持续发展的关键。接下来，应从人才培养、人才引进、人才激励三个方面创新湘鄂渝黔接壤地区本地旅游人才培养机制。

1）构建多元化"乡土人才"培养体系

通过转变思想、技术培训和智力提升造就更多本地人才是本地旅游持续发展的力量源泉。

---

① 李丽. 供给侧改革下重庆乡村旅游转型升级有效机制研究［J］. 旅游纵览（下半月），2018（3）：152-153.

第一，转变思想观念是首要任务。通过组织村民和贫困人口学习本地旅游扶贫成功经典案例和外出参观，让他们了解"等、靠、要"思想的危害，激发其参与本地旅游的积极性。

第二，技能培训是重要途径。针对不同岗位开展多样化的技能培训。通过现场讲座和技能示范，对一线服务人员进行餐饮卫生、安全管理和紧急救援规范培训，重点提升服务意识、餐饮客房服务技能以及与旅游者沟通的技能。对参与景区经营的管理人才开展景区管理运营、活动策划、旅游营销、产品开发和导游讲解培训；对村干部进行乡村治理、旅游者管理、人际沟通和生态环保培训。

第三，智力提升是长远之策。与高校紧密合作开展订单式人才培养[①]，由政府出面与高校达成本地旅游人才培养协议，组织当地具有初、高中文化水平的村民到高校进行在职学习，获得旅游从业职业证书；高校在本地旅游企业设立实践实习基地，定期组织大学生到相关企业实习，为本地旅游产品设计、开发和营销助力，也为后期人才引进打下基础；旅游企业主动与高校对接开展旅游项目研发，充分借助高校的人才优势，攻克旅游项目开发、旅游产品设计和景区管理运营等难题。只有这样才能培养出更多的优质本地旅游人才，实现"输血式扶贫"向"造血式扶贫"转变。

2）出台稳定的人才引进优惠政策

在湘鄂渝黔地区旅游扶贫实地调查中发现，目前从事本地旅游的人员和贫困人口受教育水平普遍不高，旅游管理人才和高学历人才紧缺，难以满足旅游者日新月异的旅游需求。再加上本地旅游的基础设施不完善、工作生活条件差、薪酬福利待遇低、发展空间有限等现实情况，多年来人才引进瓶颈一直没有被突破。加大人才引进力度是解决人才引进难的重要措施。地方政府部门应通过财政补贴和财政拨款方式，全面提高本地旅游管理人才的工资、津贴、奖金和福利，完善人才住房补贴政策，提高他们的生活质量，增强归属感和工作稳定性，吸引高学历高层次人才到乡村从事旅游管理工作。

3）完善人才激励制度，营造成才环境

与本地旅游发展火爆形成鲜明对比，愿意扎根基层从事本地旅游管理的高校人才则较少。"招人难、留人更难"成为本地旅游发展的制约。一方面，留住人才不能只靠提高工资待遇，拓宽人才晋升空间是本地旅游长效发展的必由之路。选拔优秀旅游人才进入企业管理层，推荐有突出贡献人才进入当地政府

---

① 孙静，刘薇."新旧动能转换"背景下山东乡村旅游人才培训体系研究［J］.中国成人教育，2019（4）：93-96.

部门工作，为其提供更高层次的受教育和培训的机会和资金，全方位提升他们的荣誉感和获得感，这样才能留住人才。另一方面，通过分红、入股和共创品牌等模式①，让本地旅游人才加入企业成为企业的主人，以最大限度地保证培养出的人才不愿意离开，才能从根本上留住人才。

6.3.7　建立全闭环监督保障机制

监督保障机制是纪委监委为了保障该地区旅游市场的经营秩序、保护旅游资源可持续发展，对政府相关部门、企业和村民委员会、村民的经营行为进行监督、管理和约束，以确保其本地旅游经营行为符合法律法规和制度规定，保障村民权益，推动该地区旅游实现经济效益、社会效益和环境效益平衡发展的一种制度安排。②目前我国关于地区旅游的法律制度还有待完善，在旅游扶贫开发过程中，村民和贫困人口的权益缺乏有效保障。为巩固旅游扶贫成效，全面推进地区旅游产业发展，需要强化监督保障机制，构建政府监管、行业协会监察、媒体和公众监督相结合的监督保障体系。地方政府作为权威部门，应由纪委监委组织成立由政府相关部门、行业协会、旅游行业专家、村民代表组成的监督检查部门。其主要职责如下：

1）监督政府管理职能和职权行使范围

地方政府在该地区旅游发展中扮演着制定政策、引领旅游规划方向、规范市场主体行为和协调各方利益的关键角色。然而，由于政府体系复杂、决策流程相对繁复以及信息传递过程中的局限性，政府在地区旅游管理中可能会遇到一些挑战和不足。强化监督保障机制，旨在有效监督政府职权行使的合法性，防范权力滥用、非法牟利等侵害公民利益的行为。监督检查部门应促使政府主管部门在地区旅游开发和管理中，积极引入公众参与决策机制与村民听证制度，建立重大决策公示制度，完善利益分配审计机制，拓宽信访渠道，主动倾听群众和旅游者的声音，确保地区旅游政策执行既合法合规又公平公正，从而切实维护村民的合法权益不受侵害。

---

① 卢小丽，周梦. 从"核心-边缘"到空间正义：乡村旅游推动共同富裕的理论逻辑与实践路径［J］. 西北农林科技大学学报（社会科学版），2023，23（6）：84-93.

② 麻红晓. 基于实证分析的旅游扶贫机制及效果评价研究——以重庆市 B 村为例［J］. 西南师范大学学报（自然科学版），2020，45（12）：120-127.

2）监管旅游企业经营行为

在地区旅游经营活动中，部分旅游企业缺乏社会责任感，视野局限，仅着眼于短期及企业自身利益，往往出现破坏自然环境、损毁传统建筑、拦截游客进行不公平交易、无序竞争等不良行为，这不仅导致地区旅游目的地的生态环境恶化，还使得旅游市场秩序混乱，严重损害了当地村民的长远利益。

首先，监督检查部门应推动文化和旅游部门完善旅游开发规划，严格禁止在生态保护区内进行旅游项目开发建设，对已经建设并对环境造成危害的项目，应依法予以拆除；同时，应督促生态环境部门对地区旅游目的地及其周边环境实施生态环境指标监测，对造成环境污染和生态破坏的企业加大处罚力度，并要求其在限期内完成整改，对于拒不整改的企业，应依法取消其经营资格。

其次，建立多部门联合检查机制。市场监管部门应统一建立旅游企业诚信经营档案，并成立由市场监督管理局、公安局、文化和旅游局、交通运输局等多部门共同参与的联合督导检查组，通过专项检查、随机抽查、明察暗访、受理举报投诉等多种方式，严厉打击旅游企业的失信行为，切实维护地区旅游市场的良好秩序。

3）教育引导村民树立资源与环境保护意识

乡村的传统民居、丰富的乡土文化、深厚的农耕文化以及纯净的自然环境，构成了地区旅游发展的基石，这也是提升村民生活水平的关键所在。然而，随着地区旅游的快速发展，这些宝贵的文化和自然资源正面临着逐渐消失、原始风貌受损、环境恶化的风险，这对村民的长期生计构成了严重威胁。因此，教育并动员村民共同参与、积极保护当地的旅游资源和生态环境，对于推动旅游扶贫的可持续发展至关重要。

首先，监督检查部门应推动政府相关部门组建宣传教育团队，在充分调研各村庄自然环境与历史文化背景的基础上，定期举办宣传教育讲座、复兴传统节日等活动，激发村民对文化和环境保护的主动参与意识。

其次，应鼓励相关部门与村委会携手，深入挖掘并传承当地的文化遗产与传统工艺。作为地区旅游的精髓，文化遗产与传统工艺能为游客带来独特而丰富的体验。为此，政府相关部门与村委会需共同努力，组织老一辈文化传承人与手工艺者开设培训班，传授技艺，同时鼓励年轻人创新，开发出更多具有地方特色的旅游商品。

最后，政府有关部门应加大对传统村落风貌与古建筑的保护与修缮力度。这些承载着历史记忆的传统村落与古建筑，是地区旅游不可或缺的环境支撑。

为此，政府应划拨专项资金，用于修复和保护具有历史价值的村容村貌及古建筑，确保它们得以完好地传承给后代。①

4）推动旅游者文明旅游习惯的养成

近些年来，随着国家对旅游扶贫战略的深入实施，吸引了越来越多的旅游者到乡村旅游。然而，部分旅游者乱扔垃圾、随意涂画、踩踏植被、攀折花木及随地吐痰等不良行为，对旅游目的地的生态环境造成了显著破坏。尽管我国政府已出台了一系列旨在遏制旅游者不文明行为的处罚措施，但实际效果仍有待提升。为此，进一步督促相关部门严格执行法律规定、完善配套制度显得尤为重要。

首先，应推动有关部门全面开展文明旅游教育普及活动。鼓励学校、企业、社区等多方力量，利用多种渠道，组织公民深入学习《中华人民共和国旅游法》《中国公民国内旅游文明行为公约》等法律法规；同时，督促各级旅游主管部门充分利用文明旅游公众平台、城市公益广告、企业电子显示屏、电视广告等多种媒介，广泛宣传文明旅游理念，促进全民素质的整体提升。

其次，建立旅游者不文明行为举报机制，并加大对不文明行为的惩处力度。当前，尽管《国家旅游局关于旅游不文明行为记录管理暂行办法》已于2016年出台，但不文明行为难以捕捉、证据收集困难，导致处罚执行不力。因此，应设立旅游不文明行为举报平台，鼓励旅游景区、旅行社及社会公众积极收集并上传不文明行为证据，充分发挥社会监督作用；同时，加大旅游执法力度，对严重不文明行为进行公开曝光，并将列入旅游不文明"黑名单"的旅游者信息通报给所在单位；采取相应处罚措施，如通过旅游信息平台限制其购票参观景区等。②

最后，加强对文明旅游宣传工作的督查力度。监督检查部门应联合相关部门，持续加强对文明旅游宣传工作的监督与指导，要求所有旅游企业建立健全文明旅游宣传制度，确保文明旅游宣传品、提示牌、投诉电话等配备齐全并规范张贴，引导旅游者养成文明出游、绿色旅游的良好习惯，共同营造全社会文明旅游的新风尚。

---

① 赵航. 让乡村旅游更好助力乡村振兴［N］. 人民日报，2019-04-09（9）.

② 高志宏. 不文明旅客法律拘束机制研究［J］. 南京航空航天大学学报（社会科学版），2020，22（4）：73-79.

第7章　湘鄂渝黔接壤地区旅游扶贫与乡村振兴战略衔接的实践路径与政策建议

　　2020年3月，习近平总书记在决战决胜脱贫攻坚座谈会议上明确指出，要高质量完成脱贫攻坚目标任务必须"接续推进全面脱贫与乡村振兴有效衔接"①。根据2011年12月6日中共中央、国务院印发的《中国农村扶贫开发纲要（2011—2020年）》，将六盘山区、秦巴山区、武陵山区、乌蒙山区、滇桂黔石漠化区、罗霄山区等14个集中连片特困地区作为脱贫攻坚主战场，湘鄂渝黔接壤地区在地域上涉及武陵山区、滇桂黔石漠化区、罗霄山区等，分属于不同行政区域，交通不便，基础设施薄弱，经济发展滞后，教育、医疗等公共服务水平较低，贫困人口分布广泛，贫困程度较深。②旅游扶贫作为国家精准扶贫的重要方式，以其强大的市场优势、新兴的产业活力、强劲的造血功能，产生巨大的带动作用。湘鄂渝黔接壤地区贫困人口分布和旅游资源分布高度重叠，旅游业具有其他产业不可比拟的扶贫优势，旅游扶贫在脱贫攻坚战役中发挥着不可忽视的作用。③2020年，我国已完成了全国农村脱贫攻坚的历史性任务，实现全面小康，中国特色社会主义进入由全面小康迈向社会主义现代化的

---

① 胡晶晶. 全面脱贫与乡村振兴有效衔接逻辑下乡村旅游升级路径［J］. 社会科学家，2020（10）：54-58.

② 崔哲浩，李媛媛，吴雨晴. 乡村振兴战略下延边朝鲜族自治州乡村旅游扶贫实现路径及长效机制研究［J］. 东疆学刊，2022，39（2）：51-58；128.

③ 杨友宝，易欢，邓巧，等. 贫困山区旅游发展与区域贫困脱钩关系演变及影响因素——以大湘西地区为例［J］. 地域研究与开发，2022，41（6）：111-116；158.

新的历史阶段。①脱贫不是终点，而是乡村振兴的起点，乡村振兴战略作为新时代"三农"工作的总战略，是我国未来发展的重大战略目标，已进入全面推进的阶段，本地旅游是湘鄂渝黔接壤地区经济发展的新生动力，也是实现乡村振兴的重要突破口，如何借助旅游发展将脱贫攻坚同乡村振兴战略有机结合起来，是新时代背景下湘鄂渝黔接壤地区乡村地区发展的重要议题。

7.1 旅游扶贫助推乡村振兴的理论逻辑

7.1.1 乡村振兴的理论内涵

改革开放40多年来，中国的城乡发展战略从"社会主义新农村建设""新型城镇化"等向"城乡统筹""城乡发展一体化"等一系列以城乡融合为特征的发展战略转变②。从治国理政看，实现了从单极化传统管理向现代公共服务型治理的转变。然而，城乡发展不平衡和"三农"问题依然存在。为了协调城乡发展，深度挖掘农村发展潜力，2017年，党的十九大报告提出乡村振兴发展战略，"二十字方针"全面部署了乡村经济、产业、环境、治理等各项事业的发展，可以归结为"五大建设"，即"产业兴旺"、"生态宜居"、"乡风文明"、"治理有效"和"生活富裕"。乡村振兴"五大建设"相互关联、相互促进，构成了乡村振兴的总体框架和行动指南。③具体来说，"产业兴旺"是实现乡村振兴的基础，通过发展农村经济，提高农业生产效率，增加农民收入来源，推动农村经济发展方式转变，实现农业现代化；"生态宜居"是乡村振兴的重要条件，通过加强生态环境保护，推进生态文明建设，打造美丽乡村，提高农民的生活质量和幸福感；"乡风文明"是乡村振兴的精神支撑，通过加强文化教育、弘扬优秀传统文化，培育文明乡风、良好家风、淳朴民风，提升农民的思想道德素质和科学文化素养；"治理有效"是乡村振兴的重要保障，通

① 李治兵. 乡村振兴战略进程下岷江上游羌族村寨旅游业发展研究 [D]. 成都：西南民族大学，2021.

② 徐维祥，李露，周建平，等. 乡村振兴与新型城镇化耦合协调的动态演进及其驱动机制 [J]. 自然资源学报，2020，35（9）：2044-2062.

③ 郭远智，周扬，刘彦随. 贫困地区的精准扶贫与乡村振兴：内在逻辑与实现机制 [J]. 地理研究，2019，38（12）：2819-2832.

过加强基层政权建设和社会治理创新，构建和谐社会关系，维护农村社会稳定和安全；"生活富裕"是乡村振兴的目标，通过改善农民生产生活条件，提高公共服务水平，促进城乡协调发展，实现共同富裕。

1）产业兴旺是乡村振兴的重点

我国是个农业大国，农村人口占全国人口的比重较高，"三农"问题作为关系国计民生，影响我国革命、建设和改革进程的根本性问题，历来是党和国家关注的焦点。[①]要彻底解决好"三农"问题，需要政府、社会各界共同努力，从科技创新、深化改革、经济发展、社会保障、城乡融合和党的领导等多个方面入手，形成一个全面、系统的解决方案，全面推进乡村振兴，而产业兴旺是乡村振兴的重点，是乡村发展的根基和解决乡村一切问题的前提。[②]乡村发展离不开土地、劳动力、资本、技术和市场等多种生产要素的支撑和投入，依托产业发展实现农业生产效率的提升以及农业现代化的发展。[③]旅游业是一个关联性很强的产业，能有效整合乡村自然资源、农业资源和民俗文化资源，并将其转变为旅游休闲产品（如图7-1所示）。

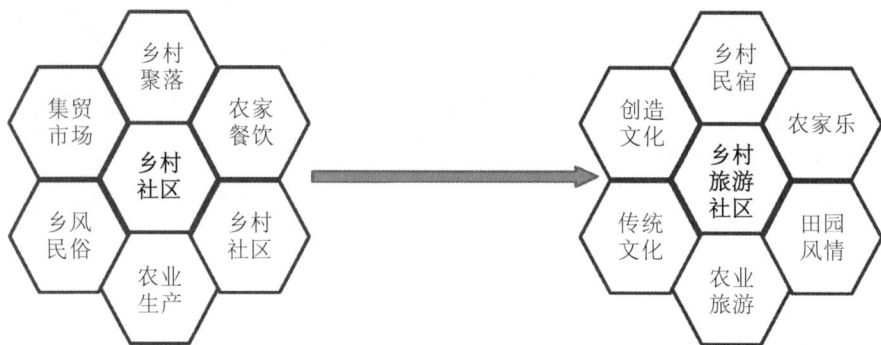

图7-1 乡村产业要素转变

旅游扶贫是一种造血式的产业扶贫开发方式，能够带动当地贫困群众就地

① 孔祥智，谢东东. 中国特色农业强国建设：目标、挑战与对策 [J]. 东岳论丛，2023，44（12）：5-15；191.

② 杨帆. 共同富裕导向下相对贫困治理的长效机制构建 [J]. 社会保障评论，2023，7（6）：124-136.

③ 陈姝兴，张明明. 共同富裕视域下的农业强国建设 [J]. 当代经济研究，2024（2）：84-93.

参与旅游经营服务，助力脱贫、推动发展。①乡村保留了大量原生态的旅游资源，立足于乡村聚落景观与文化、乡村良好的生态环境、多样的民族风情等宝贵的旅游资源开展本地旅游，培育旅游新业态，盘活乡村闲置土地、房屋等资产，能够带动乡村经济结构的多元化发展，提升农业生产效率和附加值，实现乡村的产业融合发展，促进乡村居民增收致富，实现地区产业振兴。

2）生态宜居是乡村振兴的关键

"绿水青山就是金山银山"，良好的生态环境是农村最大优势和宝贵财富，遵循乡村自身发展规律，走符合农村实际的路子，旅游扶贫符合"自然-经济-社会-文化"复合型生态经济的发展理念。②运用乡村山水景观、生态环境等发展本地旅游，吸引游客前来观光、休闲、度假，从而创造经济效益。当地居民积极参与旅游活动，不仅可以保护当地的自然环境，还可以提高居民的收入水平，改善生活条件。湘鄂渝黔接壤地区在推进旅游扶贫的过程中也格外重视对地区生态环境的保护，森林覆盖率不断增加，空气质量优良率逐年上升，旅游扶贫对当地的生态效益有显著的积极影响，为美丽乡村建设提供更多的资源和资金支持，推动农村基础设施的改善和人居环境的优化。

3）乡风文明是乡村振兴的保障

中华民族五千年文明史源头在乡村，主体是乡村文化，载体是数百万个自然村落，乡风文明是乡村社会文明程度的重要体现。加强农村精神文明建设，既是乡村振兴战略的重要内容，也是铸牢中华民族共同体意识的精神纽带。③良好的乡风文明环境虽然无法产生直接效益，但作为乡村发展的重要软实力，可以将软环境优势转化为发展优势，从而促进乡村产业的发展。习近平总书记强调，"要推动乡村文化振兴，加强农村思想道德建设和公共文化建设"，为新时代新征程上做好乡村文化建设工作指明了方向。④

① 常瑞. 供给侧结构性改革视域下脱贫攻坚的政治经济学阐释［J］. 经济问题，2021（1）：9-17.

② 张广海，董跃蕾，刘二恋. 新时代旅游资源协同开发对共同富裕影响的组态路径分析［J］. 自然资源学报，2024，39（2）：259-273.

③ 周丽. 中国传统村落旅游文化的传播：内涵、价值与路径研究［J］. 理论月刊，2023（8）：103-109.

④ 段雨. 乡村振兴战略下乡村文化振兴的多维检视：价值、困境与路径［J］. 图书馆，2024（3）：55-62.

4）治理有效是乡村振兴的基础

习近平总书记指出："要夯实乡村治理这个根基。"[①]乡村治理是实现国家治理体系和治理能力现代化的重要内容，也是实施乡村振兴战略的基石。旅游扶贫通过开发本地旅游资源，创造了就业机会和收入来源，能够吸引劳动力、资本、资源、技术等生产要素向乡村聚集，提升乡村现代化发展水平及治理能力，使贫困地区居民收入得到提高，生活条件得到改善，居民归属感和自豪感增强，促进当地社会的稳定和发展，增强当地居民的自我管理和自我约束能力，形成积极向上的社会氛围，而这种社会氛围的形成，可以为治理有效提供有力的支撑和保障。

5）生活富裕是乡村振兴的根本

农民生活富裕是乡村振兴的核心目标和根本[②]。乡村振兴不仅意味着农业生产的现代化和效率提升，更重要的是确保农民的生活质量和收入水平得到显著提高，只有当农民的生活富裕起来，他们才能有更多的资源和机会投入到农业生产、乡村建设和文化传承中来，从而实现乡村的全面振兴。旅游扶贫通过促进城乡资源的合理配置和流动，实现城乡之间的互补和共赢，有助于缩小城乡发展差距，推动乡村经济的多元化和可持续发展。

乡村振兴的理论内涵丰富而深远，其"五大建设"不仅各自承载着重要的使命，而且相互交织、互为支撑，共同构成了乡村振兴这一宏伟蓝图的各个关键组分。接下来，进一步探讨这些组分之间的内在联系与逻辑关系。习近平总书记指出："要提升乡村产业发展水平、乡村建设水平、乡村治理水平，强化农民增收举措，推进乡村全面振兴不断取得实质性进展、阶段性成果。"[③]总书记的重要指示，站在党和国家事业发展全局高度，阐明了推进乡村全面振兴的战略要求和主攻方向，为做好新时代新征程"三农"工作提供了根本遵循和行动指南。三个"水平"的提升，既是推进乡村全面振兴的总体框架和重点任务，也明确了建设宜居宜业和美乡村的目标要求。乡村振兴是一项系统性工程，实施乡村振兴战略，必须把制度建设作为主线，把人才建设作为支撑，把城乡共进作为目标，以完善产权制度和要素市场化配置为重点，真正做到激活主体、

---

① 陈振凯. 习近平谈家风建设 [N]. 人民日报，2020-07-22（1）.

② 吴艳东，吕翠萍. 中国共产党人团结奋斗精神的基本内涵与弘扬路径 [J]. 西南大学学报（社会科学版），2024，50（2）：47-59.

③ 彭静. 中央农村工作会议在京召开 习近平对"三农"工作作出重要指示 [N]. 人民日报，2023-12-21（1）.

激活要素、激活市场，着力增强改革的系统性、整体性、协同性。乡村振兴的各组分之间互为关联、相辅相成，产业振兴、人才振兴、文化振兴、生态振兴、组织振兴是相互促进的有机统一整体，缺一不可，要统筹部署、协同推进。按照系统论的理解，产业振兴、人才振兴、文化振兴、生态振兴、组织振兴是乡村全面振兴这一系统的五个子系统，系统与子系统、子系统与子系统之间具有复杂的关联。①实施乡村振兴，要坚持系统观念，处理好政府、乡村、城市和市场的关系，是实施乡村振兴战略、推动乡村全面振兴的关键。强化系统谋划和工作统筹，构建科学有效的乡村发展体系，抓住重点环节，补齐短板弱项，培育农村发展新动能。顺应城乡融合发展趋势，把公共基础设施建设的重点放在农村，优先发展农村教育事业和医疗卫生事业等公共服务领域，加强农村基层治理能力建设，提高乡村治理水平，完善乡村治理体制机制和政策保障体系，激发农民内生动力和发展活力。乡村振兴各组分之间的逻辑关系如图7-2所示。

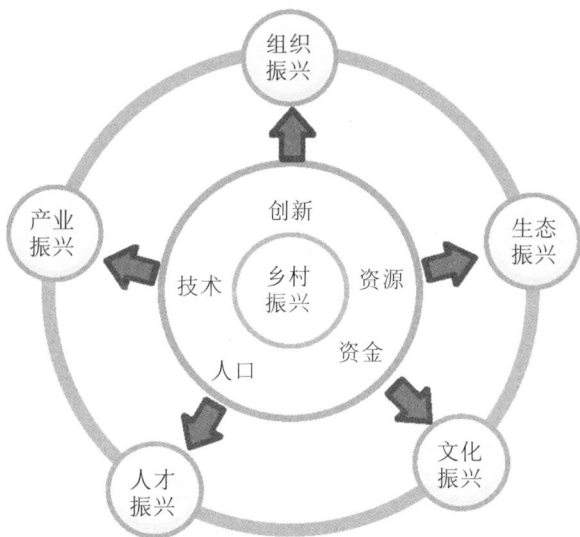

图7-2　乡村振兴各组分关系图

7.1.2　旅游扶贫与乡村振兴的内在联系

旅游扶贫是一种以农村地区的自然和人文资源为主要载体，深度融入"三农"（农业、农村、农民），与农业产业融合最高、与农村空间联系最紧、与农

---

① 赵志强，范建刚. 系统论视域下新时代城乡融合发展：多重维度、驱动机理与实践路径 [J]. 当代经济研究，2023（8）：45-54.

民群众接触最深的一种产业扶贫形式，在助推乡村振兴的资源优势、产业优势、政策优势，稳增长、促消费、减贫困、惠民生等方面具有积极作用。[1]旅游扶贫是一种有效的扶贫方式，它能够通过吸引城市游客、促进城乡资本流动和人才交流等方式，带动城乡资源的双向流动和资源共享，这种方式不仅能够提高农村地区的经济收益，还能够改善农村基础设施和公共服务建设，推动农村地区的可持续发展。城乡融合发展的短板在乡村，乡村发展滞后是城乡发展不平衡和区域不协调的主要因素[2]。实施乡村振兴，逐步缩小城乡差距，需要从多个方面入手：首先，要加强城乡之间的交通、信息等基础设施建设，提高城乡之间的联通性和互动性；其次，要推动城乡产业协同发展，促进城乡经济的深度融合，此外，还需要加强城乡教育、医疗、文化等公共服务的均衡布局，提高城乡居民的生活质量和幸福感。发展本地旅游，可以吸引城市游客到农村地区旅游，促进城乡之间的经济交流和资本流动，加强农村地区的基础设施和公共服务建设，提升农村地区的接待能力和可进入性。城市游客大量涌入乡村，农村与城市的经济联系日益紧密，行政边界、社会边界和文化边界逐渐解构，有助于促进资源的跨区域流动和整合，加速乡村全方位开放格局的实现，推动乡村地区的整体发展。

2024年中央一号文件提出推进乡村全面振兴"路线图"，内容包括六个部分：确保国家粮食安全、确保不发生规模性返贫、提升乡村产业发展水平、提升乡村建设水平、提升乡村治理水平、加强党对"三农"工作的全面领导。该文件作出"两确保三提升一加强"的工作部署，提出打好乡村全面振兴漂亮仗，绘就宜居宜业和美乡村新画卷，以加快农业农村现代化更好推进中国式现代化建设。乡村振兴战略作为党和国家的战略决策，具有战略性、全局性、长期性。[3]旅游扶贫是以乡村聚落景观与文化、乡村良好的生态环境、多样的民族风情等宝贵的旅游资源的开发为基础，满足游客的多元化、个性化需求为目标，让游客能够看得见山，望得见水，记得住乡愁，吸引游客前来观光、休闲、度假，从而增加当地的旅游收入。[4]可见，本地旅游的协调发展能促进脱贫地区乡村的经济、社会、生态整体发展，能够最大程度地在经济、社会、生态等多个

---

① 何星，覃建雄. ST-EP模式视域下的旅游精准扶贫驱动机制——以秦巴山区为研究对象 [J]. 农村经济，2017（10）：86-90.

② 龙花楼，徐雨利，郑瑜晗，等. 中国式现代化下的县域城乡融合发展 [J]. 经济地理，2023，43（7）：12-19.

③ 赵建英. 习近平经济思想的逻辑结构及理路探析 [J]. 管理学刊，2023，36（4）：13-25.

④ 曹诗图，范安铭，吴依玲. 基于旅游视角的衰落乡村拯救与振兴问题探讨 [J]. 旅游论坛，2019，12（1）：69-77.

维度上进一步巩固扶贫成效，推进乡村振兴。①旅游扶贫与乡村振兴的关系如图7-3所示。

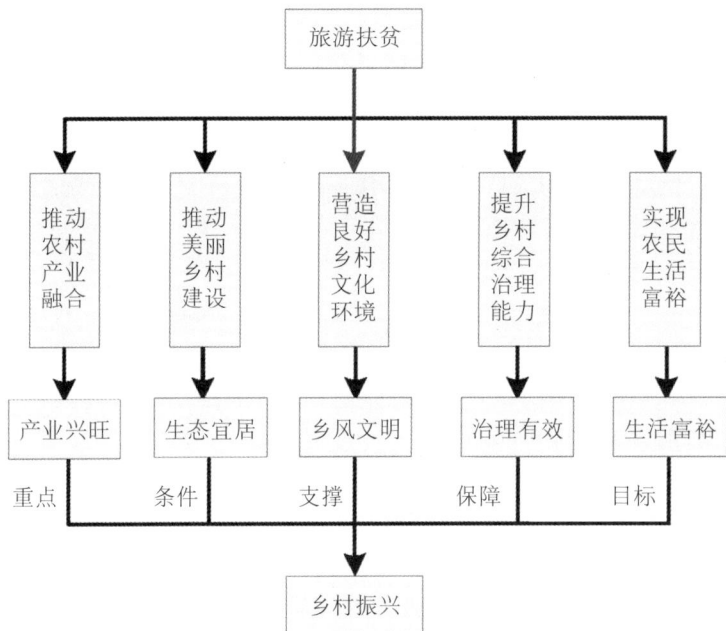

图7-3 旅游扶贫与乡村振兴的关系

旅游扶贫被誉为精准扶贫的"金钥匙"。乡村旅游凭借诸多显著优势，不仅带动了就业，增加了农民收入，还调整了产业结构，提高了土地利用效率，更优化了产业布局，美化了乡村环境。因此，它成为推进乡村经济发展、解决"三农"问题，以及推动乡村转型升级和城镇化的关键路径。众多贫困地区正是通过发展乡村旅游，成功实现了脱贫致富。乡村振兴，则是"新时代"中国梦的重要组成部分，也是脱贫攻坚取得胜利后的持续发展战略。乡村振兴战略的核心在于消除城乡经济发展不均衡，实现乡村社会的全面振兴。其目标设定为"产业兴旺、生态宜居、乡风文明、治理有效、生活富裕"。②而实现乡村振兴的基本前提，在于全面且准确地把握振兴对象的发展现状、现实条件及所面临的挑战。

随着中国经济社会的快速转型，乡村社会正经历深刻的变革。③产业振兴作为

---

① 王凯，刘美伦，谭佳欣，等. 武陵山片区旅游经济空间关联网络的城乡融合效应［J］. 地理科学进展，2024，43（2）：246-261.

② 朱泽. 大力实施乡村振兴战略［J］. 中国党政干部论坛，2017（12）：32-36.

③ 李叶洋，邵琳. 基于行动者网络理论的生态特色型乡村空间重构过程与转型机制——以上海市青浦区莲湖村为例［J］. 地理科学，2024，44（1）：30-39.

乡村振兴战略的重点，其初期工作主要聚焦于对现有扶贫产业的改造与升级，这一过程的核心逻辑在于以乡土农民为主体，通过乡村创业激活乡村经济，提高农民收入，确保乡村产业的可持续发展。乡村旅游作为农村产业体系的关键一环，能够推动农村经济多元化，促进农业、林业、畜牧业等传统产业的转型升级，进而形成以乡村旅游为引领的产业融合新生态。[①]乡村旅游与乡村产业振兴之间存在相互促进的关系。乡村旅游的发展能够带动农村基础设施建设，加强生态环境保护，为乡村产业创造更为优越的发展条件；同时，乡村产业的振兴也能为乡村旅游提供更加多元化的旅游资源和产品，推动旅游业的繁荣。乡村旅游与乡村产业振兴相互依存，乡村旅游的繁荣离不开当地特色产业和资源的支撑，而乡村产业的振兴也需要借助旅游市场的需求导向，实现双方的协同发展和互利共赢。

湘鄂渝黔接壤地区地理位置偏远，难以受到区域经济中心的辐射带动，反而面临生产要素向更发达地区流失的问题。这加剧了贫困空间的极化效应，扩大了地区间的差异。在脱贫攻坚期间，该地区充分利用丰富的旅游资源，通过深化旅游与乡村产业的融合，发展"旅游+"产业模式，推动乡村旅游与特色农业、文化创意、健康养生等产业的深度融合。这一举措初步构建了以乡村旅游为主导的现代乡村产业体系，吸引了大量游客前来观光旅游。由于旅游业的劳动密集型特点，随着游客数量的增加，当地就业机会也随之增多。乡村旅游在带动当地贫困人群脱贫、提升收入水平等方面发挥了不可替代的作用，有力推动了当地经济的发展。可以说，乡村旅游为湘鄂渝黔接壤地区的乡村产业振兴奠定了坚实的基础。湘鄂渝黔接壤地区旅游扶贫与乡村振兴的联系如图7-4所示。

7.1.3 "三农"问题与乡村振兴的关系

党的十八大以来，国家实施了一系列强农惠农富农政策，推动了农业现代化、农村改革和农民增收，中国农业和农村经济发展进入新阶段，农村发展速度加快。[②]2023年中央一号文件强调，全面推进乡村振兴必须把解决好"三农"问题作为重点工作，2024年中央一号文件进一步强调要有力有效推进乡村全面振兴，对2024年及今后一个时期的"三农"工作作出全面部署。然而，农村发展仍然面临一些挑战和问题，如农民收入增长仍然面临困难、农业产业

---

① 何龙斌. 生态产品价值实现助推乡村产业振兴：基本逻辑、内在机理与实现路径 [J]. 农村经济，2024（1）：64-73.

② 宋洪远，江帆，张益. 新时代中国农村发展改革的成就和经验 [J]. 中国农村经济，2023（3）：2-21.

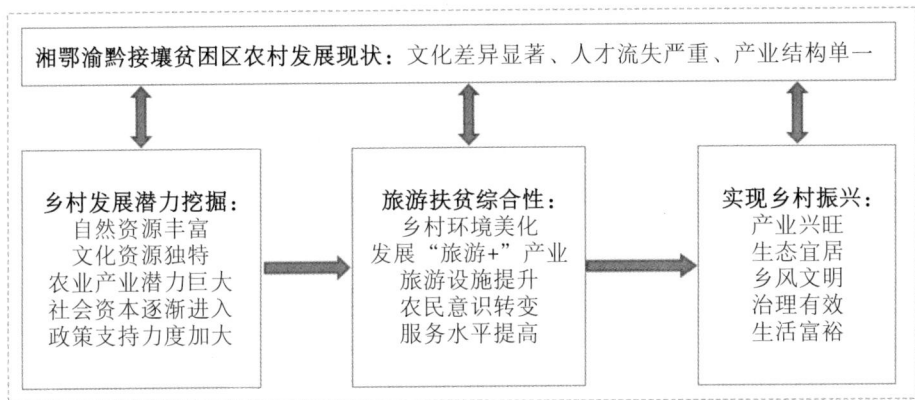

图 7-4 湘鄂渝黔接壤地区旅游扶贫与乡村振兴的联系

结构调整和转型升级面临挑战、农村基础设施和公共服务设施仍有待完善、农村教育和医疗条件相对落后、生态环境保护压力加大等，新时代解决"三农"问题的战略目标是乡村全面振兴，实现农业高质高效、农村宜居宜业、农民富裕富足。①实现全面乡村振兴，实际上是对"三农"问题的全面破解，其中的难度和复杂性不言而喻，这既要有历史担当，也要有不畏艰难的巨大勇气、足够的历史耐心、解决难题的科学精神和智慧。

从图 7-5 中可以看出，新时代要破解"三农"问题的关键环节，主要从以下几个方面入手：

第一，解决产业融合度不高的问题。推动农村传统农业与农村第一、二、三产业融合，培养农村产业新业态，实现农业的多元化发展，提高农村经济的竞争力和增长潜力。但目前我国农村普遍存在基础设施不健全、人才流失、融资困难等问题，不利于产业融合发展。

第二，解决城乡发展不平衡的问题。"三农"问题不简单等同于农业、农村和农民等问题的叠加，而是城乡区域系统整体布局下农村区域系统发展明显落后的问题，要实现城乡整体协同发展，亟须破除城乡二元化结构，解决好技术、劳动力、资金等要素在城乡之间流动障碍问题，推动城乡统一要素市场建设。

第三，解决好农业农村生态治理问题。在实施乡村振兴战略中，绿色农业是发展的必由之路。发展绿色农业、优化农业产业结构、提高农业生产效益，能够推动农村经济的绿色发展，改善农村生态环境，提升农村的人居环境和生活质量，增强农村的吸引力和凝聚力。

---

① 张怡，叶兴建. 习近平关于"三农"重要论述的科学内涵与时代价值 [J]. 南方论刊，2023（10）：10-12；16.

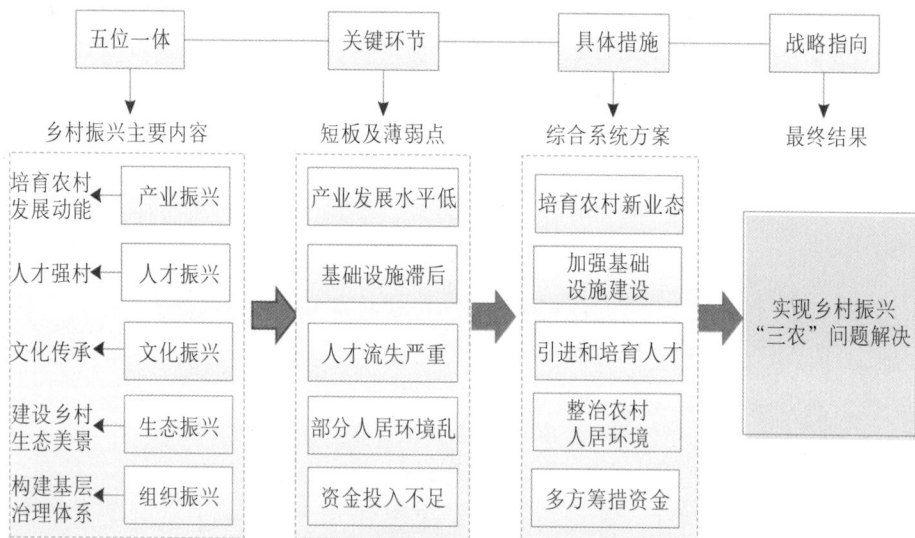

图7-5　乡村振兴与"三农"问题的关系图

7.2　湘鄂渝黔接壤地区旅游扶贫与乡村振兴关联性实证分析

7.2.1　乡村振兴水平指标体系的构建

　　旅游扶贫在"产业兴旺、生态宜居、乡风文明、治理有效、生活富裕"的乡村振兴总要求上发挥了重要作用，是实现乡村振兴的重要驱动力，可以有效促进乡村发展，解决当下城乡发展不平衡、农村发展不充分的问题。

　　所谓联动，是指两个或多个体系之间的交互，当一个体系发生变化时，另一个体系亦会随之发生变化。旅游扶贫与乡村振兴是发生在相同区域的两种不同活动，分属于不同的系统，但存在空间、行为与成效的联动机制。[①]旅游扶贫系统是一个包括目的地系统、客源地系统、媒介系统和环境系统等多个方面的复杂而综合的系统，旨在通过旅游业的发展来带动贫困地区的经济增长和贫困户的脱贫致富。乡村振兴系统亦是一个涉及产业、城乡融合、生态保护、社

---

　　① 李坚，马骥，李梦远．乡村振兴背景下乡村旅游协调发展与巩固扶贫成效的联动分析 [J]．邵阳学院学报（社会科学版），2023，22（6）：60-64．

会参与和政策支持等多个方面的复杂巨系统，是人力、物力、财力的有机结合，是人才、资源、战略的有效统一。为了测算出湘鄂渝黔接壤地区旅游扶贫与乡村振兴之间的关联性，按照"产业兴旺、生态宜居、乡风文明、治理有效、生活富裕"构建乡村振兴水平评价的准则层，遵循综合性、客观性、科学性以及可量化原则，参考相关研究成果①，构建了乡村振兴水平评价指标体系（见表7-1）。

表7-1   乡村振兴水平评价指标体系

目标层	准则层	指标层	指标效能
乡村振兴水平	产业兴旺	人均地区生产总值（万元/人），y_1	正面
		第一产业增加值（万元），y_2	正面
		粮食总产量（吨），y_3	正面
		农业机械总动力（万千瓦），y_4	正面
	生态宜居	森林覆盖率（%），y_5	正面
		空气质量达标率（%），y_6	正面
		化肥施用强度（千克/万平方米），y_7	负面
	乡风文明	每千人学生数（人），y_8	正面
		固定电话数（部），y_9	正面
		农村居民幸福度，y_{10}	正面
	治理有效	各种社会福利收养性单位床位数（张），y_{11}	正面
		地方财政一般预算支出（万元），y_{12}	正面
		公路通车里程（千米），y_{13}	正面
	生活富裕	城乡居民收入比，y_{14}	正面
		农村居民人均可支配收入（元），y_{15}	正面
		社会消费品零售总额（万元），y_{16}	正面
		城乡居民储蓄存款余额（万元），y_{17}	正面

① ［1］胡炜霞，梁晓涛. 旅游引导的乡村振兴绩效评价与优化发展研究——以山西省云丘山村为例［J］. 干旱区资源与环境，2022，36（8）：183-191.［2］张琦，李顺强. 共同富裕目标下中国乡村振兴评价指标体系构建［J］. 甘肃社会科学，2022（5）：25-34.

7.2.2 旅游扶贫与乡村振兴的衔接效益分析

为分析旅游扶贫与乡村振兴战略的衔接效益，在式（4-6）的基础上引入乡村振兴变量并进行交互项的改进，如下：

$$re\_rural_{it} = \alpha_0 + \beta_1 tourism_{it} + \beta_2 M\_poverty_{it} + \beta_3 tourism_{it} \times M\_poverty_{it} + X_{it} + \varphi_i + \gamma_t + \varepsilon_{it} \quad (7-1)$$

式中：re_rural 表示乡村振兴变量，同时也包含乡村振兴的产业兴旺、生态宜居、乡风文明、治理有效与生活富裕5个维度；其余参数同式（4-6）。本部分主要关注交互项 β_3 的系数，该系数估计了旅游减贫对乡村振兴的影响效应。

利用前章已测算的旅游扶贫绩效数据与湘鄂渝黔接壤地区的乡村振兴指标数据，运用公式（7-1）进行测算，具体结果见表7-2。

表7-2　　**湘鄂渝黔接壤地区旅游扶贫与乡村振兴的衔接效益**

项　目	乡村振兴	产业兴旺	生态宜居	乡风文明	治理有效	生活富裕
旅游发展	0.008	0.133	−0.073	−0.048	0.136	−0.018
	(0.080)	(0.134)	(0.121)	(0.138)	(0.140)	(0.093)
多维贫困	−0.480	−0.327	−0.331	−0.732	−0.183	−0.422
	(0.426)	(0.670)	(0.644)	(0.726)	(0.710)	(0.429)
旅游扶贫	0.321[*]	0.323	−0.145	0.721[**]	0.329	0.428[**]
	(0.166)	(0.261)	(0.219)	(0.291)	(0.270)	(0.212)
截距项	−0.292	−0.474	0.347	0.385	−0.845[**]	−0.235
	(0.233)	(0.378)	(0.405)	(0.436)	(0.400)	(0.223)
观测值	600	600	600	600	600	600
R^2	0.296	0.221	0.065	0.179	0.287	0.199

注：***、**和*分别表示在1%、5%和10%的水平上显著；括号中为稳健标准误差。

从表7-2可知，旅游扶贫对乡村振兴、乡风文明和生活富裕有显著的正面影响，而对产业兴旺、生态宜居和治理有效影响则不显著。具体分析如下：

第一，旅游扶贫与乡村振兴在10%的水平上显著为正，相关程度为0.321，意味着两者之间存在较强的关联性和相互促进的作用，尽管相关效益数值不高，但是结合近几年的实践情况可以发现,疫情对全球各种产业产生了深远的影响,而旅游业是受冲击最为严重的产业之一。在这种困难的情况下,湘鄂渝黔接壤地区旅游扶贫绩效与乡村振兴还存在如此高的衔接效益,表明该地区旅游资源底蕴丰厚,有着巨大的发展潜力,旅游扶贫与乡村振兴的衔接效益也反映了该地区在旅游扶贫和乡村振兴方面的政策和措施具有针对性和实效性,政府、企业和社会各界在推动旅游扶贫和乡村振兴过程中,注重资源整合、产业融合和市场推广等方面的工作,形成了良好的发展态势和合作机制。

第二,旅游扶贫与乡风文明在5%的水平上显著为正,相关程度达到了0.721,表明两者之间存在高度的正相关关系,并且这种影响在统计上是非常显著的,意味着旅游扶贫对于推动乡风文明建设具有积极的影响。旅游扶贫与乡风文明之间的关联性表现如下:首先,旅游扶贫通过促进乡村经济的发展,提高农民的收入水平,改善乡村的基础设施和公共服务,为乡风文明的建设提供了物质基础。其次,旅游业的发展需要依托当地的自然和文化资源,促使当地加强对传统文化的保护和传承,为乡村文化的传播和推广提供了更广阔的平台,这种文化的传承和发展是乡风文明建设的重要组成部分。最后,旅游业的发展需要当地居民的积极参与和支持,有助于增强乡村社会的凝聚力和向心力。

第三,旅游扶贫与生活富裕在5%的水平上显著为正,相关程度为0.428,虽然略低于乡风文明的相关程度,但仍然表明两者之间存在积极的相关关系,意味着旅游扶贫对于促进生活富裕具有显著的影响。首先,旅游扶贫通过创造就业机会和增加收入来源,提高当地居民的收入。其次,农业是湘鄂渝黔接壤地区的主导产业,通过发展旅游业,可以促进农产品的加工和销售,提高农产品的附加值,从而增加农民的收入。

第四,旅游扶贫与产业兴旺和治理有效之间的关系不显著,但是从表7-2亦可以看出,旅游扶贫与产业兴旺和治理有效之间仍存在一定程度的正相关,相关程度分别为0.323和0.329,表明旅游扶贫在推动产业兴旺和治理有效方面具有一定的积极作用。首先,旅游扶贫与产业兴旺之间的相关程度为0.323,表明旅游扶贫可以促进当地农村产业的发展,旅游业的发展还可以促进农业、手工业等传统产业的升级转型,推动产业结构的优化和多样化。其次,旅游扶贫与治理有效之间的相关程度为0.329,表明旅游扶贫能够提升湘鄂渝黔接壤地区的农村治理水平,旅游业的发展需要良好的治理环境和公共服务体系作为支撑,促进当地政府加强基础设施建设、改善公共服务、提高治理效率等。

第五,旅游扶贫与生态宜居之间的显著性水平同样不显著,但是从表7-2中可以看出,旅游扶贫与生态宜居之间存在一定程度的负相关,相关程度为-0.145,说明在湘鄂渝黔接壤地区实施旅游扶贫的过程中,发展生态旅游对生态环境产生一定的影响，但这种影响相对较小，具体原因可能是环境压力增加、资源过度开发、对环境监管不力等，相信通过科学规划、加强管理、推进生态修复等措施，可以实现旅游扶贫与生态宜居的协调发展。

7.3 湘鄂渝黔接壤地区旅游扶贫与乡村振兴战略衔接的实践路径

7.3.1 加速产业振兴

乡村振兴的核心和关键是产业振兴。[①]目前，中国农业还面临投入成本高、产品品质和生产效益低、受资源环境约束大等突出问题，这些问题不仅影响了农业的可持续发展，还制约了农民收入的增加和农村经济的繁荣。农村产业振兴所面临的一个关键问题是发展要素短缺，在产业振兴的过程中，必须充分考虑和合理配置各类要素资源，其中包括人力要素、资金要素、土地要素及科技要素等。在产业振兴过程中，要加快调整优化乡村产业结构，大力培育特色品牌，整合资源，形成品牌，做好农村产业发展规划，确保规划的科学性、合理性和可操作性。不仅要关注农村现有的产业和资源，还要关注农村的历史、文化、环境等多个方面，通过深度发现和挖掘农村的潜力和优势，以农业为基础，构建多元化、可持续的农村产业体系；通过产业联动、产业集聚、技术渗透、体制创新等方式，将资本、技术以及资源要素进行跨界集约化配置，使农业生产、农产品加工和销售、餐饮、休闲以及其他服务业有机整合在一起，全力推进生态健康休闲养生旅游业；加快发展乡村精品旅游，积极发展农村电子商务，打造"线上农业"，带动"线下农业"转型升级，使得农村第一、二、三产业之间紧密相连、协同发展，最终实现农业产业链延伸、产业范围扩展和农民收入增加。2024年中央一号文件指出："2023年全国规模以上农产品加工业企业超过9万家，农产品电商销售额超过7 300亿元，乡村休闲旅游年接待游客超过30亿人次。"这些数据充分反映了我国农业农村发展的新趋势和新亮点，农产品加工业、农产品电商和乡村休闲旅游都在迅速发展，表明我国

---

① 魏后凯. 如何走好新时代乡村振兴之路 [J]. 人民论坛·学术前沿，2018（3）：14-18.

农业产业链的完善和提升，成为推动农村经济增长的重要力量。

7.3.2　激励人才振兴

业以才兴，功以才成。乡村振兴，人才至关重要，人才是支撑。在乡村振兴工作中，要贯彻落实党的二十大精神、积极推进乡村振兴战略，必须筑牢和稳固乡村人才振兴这个重要支撑点，注重在引进人才、培养人才和用好人才三个方面下功夫，大力引进乡土人才，回引优秀的本土人才，吸引外来的紧缺人才，强化乡村振兴人才支撑的作用，把牢人才振兴抓手，培育乡村振兴新动能。[①]支持返乡农民工、高校毕业生、退役军人等创办领办新型农业经营主体，培养一大批懂农业、懂技术、善经营的新型职业农民，为乡村振兴提供动力，"人才是第一资源"。科技兴农、产业兴村，靠的就是人才，大力引进人才，补齐乡土人才匮乏短板，是推进乡村振兴的动力来源。

此外，国家与地方要积极出台相关人才回流政策，以吸引人才资源向乡村流动，尽快出台与公务员管理相对应的农村基层干部与专业技术人员管理办法，切实提高乡村人才保障水平。对于来乡返乡创业人员，在土地流转、贴息贷款等方面，应予以扶持保障。在农技人员职称评聘上，要突破老框框，注重考察实际能力。努力培养乡土人才，为乡村振兴注入活力，要推动乡村产业、文化、生态、组织振兴，必须推动人才振兴。努力培养一支高素质乡村人才队伍，是实施乡村振兴战略的活力源泉。

7.3.3　弘扬文化振兴

文化振兴是新时代乡村振兴的内在构成要素，是乡村振兴的精神基础。文化振兴贯穿于乡村振兴的各领域、全过程，为乡村振兴提供持续的精神动力。乡村文化是千百年来人们在日常生产生活中日积月累形成的、带有浓厚地域性特征的生活方式与价值观念的总称。农耕文化、乡村手工艺、乡村建筑文化、乡村节日与习俗等均为乡村文化的重要组成部分，具有深厚的历史底蕴和独特的文化魅力，在乡村振兴过程中发挥着不可替代的作用。[②]快速城镇化和现代化的双重冲击使乡村文化振兴面临着主体流失、发展空间受阻、传承危机和公共文化服务供

---

① 张万朋，张瑛. 乡村振兴背景下教育"扶智扶志"长效机制的构建［J］. 苏州大学学报（教育科学版），2023，11（1）：36-46.

② 郎宇，王桂霞. 生态资源价值化助推乡村振兴的逻辑机理与突破路径［J］. 自然资源学报，2024，39（1）：29-48.

给错位的现实困境。乡村振兴是实现中华民族伟大复兴的本质要求和必然进路，乡村文化振兴是促进乡村全面振兴的精神支柱与动力源泉，事关乡村振兴战略的成色和底色，事关人民群众的美好文化生活。文化振兴，要提高政治站位，着力破解乡村文化的主体之困、空间之困、赓续之困和参与之困，加强乡村文化元素的保护和传承，推动乡村文化与现代性文明的适配融合，探索出一条扎根乡土的中国式乡村文化振兴之路，为乡村振兴提供强大的精神动力和文化支撑。

7.3.4　深化生态振兴

良好生态环境是农村的最大优势和宝贵财富，也是普惠的民生福祉。"绿水青山就是金山银山"理念为探索乡村生态振兴促共富的思路框架提供重要指引，借助市场主体开发乡村丰富的生态产品，将外部性的环境服务价值市场化，实现乡村"生态产业化"，助推农民农村共同富裕，助推乡村振兴。生态产品是生态振兴的重要载体，可以分为物质供给类生态产品、文化服务类生态产品和调节服务类生态产品三种。①在"双碳"目标的指引下，依托市场化与政府转移支付手段，支持龙头企业、合作社等规模经营主体与产业组织和地方村集体、农户建立利益联结机制，创新挖掘乡村文化服务类生态产品，在传统乡村文化服务中加入生态文化元素，提升消费者体验，提升生态产品溢价，促进农民增收，引领带动农村发展与农民致富，助推乡村振兴。借鉴相关研究②，生态振兴助推乡村振兴的结构逻辑如图7-6所示。

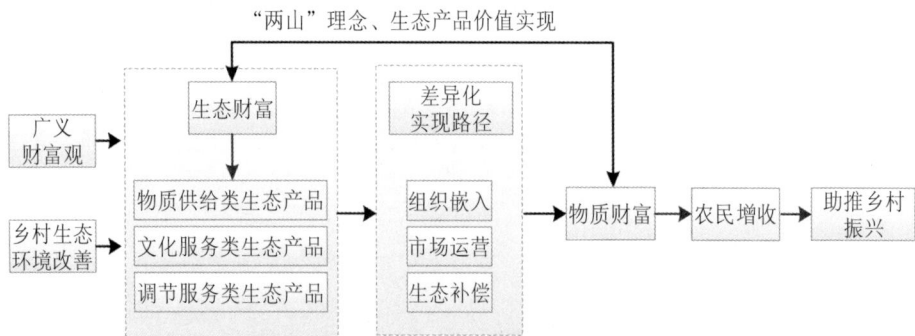

图 7-6　生态振兴助推乡村振兴的结构逻辑

---

① 段雨. 乡村振兴战略下乡村文化振兴的多维检视：价值、困境与路径［J］. 图书馆，2024（3）：55-62.

② 杨俊，张梦玲，朱臻. 生态振兴促进农民农村共同富裕的结构逻辑、实践模式与经验借鉴［J］. 农林经济管理学报，2024，23（1）：21-29.

7.3.5 推进组织振兴

习近平总书记强调："推动乡村组织振兴，建立健全现代乡村社会治理体制，确保乡村社会充满活力、安定有序。"扎实推动乡村组织振兴，既是全面推进乡村振兴的重要组成部分，也是乡村振兴的组织体系保障。2018年1月2日发布的《中共中央 国务院关于实施乡村振兴战略的意见》中指出："办好农村的事情，实现乡村振兴，关键在党。"乡村组织振兴是乡村组织体系的系统构建，要建立和完善以党的基层组织为核心、村民自治和村务监督组织为基础、集体经济组织和农民合作组织为纽带、各种经济社会服务组织为补充的组织体系。乡村振兴进程中的组织振兴关乎我国农业农村现代化和基层善治能力，通过聚合治理主体、搭建共治平台，以提升组织力为重点，把组织活力更好地转化为组织振兴的强大动能。充分发挥党的政治优势、组织优势以及密切联系群众的优势，把党的制度优势有效转化为治理效能、发展效能，夯实乡村有效治理。以乡村全面振兴为目标，以保障和改善农村民生为优先方向，提高乡村善治水平，让农民得到更好的组织引领、社会服务、民主参与，确保乡村社会充满活力、安定有序，发挥中国特色社会主义制度和国家治理体系显著优势，创造中国特色乡村组织振兴方案，为乡村振兴提供组织保障。

7.4 湘鄂渝黔接壤地区旅游扶贫与乡村振兴战略衔接的政策建议

为了实现湘鄂渝黔接壤地区旅游扶贫与乡村振兴的有效衔接，必须采取一系列综合性政策措施。以下是针对该地区旅游扶贫与乡村振兴战略衔接的具体政策建议。

7.4.1 构建一体化发展格局，以区域协同推进湘鄂渝黔接壤地区旅游共同发展

从第4章的研究结论来看，湘鄂渝黔接壤地区的旅游脱贫效益具有共赢特征。因此，需要继续推进湘鄂渝黔接壤地区旅游协同发展战略实施，优化旅游空间布局。要综合考虑湘鄂渝黔接壤地区文脉、地脉、水脉、交通干线和国家

重大发展战略，统筹生态安全和旅游业发展，重点开发以重庆武隆、湖南凤凰、湖北恩施、贵州铜仁为主的旅游重点区，形成"点状辐射"带动效应。要依据资源禀赋，发挥比较优势，联动互促，多方汇聚武陵山文旅联动。支持革命老区、民族地区、边疆地区和欠发达地区发挥特色旅游资源优势，形成绿色生态旅游、红色经典旅游、人文古镇旅游与综合精品旅游线路，满足不同层次的旅游需求。逐步开发各旅游路线，进而加快形成"带状串联、网状协同"的旅游空间新格局。

7.4.2 发挥旅游消费中心的引领、示范与辐射效应

消费集聚是促进消费资源合理配置，满足多层次、多层级消费需求的关键，同时消费集聚在推动旅游经济发展的过程中还具有示范效应与辐射效应，在推进区域协调发展中扮演着重要角色。第4章的研究结论揭示，早期的旅游消费中心具有辐射效应。因此，如何充分有效发挥旅游消费中心的集聚扩散效应是当前旅游扶贫衔接乡村振兴的重要举措。

第一，要采用多种媒体对知名旅游地进行长时间、高频率旅游宣传，推动知名旅游地坚持标准化和个性化相统一，优化旅游产品结构，打造区域旅游消费中心。

第二，优化旅游城市和旅游目的地布局，要逐步完善跨区域的综合交通服务功能，优先保障区域旅游休闲重大项目，做好交通衔接和服务配套，提高旅游消费中心的集聚与扩散能力。

第三，要积极发挥有效市场作用，在知名旅游地做强做优做大骨干旅游企业，培育一批大型旅游集团和有国际影响力的旅游企业，同时又要支持各种中小微企业发展，以市场力量吸引旅游消费资源集聚并形成与周边旅游景点的联动效应。

7.4.3 建设有为政府，强化政策支持，打好政策组合拳

各地为推进当地旅游业发展实施了各种支持政策，不同政策间的协同效应能起到"1+1>2"的乘数效应。然而，在具体的实施过程中难免遇到地方政府博弈行为，出现旅游资源开发效率低与不正当竞争造成的效率损失问题，这是以行政区划为竞争壁垒的现实所在，也是旅游扶贫难以实现区域协调发展的症结。因此，为促进湘鄂渝黔接壤地区旅游发展就必须建设有为政府，落实用地、财政、区域、税收、金融、投资、人才等支持政策。

一是要积极推进各类文化旅游项目的建设，做好旅游景区门票和商品价格管理工作。

二是要以现有资金渠道促进旅游项目建设，完善旅游基础设施和设备。

三是旅游开发建设过程中需要考虑区域整体规划，充分考虑常住人口与旅游人口的不同需求。

四是要推进交通与旅游融合发展，加强旅游交通干线建设，形成旅游交通体系。

五是要积极支持符合条件的旅游企业上市融资、再融资和并购重组，拓展企业融资渠道。

六是要积极引进旅游行业相关人员，加强人才支撑。

7.4.4　实施社区增权，提高居民参与旅游扶贫的能力

增权是通过外部干预增强个人能力和对权利的认识，从而减少或消除无权感的一种社会管理方式。[①]因此，通过实施经济增权、教育增权和社会增权，激发社区居民权利意识、提高其参与能力、保障其旅游利益。

首先，实施经济增权，保障村民从本地旅游发展中持续获得经济收入。访谈中湘鄂渝黔接壤地区居民认为缺乏资金和技术是影响他们参与本地旅游经营的最大障碍因素。因此通过各种渠道为缺少资金的农户提供金融扶持和财政支持是经济增权的重要任务。政府联合银行通过设立专项基金等方式，为脱贫地区的企业和个人提供贷款支持，鼓励金融机构为本地旅游小微企业投资；银行也可以借助科技创新，开展数字普惠金融，为农民参与本地旅游提供便捷的贷款服务。

其次，实施教育增权，提升村民本地旅游经营和服务技能。调查中发现，贫困人口普遍受教育程度不高、缺乏相关专业技能，导致其无法参与到本地旅游发展中来。因此，各级政府为了提升居民参与本地旅游的基本素质和能力，发挥本地旅游助力乡村振兴的重要作用，应根据本地旅游从业人员的特点，采取送教下乡的形式，聘请高校旅游专业的教师和知名旅游企业的管理人员，为村民讲解和培训旅游诚信经营、旅游商品销售、旅游服务礼仪、旅游政策法规，以及旅游安全等相关知识，全面提升村民的旅游服务素养和工作技能，从而提升村民参与本地旅游的能力和水平。

---

① 左冰，保继刚. 从"社区参与"走向"社区增权"——西方"旅游增权"理论研究述评［J］. 旅游学刊，2008（4）：58-63.

最后，实施制度增权，提升贫困村民话语权。湘鄂渝黔接壤地区居民由于文化程度较低、视野较窄，在本地旅游发展中往往被忽视，没有发言权。在本地旅游发展中要提升村民满意度，应重点提升村民的话语权。村委会在进行本地旅游规划和开发的重要决策时，要倾听村民的心声，实行民主集体决策制度和村民监督制度，应让村民参与集体决策，保障其基本权益，减少"精英俘获"现象的发生。

7.4.5　加强扶贫政策宣传，健全本地旅游管理体制

本书第5章的研究结论显示，湘鄂渝黔接壤地区居民对旅游脱贫满意度有待提高，其主要原因是居民对各级政府出台的旅游扶贫政策不了解，以及对旅游扶贫利益分配不满意。针对此提出以下政策建议：

首先，加强政策宣传与教育。政府应充分利用各种媒体渠道，包括传统媒体和新媒体，对国家和地方的旅游扶贫政策进行全面而深入的宣传。通过组织政策宣讲会、印发宣传资料、在线教育平台等多种方式，提高居民对旅游扶贫政策的认知度和理解力。同时，开展有针对性的教育和培训项目，帮助当地居民深入了解政策内容，激发他们参与旅游发展的积极性。

其次，完善旅游管理体制。建立和完善本地旅游管理体制，确保旅游发展的规划、监管和服务工作有序进行。强化旅游管理部门的职能，明确各级政府及相关部门在旅游发展中的职责和任务，形成协同推进旅游扶贫的工作机制。

7.4.6　加大特色旅游产品的开发，提高本地旅游吸引力

在调研中，一些村民反映，目前来本地旅游的游客数量少，停留时间短，经济收益不断下降。本地旅游产品类型单一，参与性和体验感差是造成这种现状的主要原因。针对这个问题提出以下政策建议：

第一，深入挖掘本地特色文化的内涵。结合湘鄂渝黔接壤地区丰富的文化资源，深入挖掘和传承当地的历史文化、民族风情和自然景观，将其转化为具有吸引力的旅游产品。通过文化节庆活动、民俗表演、手工艺品制作等方式，增强旅游产品的文化内涵和参与性。

第二，开发多样化的旅游产品。根据市场需求和当地资源特点，开发多样化的旅游产品，如田园养生、研学科普、民宿康养、农耕体验、休闲垂钓等。这些产品不仅能够满足不同游客的需求，还能够延长游客的停留时间，增加旅游消费。

第三，提升旅游服务质量。加强对旅游服务人员的培训，提高他们的服务意识和专业技能，从而提升旅游服务的整体质量。同时，完善旅游基础设施，如交通、住宿、餐饮等，为游客提供更加便捷和舒适的旅游环境。

第四，加强市场营销与推广。利用互联网和社交媒体等现代营销工具，加大对本地旅游产品的宣传推广力度。通过与旅游企业的合作，开展旅游线路开发、旅游套餐设计等活动，拓宽旅游市场，吸引更多游客。

上述政策建议的实施，可以有效提升湘鄂渝黔接壤地区旅游扶贫的成效，促进乡村振兴战略的顺利实施。这些措施将有助于构建一个更加均衡、可持续的旅游发展模式，不仅能够为当地居民带来经济上的直接收益，还能够通过提升旅游服务质量、丰富旅游产品和加强区域合作，为湘鄂渝黔接壤地区的长期发展奠定坚实的基础。最终，这些努力将促进区域内各地区在旅游发展上的互补与共赢，实现旅游扶贫与乡村振兴战略的有效衔接，为区域经济社会发展注入新的动力。

主要参考文献

[1] NOVELLI M, ADU-AMPONG E A, RIBEIRO M A. Routledge handbook of tourism in Africa [M]. London: Routledge, 2021.

[2] SEN A. Development as freedom [M]. Oxford: Oxford University Press, 1999.

[3] HO W K, WONG R Y L. Bilingual education in Singapore, Malaysia and Indonesia [M]. Dordrecht: Springer Netherlands, 1997.

[4] TOWNSEND P. Poverty in the United Kingdom: a survey of household resources and standards of living [M]. Oakland: University of California Press, 1979.

[5] PIGOU A C. The economics of welfare [M]. London: Macmillan, 1920.

[6] CANNAN E. Wealth: a brief explanation of the causes of economic welfare [M]. London: PS King, 1914.

[7] ROWNTREE B S. Poverty: a study of town life [M]. London: Macmillan, 1901.

[8] SMITH A. An inquiry into the nature and causes of the wealth of nations [M]. London: George Routledge and Sons, 1776.

[9] GUO F, HUANG Y, WANG J, et al. The informal economy at

times of COVID-19 pandemic [J]. China Economic Review, 2022, 71.

[10] ZHANG J. The effects of tourism on income inequality: a meta-analysis of econometrics studies [J]. Journal of Hospitality and Tourism Management, 2021, 48: 312-321.

[11] WANG Y, SONG Y, CHEN G, et al. The measurement and temporal and spatial evolution of tourism poverty alleviation efficiency in the Liupan Mountain Area of Gansu Province, China [J]. Sustainability, 2021, 13 (22).

[12] YANG J, WU Y, WANG J, et al. A study on the efficiency of tourism poverty alleviation in ethnic regions based on the staged DEA Model [J]. Frontiers in Psychology, 2021, 12.

[13] BRIDA J G, GÓMEZ D M, SEGARRA V. On the empirical relationship between tourism and economic growth [J]. Tourism Management, 2020, 81.

[14] PUIG-CABRERA M, FORONDA-OBLES C. The phenomenon of tourism poverty trap: is it possible that tourism breaks the vicious circle of poverty in emerging destinations? [J]. Journal of Poverty, 2020, 24 (4): 334-353.

[15] KHAN A, BIBI S, LORENZO A, et al. Tourism and development in developing economies: a policy implication perspective [J]. Sustainability, 2020, 12 (4): 1618.

[16] ZHAO L, XIA X. Tourism and poverty reduction: empirical evidence from China [J]. Tourism Economics, 2020, 26 (2): 233-256.

[17] FOLARIN O, ADENIYI O. Does tourism reduce poverty in Sub-Saharan African countries? [J]. Journal of Travel Research, 2020, 59 (1): 140-155.

[18] LOR J J, KWA S, DONALDSON J A. Making ethnic tourism good for the poor [J]. Annals of Tourism Research, 2019, 76 (May): 140-152.

[19] YU L, WANG G, MARCOUILLER D W. A scientometric review of pro-poor tourism research: visualization and analysis [J]. Tourism Management Perspectives, 2019, 30: 75-88.

[20] AKRONG K K. Pro - poor tourism: critical perspective and implications for future research [J]. Journal of Tourism and Hospitality Management, 2019, 7 (1): 23-35.

[21] YUSUF S, ALI M M. Tourism and poverty reduction: evidence from Tanzania [J]. International Journal of Asian Social Science, 2018, 8 (12): 1130-1138.

[22] NJOYA E T, SEETARAM N. Tourism contribution to poverty alleviation in Kenya: a dynamic computable general equilibrium analysis [J]. Journal of Travel Research, 2018, 57 (4): 513-524.

[23] MAHADEVAN R, AMIR H, NUGROHO A. Regional impacts of tourism-led growth on poverty and income inequality: a dynamic general equilibrium analysis for Indonesia [J]. Tourism Economics, 2017, 23 (3): 614-631.

[24] PINKOVSKIY M L. Growth discontinuities at borders [J]. Journal of Economic Growth, 2017, 22 (2): 145-192.

[25] KIM N, SONG H J, PYUN J H. The relationship among tourism, poverty, and economic development in developing countries: a panel data regression analysis [J]. Tourism Economics, 2016, 22 (6): 1174-1190.

[26] ANDERSON W. Cultural tourism and poverty alleviation in rural Kilimanjaro, Tanzania [J]. Journal of Tourism and Cultural Change, 2015, 13 (3): 208-224.

[27] RID W, EZEUDUJI I O, PRÖBSTL-HAIDER U. Segmentation by motivation for rural tourism activities in the Gambia [J]. Tourism Management, 2014, 40: 102-116.

[28] VANEGAS M. The triangle of poverty, economic growth, and inequality in Central America: does tourism matter? [J]. Worldwide Hospitality and Tourism Themes, 2014, 6 (3): 277-292.

[29] CROES R. The role of tourism in poverty reduction: an empirical assessment [J]. Tourism Economics, 2014, 20 (2): 207-226.

[30] PILLAY M, ROGERSON C M. Agriculture-tourism linkages and pro - poor impacts: the accommodation sector of urban coastal

KwaZulu-Natal, South Africa [J]. Applied Geography, 2013, 36: 49-58.

[31] KLYTCHNIKOVA I, DOROSH P. Tourism sector in Panama: regional economic impacts and the potential to benefit the poor [J]. Natural Resources Forum, 2013, 37 (2): 70-79.

[32] JOB H, PAESLER F. Links between nature-based tourism, protected areas, poverty alleviation and crises—the example of Wasini Island (Kenya) [J]. Journal of Outdoor Recreation and Tourism, 2013 (1-2): 18-28.

[33] HADI M A, RODDIN R, RAZZAQ A, et al. Poverty eradication through vocational education (tourism) among indigenous people communities in Malaysia: pro-poor tourism approach (PPT) [J]. Procedia-Social and Behavioral Sciences, 2013, 93 (1): 1840-1844.

[34] ROGERSON C M. Tourism-agriculture linkages in rural South Africa: evidence from the accommodation sector [J]. Journal of Sustainable Tourism, 2012, 20 (3): 477-495.

[35] SCHEYVENS R, RUSSELL M. Tourism and poverty alleviation in Fiji: comparing the impacts of small-and large-scale tourism enterprises [J]. Journal of Sustainable Tourism, 2012, 20 (3): 417-436.

[36] HENDERSON J V, STOREYGARD A, WEIL D N. Measuring economic growth from outer space [J]. American Economic Review, 2012, 102 (2): 994-1028.

[37] ALKIRE S, FOSTER J. Counting and multidimensional poverty measurement [J]. Journal of Public Economics, 2011, 95 (7-8): 476-487.

[38] SPENCELEY A, HABYALIMANA S, TUSABE R, et al. Benefits to the poor from gorilla tourism in Rwanda [J]. Development Southern Africa, 2010, 27 (5): 647-662.

[39] LEE S. Income inequality in tourism services-dependent counties [J]. Current Issues in Tourism, 2009, 12 (1): 33-45.

[40] SEBELE L S. Community-based tourism ventures, benefits and challenges: Khama Rhino Sanctuary Trust, Central District,

Botswana [J]. Tourism Management, 2009, 31 (1): 136-146.

[41] BLAKE A. Tourism and income distribution in East Africa [J]. International Journal of Tourism Research, 2008, 10 (6): 511-524.

[42] DREDGE D. Community development through tourism [J]. Annals of Tourism Research, 2007, 34 (4): 1097-1099.

[43] NYAUPANE G P, MORAIS D B, DOWLER L. The role of community involvement and number/type of visitors on tourism impacts: a controlled comparison of Annapurna, Nepal and Northwest Yunnan, China [J]. Tourism Management, 2006, 27 (6): 1373-1385.

[44] ANDERSON J B. The US-Mexico border: a half century of change [J]. The Social Science Journal, 2003, 40 (4): 535-554.

[45] DU CROS H. A new model to assist in planning for sustainable cultural heritage tourism [J]. International Journal of Tourism Research, 2001, 3 (2): 165-170.

[46] MARTINETTI E C. A multidimensional assessment of well-being based on Sen's functioning approach [J]. Rivista Internazionale di Scienze Sociali, 2000, 108 (2): 207-239.

[47] GETZ D. Models in tourism planning: towards integration of theory and practice [J]. Tourism Management, 1986, 7 (1): 21-32.

[48] STRINGER P F, PEARCE P L. Toward a symbiosis of social psychology and tourism studies [J]. Annals of Tourism Research, 1984, 11 (1): 5-17.

[49] JULES S. Sustainable tourism in St. Lucia [Z]. Canada: Canadian Electronic Library, 2005.

[50] ANAND S, SEN A K. Concepts of human development and poverty: a multidimensional perspective [Z]. Poverty and Human Development: Human Development Papers (United Nations Development Programme), 1997: 1-20.

[51] 李嘉图. 政治经济学及赋税原理 [M]. 郭大力, 王亚男, 译. 北京: 商务印书馆, 2021.

[52] 国家统计局住户调查办公室. 中国农村贫困监测报告2020 [M]. 北

京：中国统计出版社，2020．

[53] 中共中央办公厅．中共中央　国务院关于实施乡村振兴战略意见 [M]．北京：人民出版社，2018．

[54] 中国发展研究基金会．在发展中消除贫困 [M]．北京：中国发展出版社，2007．

[55] 弗里曼．战略管理：利益相关者方法 [M]．王彦华，梁豪，译．上海：上海译文出版社，2006．

[56] 森．贫困与饥荒——论权利与剥夺 [M]．王宇，王文玉，译．北京：商务印书馆，2001．

[57] 蔡雄，连漪，程道品，等．旅游扶贫：功能·条件·模式·经验 [M]．北京：中国旅游出版社，1999．

[58] 段雨．乡村振兴战略下乡村文化振兴的多维检视：价值、困境与路径 [J]．图书馆，2024（3）：55-62．

[59] 陈姝兴，张明明．共同富裕视域下的农业强国建设 [J]．当代经济研究，2024（2）：84-93．

[60] 吴艳东，吕翠萍．中国共产党人团结奋斗精神的基本内涵与弘扬路径 [J]．西南大学学报（社会科学版），2024，50（2）：47-59．

[61] 王凯，刘美伦，谭佳欣，等．武陵山片区旅游经济空间关联网络的城乡融合效应 [J]．地理科学进展，2024，43（2）：246-261．

[62] 张广海，董跃蕾，刘二恋．新时代旅游资源协同开发对共同富裕影响的组态路径分析 [J]．自然资源学报，2024，39（2）：259-273．

[63] 黄永林，邹蓓．推动非遗与乡村旅游深度融合发展的基本规律与主要路径 [J]．文化遗产，2024（1）：1-8．

[64] 詹国辉．乡村治理现代化：意涵、困顿与理路 [J]．云南大学学报（社会科学版），2024，23（1）：66-78．

[65] 李叶洋，邵琳．基于行动者网络理论的生态特色型乡村空间重构过程与转型机制——以上海市青浦区莲湖村为例 [J]．地理科学，2024，44（1）：30-39．

[66] 何龙斌．生态产品价值实现助推乡村产业振兴：基本逻辑、内在机理与实现路径 [J]．农村经济，2024（1）：64-73．

[67] 郎宇，王桂霞．生态资源价值化助推乡村振兴的逻辑机理与突破路径 [J]．自然资源学报，2024，39（1）：29-48．

[68] 杨俊，张梦玲，朱臻．生态振兴促进农民农村共同富裕的结构逻辑、实践模式与经验借鉴 [J]．农林经济管理学报，2024，23（1）：

21-29.

[69] 孔祥智，谢东东. 中国特色农业强国建设：目标、挑战与对策 [J].
东岳论丛，2023，44 (12)：5-15；191.

[70] 张怡，叶兴建. 习近平关于"三农"重要论述的科学内涵与时代价
值 [J]. 南方论刊，2023 (10)：10-12；16.

[71] 董雪兵，崔宁. 市场分割与省际交界地区经济发展 [J]. 经济理论与
经济管理，2023，43 (9)：69-84.

[72] 赵志强，范建刚. 系统论视域下新时代城乡融合发展：多重维度、驱
动机理与实践路径 [J]. 当代经济研究，2023 (8)：45-54.

[73] 周丽. 中国传统村落旅游文化的传播：内涵、价值与路径研究 [J].
理论月刊，2023 (8)：103-109.

[74] 龙花楼，徐雨利，郑瑜晗，等. 中国式现代化下的县域城乡融合发
展 [J]. 经济地理，2023，43 (7)：12-19.

[75] 杨帆. 共同富裕导向下相对贫困治理的长效机制构建 [J]. 社会保障
评论，2023，7 (6)：124-136.

[76] 李坚，马骥，李梦远. 乡村振兴背景下乡村旅游协调发展与巩固扶贫
成效的联动分析 [J]. 邵阳学院学报 (社会科学版)，2023，22 (6)：
60-64.

[77] 卢小丽，周梦. 从"核心-边缘"到空间正义：乡村旅游推动共同富
裕的理论逻辑与实践路径 [J]. 西北农林科技大学学报 (社会科学
版)，2023，23 (6)：84-93.

[78] 付明卫，王鹤. 行政边界、技术扩散与共同富裕 [J]. 经济学动态，
2023 (5)：55-71.

[79] 童俊，谢先敏，王凯. 乡村振兴背景下贵州省旅游脱贫效应的实证分
析 [J]. 荆楚理工学院学报，2023 (5)：1-6；21.

[80] 郭峰，熊云军，石庆玲，等. 数字经济与行政边界地区经济发展再考
察——来自卫星灯光数据的证据 [J]. 管理世界，2023，39 (4)：
16-34.

[81] 赵建英. 习近平经济思想的逻辑结构及理路探析 [J]. 管理学刊，
2023，36 (4)：13-25.

[82] 李丙金，宋颖芳. 乡村"微旅游"产业韧性提升路径 [J]. 社会科学
家，2023 (3)：57-63.

[83] 宋洪远，江帆，张益. 新时代中国农村发展改革的成就和经验 [J].
中国农村经济，2023 (3)：2-21.

[84] 张万朋，张瑛．乡村振兴背景下教育"扶智扶志"长效机制的构建 [J]．苏州大学学报（教育科学版），2023，11（1）：36-46.

[85] 王会战，于凌仪，周磊，等．后扶贫时代背景下革命老区旅游扶贫动力机制创新研究 [J]．湖北农业科学，2022，61（17）：171-174.

[86] 胡炜霞，梁晓涛．旅游引导的乡村振兴绩效评价与优化发展研究——以山西省云丘山村为例 [J]．干旱区资源与环境，2022，36（8）：183-191.

[87] 杨友宝，易欢，邓巧，等．贫困山区旅游发展与区域贫困脱钩关系演变及影响因素——以大湘西地区为例 [J]．地域研究与开发，2022，41（6）：111-116；158.

[88] 张琦，李顺强．共同富裕目标下中国乡村振兴评价指标体系构建 [J]．甘肃社会科学，2022（5）：25-34.

[89] 文丰安．全面实施乡村振兴战略：重要性、动力及促进机制 [J]．东岳论丛，2022，43（3）：5-15.

[90] 潘华丽，刘婷．旅游扶贫绩效空间分异与影响因素研究——以陕南秦巴山区为例 [J]．西北师范大学学报（自然科学版），2022，58（2）：114-121.

[91] 张大鹏，王巧巧，涂精华，等．民族地区（县）域旅游减贫效应研究——基于包容性增长的视角 [J]．旅游科学，2022，36（2）：1-16.

[92] 崔哲浩，李媛媛，吴雨晴．乡村振兴战略下延边朝鲜族自治州乡村旅游扶贫实现路径及长效机制研究 [J]．东疆学刊，2022，39（2）：51-58；128.

[93] 封凯栋，刘星圻，陈俊廷，等．行政边界对振兴连片特困区的影响：区域增长极扩散效应的视角 [J]．中国软科学，2022（2）：65-73.

[94] 张翔云，何星亮．民族地区旅游扶贫中的不虞效应与有效应对 [J]．社会科学家，2022（1）：57-63.

[95] 黄克己，张朝枝，吴茂英．遗产地居民幸福吗？基于不同旅游扶贫模式的案例分析 [J]．旅游学刊，2021，36（11）：122-132.

[96] 孙九霞，徐新建，王宁，等．旅游对全面脱贫与乡村振兴作用的途径与模式——"旅游扶贫与乡村振兴"专家笔谈 [J]．自然资源学报，2021，36（10）：2604-2614.

[97] 岳奎，何纯真．中心-边缘理论视域下旅游扶贫长效机制研究——以仪陇县"景区带村"模式为例 [J]．湖北社会科学，2021（8）：71-79.

[98] 谢双玉，阴姣姣，乔花芳，等．恩施州乡村旅游扶贫模式及其效应差异研究［J］．人文地理，2021，36（5）：184-192．

[99] 张俊英．西北民族地区旅游扶贫绩效评价及影响因素研究——以青海海晏县为例［J］．西北师范大学学报（自然科学版），2021，57（5）：48-55．

[100] 胡志美，刘嘉纬．基于居民视角的旅游扶贫感知调查研究——以怒江州片马镇为例［J］．旅游研究，2021，13（2）：17-31．

[101] 毛军，石信秋．旅游产业发展的减贫效应与空间政策选择［J］．中国软科学，2021（2）：90-97．

[102] 颜安，龚锐．乡村旅游精准帮扶中内源式发展机理与路径［J］．中南民族大学学报（人文社会科学版），2021，41（1）：154-160．

[103] 唐为．要素市场一体化与城市群经济的发展——基于微观企业数据的分析［J］．经济学（季刊），2021，21（1）：1-22．

[104] 常瑞．供给侧结构性改革视域下脱贫攻坚的政治经济学阐释［J］．经济问题，2021（1）：9-17．

[105] 麻红晓．基于实证分析的旅游扶贫机制及效果评价研究——以重庆市B村为例［J］．西南师范大学学报（自然科学版），2020，45（12）：120-127．

[106] 时海燕，厉萍，陈晓峰，等．中郝峪村旅游脱贫运营模式与绩效评价研究［J］．安徽农业科学，2020，48（11）：243-246；250．

[107] 胡晶晶．全面脱贫与乡村振兴有效衔接逻辑下乡村旅游升级路径［J］．社会科学家，2020（10）：54-58．

[108] 李佳，田里．云贵民族村落旅游精准扶贫绩效评价［J］．贵州民族研究，2020，41（10）：118-126．

[109] 徐维祥，李露，周建平，等．乡村振兴与新型城镇化耦合协调的动态演进及其驱动机制［J］．自然资源学报，2020，35（9）：2044-2062．

[110] 黎洁，党佩英，任林静．乡村旅游对贫困山区农户多维贫困的影响研究［J］．人文地理，2020，35（6）：122-131．

[111] 秦趣，胡泽黎，刘安乐，等．贫困山区旅游扶贫与生态环境耦合协调关系研究［J］．世界地理研究，2020，29（6）：1272-1283．

[112] 张静，朱红兵，吴虹．乡村振兴背景下黄山市乡村旅游扶贫效益评价研究［J］．黄山学院学报，2020，22（6）：28-32．

[113] 高志宏．不文明旅客法律拘束机制研究［J］．南京航空航天大学学报（社会科学版），2020，22（4）：73-79．

[114] 冯斐，唐睿，冯学钢．西部地区旅游扶贫效率及其影响因素研究——以甘肃省平凉市为例［J］．地域研究与开发，2020，39（2）：105-110．

[115] 谢双玉，李琳，冯娟，等．贫困与非贫困户旅游扶贫政策绩效感知差异研究——以恩施为例［J］．旅游学刊，2020，35（2）：80-92．

[116] 项福库．湘鄂渝黔边区红军遗址旅游扶贫开发研究［J］．湖南社会科学，2020（1）：142-155．

[117] 郭远智，周扬，刘彦随．贫困地区的精准扶贫与乡村振兴：内在逻辑与实现机制［J］．地理研究，2019，38（12）：2819-2832．

[118] 党红艳，冯亮，金媛媛．两种旅游扶贫绩效定量评价方法比较研究［J］．经济论坛，2019（11）：117-124．

[119] 李莉，陈雪钧．民族地区居民感知旅游扶贫价值概念模型与实证研究［J］．社会科学家，2019（9）：76-81．

[120] 张众．乡村旅游对农村劳动力就业的影响及其路径［J］．山东社会科学，2019（7）：143-147．

[121] 高新才，王一婕．中国省际交界区域城市发展研究——基于区域协调发展战略的视角［J］．西北大学学报（哲学社会科学版），2019，49（6）：78-87．

[122] 徐虹，王彩彩．包容性发展视域下乡村旅游脱贫致富机制研究——陕西省袁家村的案例启示［J］．经济问题探索，2019（6）：59-70．

[123] 王琦，李金叶，谢霞．基于价值链的旅游扶贫感知效应差异研究——以喀什手工业为例［J］．新疆大学学报（哲学·人文社会科学版），2019，47（6）：15-22．

[124] 张维梅，邓紫文，周子英．基于村民感知的国家级贫困县旅游脱贫效应研究——以罗霄山区炎陵县为例［J］．怀化学院学报，2019，38（6）：60-66．

[125] 何静，汪侠，刘丹丽，等．国家级贫困县旅游发展与多维贫困的脱钩关系研究——以西南地区为例［J］．地理研究，2019，38（5）：1189-1207．

[126] 孙静，刘薇．"新旧动能转换"背景下山东乡村旅游人才培训体系研究［J］．中国成人教育，2019（4）：93-96．

[127] 向从武，谢正发．武陵山片区民族特色村镇旅游扶贫与协同发展研究——以渝湘交界地洪安镇和茶洞镇为例［J］．云南民族大学学报（哲学社会科学版），2019，36（4）：79-83．

[128] 王庆生，张行发，郭静. 基于共生理论的乡村旅游精准扶贫模式和路径优化研究——以山东省沂南县竹泉村为例 [J]. 地域研究与开发，2019，38（3）：108-112.

[129] 向从武，冯伟林. 西南民族地区旅游扶贫成效与益贫机制构建 [J]. 贵州社会科学，2019（3）：149-154.

[130] 秦蒙，刘修岩，李松林. 城市蔓延如何影响地区经济增长？——基于夜间灯光数据的研究 [J]. 经济学（季刊），2019，18（2）：527-550.

[131] 韩磊，乔花芳，谢双玉，等. 恩施州旅游扶贫村居民的旅游影响感知差异 [J]. 资源科学，2019，41（2）：381-393.

[134] 曹诗图，范安铭，吴依玲. 基于旅游视角的衰落乡村拯救与振兴问题探讨 [J]. 旅游论坛，2019，12（1）：69-77.

[135] 雷帅. "旅游飞地"对乡村旅游地区的影响及应对对策 [J]. 旅游纵览（下半月），2018（18）：57-58.

[136] 赵磊，吴媛. 中国旅游业与农村贫困减缓：事实与解释 [J]. 南开管理评论，2018，21（6）：142-155.

[137] 李丽. 供给侧改革下重庆乡村旅游转型升级有效机制研究 [J]. 旅游纵览（下半月），2018（3）：152-153.

[138] 魏后凯. 如何走好新时代乡村振兴之路 [J]. 人民论坛·学术前沿，2018（3）：14-18.

[139] 卢世菊，江婕，余阳. 民族地区旅游扶贫中贫困人口的相对剥夺感及其疏导研究——基于恩施州5个贫困村的调查 [J]. 学习与实践，2018（1）：111-118.

[140] 盖媛瑾，吴红梅. 民族贫困地区旅游产业扶贫：实践困境与推进路径——以贵州省少数民族极贫乡镇旅游产业扶贫为讨论对象 [J]. 黑龙江民族丛刊，2018（1）：67-73.

[141] 黄渊基，匡立波. 旅游扶贫的作用机理及减贫效应探析 [J]. 南华大学学报（社会科学版），2018，19（1）：7.

[142] 曾冰，张艳. 我国省际交界区发展研究——一个文献综述 [J]. 时代金融，2017（33）：176；180.

[143] 汪侠，甄峰，沈丽珍，等. 基于贫困居民视角的旅游扶贫满意度评价 [J]. 地理研究，2017，36（12）：2355-2368.

[144] 朱泽. 大力实施乡村振兴战略 [J]. 中国党政干部论坛，2017（12）：32-36.

[145] 何星，覃建雄．ST-EP模式视域下的旅游精准扶贫驱动机制——以秦巴山区为研究对象 [J]．农村经济，2017（10）：86-90．

[146] 邓爱民，张兰．旅游扶贫效益影响因子研究 [J]．旅游研究，2017，9（5）：2-6．

[147] 李星群，侯成．乡村旅游扶贫效益研究——以广西龙州县为例 [J]．广西经济管理干部学院学报，2017，29（4）：98-103．

[148] 吴国琴．贫困山区旅游产业扶贫及脱贫绩效评价——以郝堂村为例 [J]．河南师范大学学报（哲学社会科学版），2017，44（4）：63-68．

[149] 焦克源，杨建花．基于AHP-熵权法的民族地区旅游扶贫效益评估研究——以甘南藏族自治州为例 [J]．农林经济管理学报，2017，16（2）：133-143．

[150] 卢世菊，柏贵喜．民族地区旅游扶贫与非物质文化遗产保护协调发展研究 [J]．中南民族大学学报（人文社会科学版），2017，37（2）：74-79．

[151] 李忠斌．民族地区精准脱贫的"村寨模式"研究——基于10个特色村寨的调研 [J]．西南民族大学学报（人文社科版），2017，38（1）：9-16．

[152] 刘修岩，李松林，秦蒙．城市空间结构与地区经济效率——兼论中国城镇化发展道路的模式选择 [J]．管理世界，2017（1）：51-64．

[153] 刘修岩，李松林，秦蒙．开发时滞、市场不确定性与城市蔓延 [J]．经济研究，2016，51（8）：159-171；186．

[154] 张志华，章锦河，刘泽华，等．旅游研究中的问卷调查法应用规范 [J]．地理科学进展，2016，35（3）：368-375．

[155] 高帅，毕洁颖．农村人口动态多维贫困：状态持续与转变 [J]．中国人口·资源与环境，2016（2）：76-83．

[156] 曾冰，张朝，龚征旗，等．从行政区和经济区关系演化探析我国省际交界地区发展 [J]．经济地理，2016，36（1）：27-32；52．

[157] 黄静波，李纯．湘粤赣边界区域红色旅游协同发展模式 [J]．经济地理，2015，35（12）：203-208．

[158] 刘祥恒，罗明义．乌蒙山片区旅游发展及扶贫模式研究 [J]．当代经济管理，2015，37（8）：67-73．

[159] 蒋莉，黄静波．罗霄山区旅游脱贫效益的居民感知与态度研究——以湖南汝城国家森林公园九龙江地区为例 [J]．地域研究与开发，

2015, 34 (4): 99-104.

[160] 李会琴, 侯林春, 杨树旺, 等. 国外旅游扶贫研究进展 [J]. 人文地理, 2015, 30 (1): 26-32.

[161] 郑晶晶. 问卷调查法研究综述 [J]. 理论观察, 2014 (10): 102-103.

[162] 张全红, 周强, 中国多维贫困的测度及分解: 1989~2009 年 [J]. 数量经济技术经济研究, 2014 (6): 88-101.

[163] 唐勇, 张命军, 秦宏瑶, 等. 国家集中连片特困地区旅游扶贫开发模式研究——以四川秦巴山区为例 [J]. 资源开发与市场, 2013, 29 (10): 1114-1117.

[164] 黄国庆. 居民旅游扶贫效应感知、参与能力及参与意愿测量量表的编制 [J]. 安徽农业科学, 2012, 40 (6): 3439-3441.

[165] 邹薇, 方迎风. 关于中国贫困的动态多维度研究 [J]. 中国人口科学, 2011 (6): 49-5.

[166] 李先锋. 基于旅游增加值的六盘山扶贫旅游经济影响实证研究——以泾源县为例 [J]. 资源与产业, 2010, 12 (4): 166-170.

[167] 曾代伟, 万亿. 多民族混居区域传统法文化与和谐社会构建——以渝湘鄂黔相邻地区为对象的考察 [J]. 贵州民族研究, 2009, 29 (5): 25-31.

[168] 李灿, 辛玲. 调查问卷的信度与效度的评价方法研究 [J]. 中国卫生统计, 2008 (5): 541-544.

[169] 左冰, 保继刚. 从 "社区参与" 走向 "社区增权" ——西方 "旅游增权" 理论研究述评 [J]. 旅游学刊, 2008 (4): 58-63.

[170] 高明, 刘俊杰. 环北部湾旅游圈协同发展动力机制探讨 [J]. 桂林旅游高等专科学校学报, 2008 (1): 69-72; 80.

[171] 周黎安. 中国地方官员的晋升锦标赛模式研究 [J]. 经济研究, 2007 (7): 36-50.

[172] 王忠锋. 边缘效应及其对边缘地经济发展的促进 [J]. 改革, 2006 (11): 48-51.

[173] 曾五一, 黄炳艺. 调查问卷的可信度和有效度分析 [J]. 统计与信息论坛, 2005, 20 (6): 13-17.

[174] 丁焕峰. 国内旅游扶贫研究述评 [J]. 旅游学刊, 2004 (3): 32-36.

[175] 隆学文, 马礼. 坝上旅游扶贫效应分析与对策研究——以丰宁县大滩为例 [J]. 首都师范大学学报 (自然科学版), 2004 (1): 74-81.

[176] 袁纯清. 共生理论及其对小型经济的应用研究（上）[J]. 改革, 1998（2）：100-104.

[177] 吴忠军. 论旅游扶贫 [J]. 广西师范大学学报（哲学社会科学版）, 1996（4）：18-21.

[178] 孙钢. 提高认识开拓创业大力推进旅游扶贫开发 [J]. 旅游调研, 1996（1）：10-19.

[179] 周彬彬. 人民公社时期的贫困问题 [J]. 经济研究参考, 1992（Z1）：821-837.

[180] 郭生鹏. 后扶贫时代居民感知旅游脱贫效益研究——以新疆新和县加依村为例 [D]. 阿拉尔：塔里木大学, 2023.

[181] 李艺. 广西深度贫困地区乡村旅游脱贫户可持续生计型返贫阻断机制研究 [D]. 南宁：南宁师范大学, 2023.

[182] 高红霞. 巩固拓展脱贫攻坚成果的长效机制研究 [D]. 广州：广东技术师范大学, 2022.

[183] 李治兵. 乡村振兴战略进程下岷江上游羌族村寨旅游业发展研究 [D]. 成都：西南民族大学, 2021.

[184] 刘清. 基于涡阳县黄庄村脱贫居民感知的乡村旅游扶贫效益研究 [D]. 南宁：广西大学, 2022.

[185] 叶晓龙. 乡村旅游开发中外来资本与乡村社区的合作引导机制研究 [D]. 昆明：云南财经大学, 2022.

[186] 曹洋. 乡村振兴背景下旅游脱贫效应研究 [D]. 南昌：江西财经大学, 2021.

[187] 成述芹. 济南市章丘区石子口村旅游脱贫效益研究 [D]. 西安：西北师范大学, 2021.

[188] 肖怡然. 岷江上游民族地区村寨旅游扶贫绩效研究 [D]. 成都：西南民族大学, 2021.

[189] 高雪. 广东省中医药文化养生旅游开发中政府规划决策机制优化研究——以罗浮山项目为例 [D]. 广州：华南理工大学, 2020.

[190] 黎郡英. 乡村旅游对贫困村可持续发展的效应及路径研究 [D]. 成都：四川师范大学, 2020.

[191] 姚群. 乡村旅游发展中的多元主体利益协调机制研究——以崇州市凡朴生活圈为例 [D]. 成都：西南财经大学, 2020.

[192] 杨静凤. 可持续生计下民族旅游村寨农户返贫风险与阻断机制研究 [D]. 桂林：桂林理工大学, 2020.

[193] 朱淑娟. 旅游扶贫中贫困人口受益机制研究 [D]. 武汉：华中师范大学，2019.

[194] 赵静. 乡村旅游核心利益相关者关系博弈及协调机制研究 [D]. 西安：西北大学，2019.

[195] 邓雪文. 武陵山片区县域乡村旅游扶贫效益分析 [D]. 吉首：吉首大学，2018.

[196] 李银昌. 中国旅游扶贫效率：基于DEA视窗分析和非线性门槛效应的研究 [D]. 南宁：广西大学，2018.

[197] 梁烨. 汾西县旅游扶贫效益分析 [D]. 太原：山西农业大学，2018.

[198] 叶思. 上饶三清山旅游扶贫富民的"玉坑样本"研究 [D]. 南昌：江西财经大学，2018.

[199] 江志强. 民族地区旅游扶贫绩效评价与动力机制研究——以凤凰县为例 [D]. 长沙：湖南师范大学，2017.

[200] 谢小庆. 乡村地区旅游扶贫机制及其效应研究 [D]. 长沙：湖南师范大学，2016.

[201] 李萌. 旅游社区参与及利益分配规则公平研究 [D]. 青岛：中国海洋大学，2015.

[202] 赵荣. 农村贫困地区旅游扶贫效益研究 [D]. 福州：福建师范大学，2015.

[203] 张玉婷. 民族特色村寨旅游发展研究 [D]. 武汉：中南民族大学，2015.

[204] 田真. 乡村旅游社区参与模式与利益分配机制研究：以威海河口"胶东渔村"为例 [D]. 济南：山东大学，2014.

[205] 张丽文. 林芝乡村旅游扶贫模式探究 [D]. 咸阳：西北农林科技大学，2012.

[206] 原思敏. 集中连片贫困区旅游发展动因与模式研究 [D]. 北京：北京交通大学，2011.

[207] 黄燕玲. 基于旅游感知的西南少数民族地区农业旅游发展模式研究 [D]. 南京：南京师范大学，2008.

[208] 刘汉泽，陈祥辉，唐玉. 市长话经济｜神农架林区区长刘启俊：好客神农，"碳"寻绿色发展新机遇 [N]. 湖北日报，2024-03-30.

[209] 佚名. 民宿"下地"，乡村新玩法 [N]. 湖南日报，2023-10-31.

[210] 陈维灯. 渝东南全力做好文旅融合大文章 [N]. 重庆日报，2023-

02-18（3）.

[211] 程芙蓉.发挥旅游产业带动效应，助力乡村振兴——记"全国文化和旅游系统先进集体"恩施旅游集团有限公司［N］.中国旅游报，2022-03-01（1）.

[212] 赵腾泽.全国乡村旅游扶贫示范案例选编发布［N］.中国旅游报，2021-10-28（3）.

[213] 刘亚子.打造侗乡靓丽旅游名片——玉屏侗族自治县高位推动侗乡风情园创建国家4A级景区［N］.铜仁日报，2021-08-18（5）.

[214] 刘胜.美景变"钱"景 青山成"金"山，我省17.78万贫困人口靠旅游扶贫［N］.湖北日报，2021-04-06（3）.

[215] 张婷.春节假期旅游经济驱动力观察：新需求、新技术、新商业模式、新消费关系是关键［N］.中国文化报，2021-02-27（1）.

[216] 汪晓东，宋静思，崔璨.历史性的跨越 新奋斗的起点［N］.人民日报，2021-02-24（1）.

[217] 颜安.重庆33万脱贫人口吃上"旅游饭"［N］.重庆日报，2021-01-17（2）.

[218] 习近平.在全国脱贫攻坚总结表彰大会上的讲话［N］.人民日报，2021-02-26（2）.

[219] 张照新.脱贫"摘帽"后转向增强"软实力"［N］.光明日报，2020-12-11（2）.

[220] 张行发，王庆生.社区增权：化解乡村旅游目的地脱贫村民返贫风险的有效路径［N］.中国旅游报，2020-06-05.

[221] 赵航.让乡村旅游更好助力乡村振兴［N］.人民日报，2019-04-09（9）.

[222] 陈泽珊.系列报道|因势而谋 顺势而为 乘势而上 桐梓旅游破局"出圈"［EB/OL］.（2024-01-03）［2024-07-10］.http://www.gztongzi.gov.cn/xwzx/xwdt/dt/202401/t20240103_83441783.html.

[223] 韩毅."最佳旅游乡村" 荆竹村上演精彩村晚［EB/OL］.（2023-01-15）［2024-07-10］.http://cq.people.com.cn/n2/2023/0115/c367698-40267910.html.

[224] 五峰县人民政府."筑梦"山水间 五峰做强民宿经济打造微度假地［EB/OL］.（2022-11-24）［2024-07-10］.http://www.hbwf.gov.cn/content-44-476045-1.html.

[225] 龙文泱，刘涛.湖南文旅十年，这四种颜色很亮眼［EB/OL］.（2022-

08-15）［2024-07-10］. https://news. sohu. com/a/576822748_118779.

[226] 重庆日报. 重庆武隆探索5种生态旅游扶贫模式带动3万群众脱贫［EB/OL］.（2021-04-08）［2024-07-10］. http://www.cinic.org.cn/xw/fp/1063986.html?from=timeline.

[227] 杨咸. 咸丰县坚持走"产业生态化，生态产业化"发展之路［EB/OL］.（2020-12-09）［2024-07-10］. http://www.xianfeng.gov.cn/xwdt/xfyw/202012/t20201209_1065677.shtml.

[228] 瞿琪，张宇双. 5年利川实现21.9万贫困人口脱贫［EB/OL］.（2020-10-17）［2024-07-10］. https://www.ilichuan.com.cn/html/zglcw/pc/szywcd13c831/20201017/2128739.html.

[229] 央视网. 十八洞村的脱贫路［EB/OL］.（2020-07-13）［2024-07-10］. https://politics.gmw.cn/2020-07/13/content_33988023.htm.

[230] 罗明. 湖南十八洞村是如何进行精准扶贫的？［EB/OL］.（2020-03-20）［2024-07-10］. https://www.163.com/dy/article/F857MAL90519D9DS.html.

[231] 李凡，吴思. 贵州：旅游扶贫三年行动已带动近90万贫困人口增收脱贫［EB/OL］.（2019-09-30）［2024-07-10］. https://www.guizhou.gov.cn/ztzl/zl70nfjxsd/tpgjzqdjdxjz/z/201909/t20190930_71190109.html.

[232] 侯雪静，王博，陈晨. 咬定目标不放松 转变作风不松懈——落实两会精神决战脱贫攻坚述评［EB/OL］.（2019-03-22）［2024-07-10］. https://www.gov.cn/xinwen/2019-03/22/content_5376005.htm.

[233] 艾菲. 摘帽"四不摘"脱贫不返贫［EB/OL］.（2019-03-09）［2024-07-10］. http://www.qstheory.cn/laigao/ycjx/2019/03/09/c_1124212602.htm.

[234] 中商产业研究院. 乡村旅游市场前景广阔 五张图看懂我国乡村旅游发展现状［EB/OL］.（2018-08-14）［2024-07-10］. https://www.askci.com/news/chanye/20180814/1454591128806.shtml.

[235] 吴香花，谢深红. 凤凰县乡村旅游脱贫工作稳步推进［EB/OL］.（2018-06-01）［2024-07-10］. http://www.fhzf.gov.cn/zwgk_49798/fdzdgknr/ywdt/fhsz/201806/t20180601_1266719.html.

湘鄂渝黔接壤地区旅游脱贫效益居民
感知与态度调查问卷

尊敬的女士/先生：

您好！

我们是国家社会科学基金项目的科研人员，为顺利完成项目，向您请教一些问题，请您根据本地实际情况如实填写这份问卷，或根据我们的选项回答问题。您反馈的信息将对我们的研究工作具有重要意义。

请您在_____上填写相关信息，或在各栏目中根据实际情况和意愿选择合适的选项，答案没有正误之分。本问卷仅作科学研究之用，您的回答是匿名的并严格保密，不会给您带来任何影响，感谢您的参与！

课题组

一、个人基本情况

1.您的性别是：_____

A.男　　　　　　　B.女

2.您所在的省（直辖市）是：_____

A.湖南　　　　　　B.重庆　　　　　　C.贵州　　　　　　D.湖北

3.您所在的县是：_____

4.您的年龄是：_____

A.17岁以下　　　　B.18~24岁　　　　C.25~34岁　　　　D.35~44岁

E.45~60岁　　　　F.61岁以上

5.您的民族是：_____

A.汉族　　　　　　B.土家族　　　　　C.苗族　　　　　　D.瑶族

E.回族　　　　　　F.侗族　　　　　　G.布依族　　　　　H.其他

6.您的最高学历（含目前在读）是：_____

A.小学及以下　　　B.初中　　　　　　C.高中/中专/技校

D.大学本科/大专　　E.硕士研究生及以上

7.您家是否从事旅游行业？_____

A.是　　　　　　　B.否

8.本地旅游开发前您的家庭年收入（毛收入）是：_____

A.5 000元以下　　　　　　　　　B.5 000~10 000元

C.10 000~20 000元　　　　　　　D.20 000元以上

9.本地旅游开发后您的家庭年收入（毛收入）是：_____

A.5 000元以下　　　　　　　　　B.5 000~10 000元

C.10 000~20 000元　　　　　　　D.20 000元以上

10.本地旅游开发前您家的收入来源是：_____

A.农作物种植　　　B.畜牧业养殖　　　C.外出打工　　　　D.餐饮住宿

E.交通运输　　　　F.旅游商品出售　　G.其他

11.本地旅游开发后您家的收入来源是：_____

A.农作物种植　　　B.畜牧业养殖　　　C.外出打工　　　　D.餐饮住宿

E.交通运输　　　　F.旅游商品出售　　G.其他

12.你们村（镇）是否有旅游合作社？_____

A.是　　　　　　　B.否

13.您参与本地旅游发展的障碍因素有哪些？_____

A.缺乏相关组织领导　　　　　　　B.缺乏资金和信贷机会

C.自身缺乏相关技能　　　　　　　　D.旅游投资风险大

E.政府保障力度不足

14.您家到景区的距离是：_____

A.小于2千米　　　　　　　　　　　B.2~5千米

C.5~10千米（不含5千米）　　　　　D.10千米以上（不含10千米）

15.如果您是贫困户，您家致贫原因是：_____

A.疾病　　　　　B.残疾　　　　　C.自然灾害　　　　D.学历低

E.缺土地　　　　F.缺水资源　　　　G.缺技术　　　　　H.缺劳动力

I.缺资金

二、居民对旅游脱贫效益的感知和态度

（一）经济效益感知和态度

16.您认为本地旅游提高经济收入吗？_____

A.非常反对　　　　　B.反对　　　　　　C.中立

D.赞同　　　　　　　E.非常赞同

17.您认为本地旅游增加居民就业吗？_____

A.非常反对　　　　　B.反对　　　　　　C.中立

D.赞同　　　　　　　E.非常赞同

18.您认为本地旅游提高生活水平吗？_____

A.非常反对　　　　　B.反对　　　　　　C.中立

D.赞同　　　　　　　E.非常赞同

19.您认为本地旅游引起物价上涨和生活成本增加吗？_____

A.非常反对　　　　　B.反对　　　　　　C.中立

D.赞同　　　　　　　E.非常赞同

20.您认为在本地旅游发展中贫困户旅游收益少吗？_____

A.非常反对　　　　　B.反对　　　　　　C.中立

D.赞同　　　　　　　E.非常赞同

21.您认为本地旅游只有少数人受益吗？_____

A.非常反对　　　　　B.反对　　　　　　C.中立

D.赞同　　　　　　　E.非常赞同

22.您认为本地旅游引起贫富差距吗？_____

A.非常反对　　　　　B.反对　　　　　　C.中立

D.赞同　　　　　　　E.非常赞同

（二）环境效益的感知和态度

23.您认为本地旅游美化生活环境吗？＿＿＿＿＿
A.非常反对　　　　　B.反对　　　　　C.中立
D.赞同　　　　　E.非常赞同

24.您认为本地旅游改善交通条件吗？＿＿＿＿＿
A.非常反对　　　　　B.反对　　　　　C.中立
D.赞同　　　　　E.非常赞同

25.您认为本地旅游提高居民环保意识吗？＿＿＿＿＿
A.非常反对　　　　　B.反对　　　　　C.中立
D.赞同　　　　　E.非常赞同

26.您认为本地旅游改善当地基础设施吗？＿＿＿＿＿
A.非常反对　　　　　B.反对　　　　　C.中立
D.赞同　　　　　E.非常赞同

27.您认为本地旅游带来噪声污染吗？＿＿＿＿＿
A.非常反对　　　　　B.反对　　　　　C.中立
D.赞同　　　　　E.非常赞同

28.您认为本地旅游降低空气质量吗？＿＿＿＿＿
A.非常反对　　　　　B.反对　　　　　C.中立
D.赞同　　　　　E.非常赞同

29.您认为本地旅游破坏生态环境吗？＿＿＿＿＿
A.非常反对　　　　　B.反对　　　　　C.中立
D.赞同　　　　　E.非常赞同

30.您认为本地旅游引起交通拥挤和车位紧张吗？＿＿＿＿＿
A.非常反对　　　　　B.反对　　　　　C.中立
D.赞同　　　　　E.非常赞同

（三）社会效益的感知和态度

31.您认为本地旅游保护和传承当地文化吗？＿＿＿＿＿
A.非常反对　　　　　B.反对　　　　　C.中立
D.赞同　　　　　E.非常赞同

32.您认为本地旅游提高当地知名度吗？＿＿＿＿＿
A.非常反对　　　　　B.反对　　　　　C.中立
D.赞同　　　　　E.非常赞同

33.您认为本地旅游促进居民思想进步吗？＿＿＿＿＿

A.非常反对　　　　B.反对　　　　　　C.中立

D.赞同　　　　　　E.非常赞同

34.您认为本地旅游提高普通话水平吗？_____

A.非常反对　　　　B.反对　　　　　　C.中立

D.赞同　　　　　　E.非常赞同

35.您认为本地旅游吸引外出打工居民返乡吗？_____

A.非常反对　　　　B.反对　　　　　　C.中立

D.赞同　　　　　　E.非常赞同

36.您认为本地旅游加强居民与外界交流吗？_____

A.非常反对　　　　B.反对　　　　　　C.中立

D.赞同　　　　　　E.非常赞同

37.您认为本地旅游扰乱日常生活吗？_____

A.非常反对　　　　B.反对　　　　　　C.中立

D.赞同　　　　　　E.非常赞同

38.您认为本地旅游导致居民之间关系紧张吗？_____

A.非常反对　　　　B.反对　　　　　　C.中立

D.赞同　　　　　　E.非常赞同

三、居民参与旅游扶贫的意愿和满意度

39.您支持本地旅游发展吗？_____

A.非常不支持　　　B.不支持　　　　　C.一般

D.支持　　　　　　E.非常支持

40.您对本地旅游扶贫满意吗？_____

A.非常不满意　　　B.不满意　　　　　C.一般

D.满意　　　　　　E.非常满意

41.您认为本地旅游促进当地经济发展吗？_____

A.非常反对　　　　B.反对　　　　　　C.中立

D.赞同　　　　　　E.非常赞同

42.您认为本地旅游利大于弊吗？_____

A.非常反对　　　　B.反对　　　　　　C.中立

D.赞同　　　　　　E.非常赞同

43.您愿意从事本地旅游工作吗？_____

A.非常不愿意　　　B.不太愿意　　　　C.一般

D.愿意　　　　　E.非常愿意

44.您愿意参加旅游教育培训吗？_____

A.非常不愿意　　B.不太愿意　　　C.一般

D.愿意　　　　　E.非常愿意

45.您了解当地旅游扶贫政策吗？_____

A.非常不了解　　B.不了解　　　　C.一般

D.了解　　　　　E.非常了解

46.您认为旅游扶贫政策符合当地实际吗？_____

A.非常不符合　　B.不符合　　　　C.一般

D.符合　　　　　E.非常符合

47.您能顺利筹集到旅游经营资金吗？_____

A.非常不顺利　　B.不顺利　　　　C.一般

D.顺利　　　　　E.非常顺利

48.您认为本地旅游发展存在哪些问题？

_____

_____

_____

索引